2020

2021

U0165169

上海重点产业国际竞争力发展蓝皮书 2020—2021

上海社会科学院新经济与产业国际竞争力研究中心

汤蕴懿等 著

上海市商务委员会公平贸易公共服务项目资助

上海社会科学院出版社
SHANGHAI ACADEMY OF SOCIAL SCIENCES PRESS

编委会

版 权 声 明

目　录

▍总报告▍

▍专题报告▍

▍重点报告▍

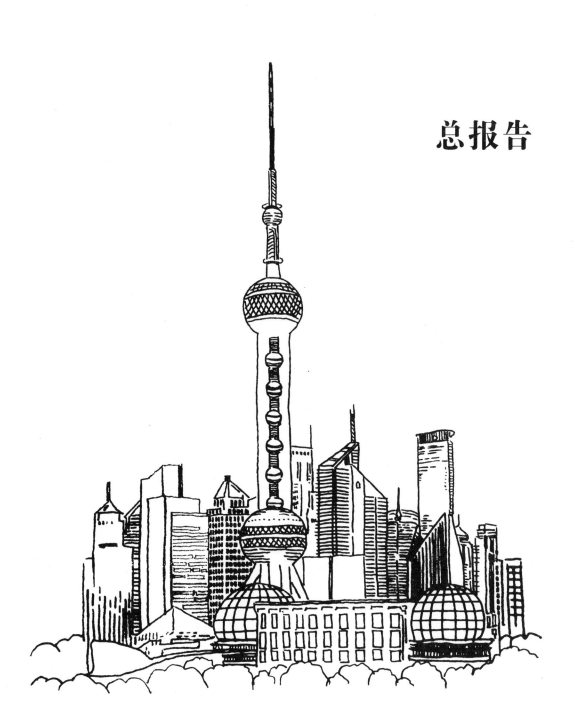

总报告

构筑新开放优势，在新发展格局中提升产业国际竞争力[①]

——2020—2021 年上海重点产业国际竞争力指数暨"十三五"上海重点产业国际竞争力报告

"构建国内国际双循环相互促进的新发展格局"，是在新形势下统筹国内国际两个大局，推动两个市场、两种资源的新战略布局。《中共中央关于制定国民经济和社会发展第十四个五年规划和二〇三五年远景目标的建议》对提升产业链供应链现代化水平提出了明确要求。上海作为全国最大的经济中心城市，其经济结构优化和现代市场体系建设对中国经济高质量发展意义重大。同时，上海所在的长三角地区是国内公认的最具经济活力、开放程度最高、创新能力最强的区域之一，也是全球产业链供应链的重要组成部分。上海作为首位城市，一手牵起长三角和长江经济带，一头连着太平洋，在构建国内国际双循环相互促进的新发展格局中，有着特殊的节点和链接作用。面对当前全球经贸环境的深刻变化，不仅需要更加重视内需市场，同时需要深化体制机制改革，推进更深层次、更宽领域、更大力度的全方位、高水平、制度型开放，促进更多高质量项目、高水平人才集聚上海，使上海真正成为汇聚商品流、信息流、人才流、科技流和品牌流的热土。

一、后疫情时代产业国际竞争的新环境、新挑战

未来五年，全球经济增长将呈现较以往不同的曲折发展态势，全球经贸环境也变得日趋多元复杂。**从变化趋势看**，疫情导致主要经济体停摆，短期内可能出现全球经济负增长，中长期增速将趋缓。**从推进主体看**，后疫情阶段制造业在稳定中的作用愈发重要，由此形成以国家为主导的新一轮战略性贸易格局。**从区域变化看**，相较经济板块内部的互动，经济板块之间的经贸联系将趋

[①] 本文主体内容刊发于《上海经济》2021 年第 6 期。

于减缓。**从产业变化看**,传统的人员、货物或较长时间处于全球相对低速流动状态,以在线贸易及物流为主体的新型贸易形态将凸显优势。

(一) 全球产业链供应链的"板结化"重组

空间形态上,全球产业的空间形态将趋于多中心分布格局。疫情带来的对供应链的担忧,使发达经济体经济政策的"内向化"加强,为对冲风险,各国对外投资将有所收缩。欧洲、北美将出现新的先进制造业中心以及服务业中心。原本以垂直一体化为主要模式的产业分工格局,将被多中心、分散化的"竞争性"产业分布格局所替代。

长期以来,虽然"发达国家—新兴经济体—发展中国家"的三级梯度产业分工体系仍然是全球要素配置的总体结构。但是,疫情影响之下,20世纪90年代以来以"平滑流动"为特点的快速推进的全球化(Globalization)形态将趋于终结,全球化布局正从"层级式"向"分布式"的新型慢速全球化(Slowbalization)调整。各主要地缘经济板块内部的区域一体化,以及各板块之间的"马赛克式"镶嵌互动将成为全球化的新表现形式。具体而言,发达国家与新兴经济体彼此间的相互依赖相对降低,板块内部的经贸合作强化。部分国家将成为原料供应国及中低端产能供给者,部分国家则进一步跃升至高质量发展阶段,两者差距进一步扩大。

一是跨国企业作为传统全球供应链主体的战略布局变化。疫情后,围绕着供应链安全与效率的决策出发点,将成为下一阶段跨国公司在成本-收益导向的战略决策主线之外考虑的重要因素。主要发达国家在2008年经济危机后就开始启动推进制造业重振计划。美国、日本等启动的"制造业回流"获得国内各方的支持和政策激励,对重塑本国产业链的生产项目获得更多重视,对工业生产基地的"回国"和新增生产的回流都是积极推动力。这预示着未来跨国公司更多将采取N+1的布局模式,分散中间品生产过于集中化的风险。以美国为代表的大型跨国公司更加重视在母国邻近的地区进行供应网络布局,尽量避免在地理距离遥远的国外进行过于集中的布局。在这种情况下,跨国公司将进一步调整价值链的分工布局,以大规模中间品贸易、生产要素全球性直接流动为代表的贸易格局将有所调整,在要素国际流动的总体背景下,将部分出现回归区域性、国际性贸易的状况。

二是2020年新冠疫情在供、需两端对全球经济产生巨大冲击,进而影响价值链的布局。在疫情结束后的重启阶段,难以出现第二次世界大战后曾出现的全球性重建高潮,即"创伤后报复性投资发展红利"。发达经济体的总体需求在短期内迅速萎缩,各国国内失业状况的加剧以及经济重启步调的不一致,将带来总体需求在一个较长时期内呈现震荡趋势。发达国家的需求者地位将在后疫情阶段下降,中国等新兴经济体和发展中区域不仅成为供给侧的重要角色，也将以更为成熟的市场，成为全球价值链相关的重要需求提供者。

（二）新型制造将构筑国家竞争新优势

美国等发达国家从 2008 年全球金融危机深刻反思长期以来的虚拟经济形态的产业结构，开始对重振实体经济予以高度关注。美国从 2009 年开始重视推进对本土的制造技术领先与核心制造能力建设。疫情后，全球供应链的破碎进一步加速这一战略布局。正如美国外交关系委员会副主席香农·奥尼尔 2020 年 4 月在《外交事务》杂志网站撰文指出的，追求冗余度（Redundancy），而非产业回归（Reshoring）是确保供应链安全的重要原则。产业链创新端虽然依托研发投入，但是更离不开制造和用户管理等研发之外的多个价值链环节，未来跨界创新和多样化需求引导的创新更加需要有一个完整的产业链，价值链的尾端与研发都是核心端，企业需要更加重视从消费者的角度去创造需求而不是复制需求，真正让消费端拉动整个价值链和产业链的发展。因此，贸易摩擦或者是技术保护，疫情后的各国经济预期的日趋保守加剧了这一保护心态在对外经贸战略中的影响成分。

2017 年以来，美国和日本政府鼓励本国高端制造业迁回母国与加大本土生产基地投资，并不仅仅在于稳定制造业就业与确保供应链安全，而更多着眼于谋求新兴领域创新的控制力，在科技优势乃至整体价值链的控制力上真正重新获得全球领先的地位。

美国等 G7 大国的宏观经济决策团队在疫情暴发后更加关注制造业就业和新项目的投入，"新制造"相关产业被列入联邦和地方中长期科技与研发投入重点对象。与之伴随的是新一代信息技术和人工智能为核心的新型制造布局，并由此引发产业创新技术与市场模式，全球产业国际化进程孕育重大变革。

大国之间对于对自身国内市场的保护日趋重视，在充分保护自身本土技术的情况下，谋求产业标准和技术路线的自主控制。因此，发达国家在前沿科技领域与高端产业的"闭环"建设倾向凸显，2017 年中美贸易战触发的经贸脱钩引发全球的多边贸易治理的瓦解，跨国公司的全球布局趋于收缩，以美国为代表的政府对海外投资持愈发保守的态度、现实资本外流和技术跨国合作成为经贸关系的主旋律。在这一态势下，传统制造业长期采用的离岸生产与外包策略正在放缓或逆转。包括 NCR、Coleman、Ford、Sleek Audio、Peerless Industries 和 Outdoor Greatroom 公司在内的许多公司已经或计划将加工组装生产从中国等其他国家转移回美国。

（三）数字经济和低碳发展成为未来竞争力

相比货物贸易，当代贸易市场增长最为活跃的板块是数字贸易。一方面，伴随着发展中国家劳动力成本的上升，数字技术和自动化的发展替代了劳动力，减少了对劳动力的需求,发展中国家的低劳动力成本优势参与国际竞争的空间逐步被压缩。另一方面,产业主导技术的更替同样对跨国生产网络组织带来深刻影响。新一代产业技术革命引致数字技术的全面普及与渗透,跨界应用与创新日新月异,以5G为代表的新兴技术需求构成全球产业链重构的技术推动力。在以美国为代表的西方大国继续着力与中国等新兴经济体"脱钩"或"准脱钩"的"倒逼机制"下,新兴经济体将被迫在核心技术与创新领域推进升级。以数字经济为代表的在线新兴产业成为新兴经济体赶超传统制造业强国的重点领域。

在这一背景下,产品跨境交付方式也相应变化,全球产业链内知识密度较高的服务成为跨境交付的主体。根据麦肯锡对欧美国家的在线交付统计数据显示,近三年来全球非实体产品在线交付的产品数量是十年前的20倍,而实体产品的交付数量十年来仅增长了1.5倍。然而,数字经济呈现高度的"无形"属性,边界尚未有权威标准,该领域的国际发展很大程度上依托合作双方在交易规制上的一致。中国作为后发国家和受制于本土服务市场培育的初期节点,面临巨大挑战,在数据自由流动、数字本地化存储、数字生产和服务的知识产权保护等方面都需要形成治理新体制。

二、上海重点产业国际竞争力指数分析

(一)疫情下逆势上升,2020年产业国际表现和价值链升级成为"双轮驱动"

2020年是"十三五"收官之年,也是"十四五"谋篇布局之年。2020年上海产业国际竞争力总指数在经历了2018—2019年平整的态势后,有效提升至134.0,比2019年提高4.20,恢复上升态势。总指数下,产业国际表现、行业增长驱动和价值链升级三个二级指数均实现正增长,2020年上海重点产业国际

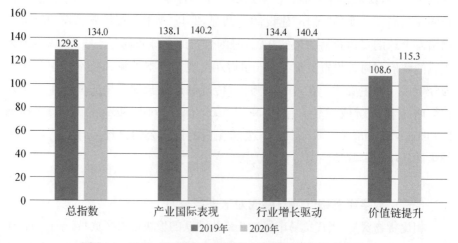

图 2-1　2019—2020 年上海重点产业国际竞争力变动情况

表现指数为 140.2,比 2019 年提高 2.04;行业增长驱动指数为 140.4,比 2019 年提高 5.95,价值链提升指数为 115.3,比 2019 年提高 6.78。

相对价值链升级而言,产业国际表现和行业增长驱动对总指数的贡献度更大,尤其是产业国际表现成为拉动 2020 年上海产业国际竞争力的"中流砥柱"。受 2018 年中美贸易摩擦的影响,2018—2019 年全球整体贸易环境的恶化对上海各重点产业贸易竞争力产生一定负面影响,2020 年中国成功应对新冠疫情冲击,在全球率先恢复生产,确保了全球产业链供应链的稳定。特别是上海承担了全国 50% 的国际航班任务,且本土患者低于 400 人、治愈率 99% 以上,为世界 2 000 万人口国际特大都市患者最低,向世界交出了一份经济韧性和后劲的出色答卷。当年上海吸引外资高达 200 亿美元,逆势增长6.2%,吸引外资规模全国第一;上海外贸突破了 34 800 亿元,上海产业国际表现指标扭转了 2018 年以来的不利趋势,2020 年相对于 2019 年提升 2.04,已经恢复到中美贸易摩擦以前的水平。

行业增长驱动指标方面,一方面复工复产有序开展,另一方面出口需求带动产能有效利用率提高,使得上海重点产业的行业增长驱动指标在 2020 年伴随出现显著增长,相对于 2019 年提高了 5.96,摆脱了 2018—2019 年的停滞态势。

同时,2018 年后,上海加大了在构筑自主可控的产业链供应链的政策指导,各重点行业对自主研发的重视程度不断提高,上海价值链提升指标持续迅速增长,2020 年相比 2019 年进一步提高 6.78,价值链升级成为上海未来实现产业增长和增强贸易竞争力的新动能。

（二）产业分化明显,传统产业优势面临挑战,服务制造构筑新型竞争优势

2020 年度,新能源汽车、高端装备和电子信息制造业是构成上海重点产业国际竞争力的传统支柱产业,贡献了全部竞争力的一半以上。

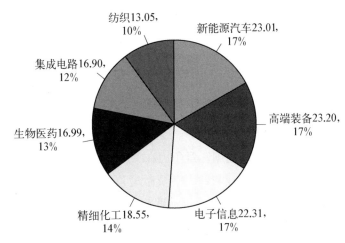

表 2-2　2020 年上海各重点产业国际竞争力指数贡献度

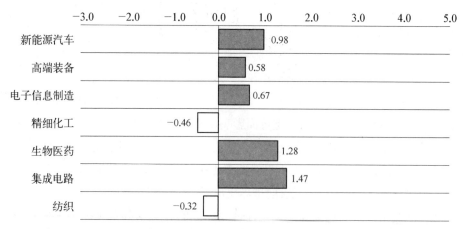

图 2 - 3　2019—2020 年上海重点产业国际竞争力贡献度指标分行业变化情况

1. 新能源汽车业与集成电路业是整个"十三五"期间上海重点产业国际竞争力提升的主要增长极

新能源汽车业 2020 年贡献度相比 2016 年提升 3.50,占比提高 1.46 个百分点;集成电路业 2020 年贡献度相比 2016 年提升 3.35,占比提高 1.63 个百分点。同时,新能源汽车业与集成电路业在 2016—2020 年始终保持增长态势,在各重点行业中属于发展成效好且仍具进一步发展潜力的主要增长极。此外,生物医药业产业竞争力整体上也处于上升区间,未来可期待继续提升。

2. 电子信息制造与高端装备业对上海重点产业国际竞争力的贡献持续减弱

作为上海传统优势行业,电子信息制造与高端装备业的产业国际竞争力贡献度在"十三五"期间尽管大致能够维持增长,但是其在全部重点产业竞争力中的贡献份额占比持续下降。电子信息制造业贡献度份额从 2016 年的 17.2% 逐步下降至 2020 年的 16.6%,占比上升低了 0.57 个百分点;高端装备业贡献度份额从 2016 年的 18.1% 逐步下降至 2020 年的 17.3%,占比上下降了 0.81 个百分点。总体来看,电子信息制造业与高端装备业由于具备先发规模优势,竞争力仍在不断增强,但从相对贡献度份额来看,正逐步让位于集成电路等新兴技术导向性产业。

3. 精细化工业与纺织业等传统产业竞争力有待走出困境

精细化工业与纺织业产业国际竞争力在"十三五"期间均出现了先上升后下降的发展趋势。精细化工业与纺织业贡献度顶峰均出现在 2018 年,随后逐年回落。2020 年度电子信息制造业贡献度相比 2018 年峰值减少 1.70,占比上降低了 1.8 个百分点。2020 年纺织业贡献度相比 2018 年峰值减少 1.69,占比上降低了 1.6 个百分点。

（三）行业增长和价值链提升显著，"十三五"期间产业国际表现进入关键转折期

2016—2020年，上海重点产业竞争力年度指数分别为124.2、127.3、130.1、129.8和134.0，整体稳中有升，产业竞争力持续增强。期间，受全球贸易环境局势复杂多变的影响，2018—2019年上海产业国际竞争力指数增长势头放缓，但2020年恢复向好增长势头。

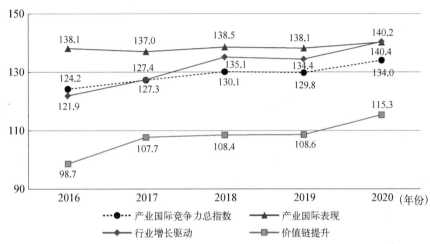

图2-4　2016—2020年上海重点产业国际竞争力总指数及二级指数变动

2016—2020年，上海制造业各重点产业在行业增长与价值链提升方面进步较大，但在直接体现贸易优势的产业国际表现方面呈稳定趋势。

1. 产业国际表现：重要先导产业贸易前景良好

（1）"十三五"期间上海重点领域进出口情况回顾

从"十三五"期间各产业进出口表现来看，各重点领域进出口额占全市贸易额比重长期超过50%，其中集成电路、生物医药、电子信息、汽车和高端装备尤其明显。

表2-1　"十三五"期间上海重点领域进出口总额（亿元）

年份 重点领域	2016	2017	2018	2019	2020
集成电路	3 301	3 473	3 346	3 945	4 494
生物医药	990	1 140	1 273	1 471	1 464
电子信息	8 850	9 853	9 901	10 006	10 826
汽　　车	1 338	1 620	1 607	1 618	1 622
高端装备	1 095	1 141	1 126	1 224	1 128
先进材料	62	72	83	95	104
航空航天	446	341	299	378	310

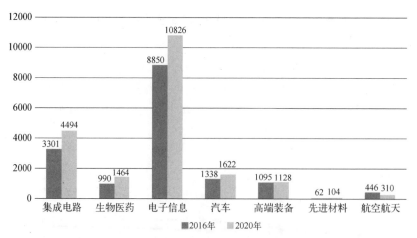

图 2-5 "十三五"期间上海重点领域进出口变化(2016—2020 年)

出口表现方面,电子信息产业占据主导地位,表现较为稳定,其中集成电路产业出口增长势头强劲,预期"十四五"期间仍将进一步增长。除此之外,生物医药、汽车、高端装备等在"十三五"期间均有较大增幅,"十四五"期间预期仍有较高的成长性。

表 2-2 "十三五"期间上海重点领域出口总额(万元)

重点领域 \\ 年份	2016	2017	2018	2019	2020
集成电路	1 131	1 018	1 056	1 318	1 522
生物医药	233	223	281	277	301
电子信息	4 932	5 419	5 393	5 294	5 395
汽　车	347	392	430	548	565
高端装备	433	510	517	535	530
先进材料	22	28	29	36	36
航空航天	31	26	36	32	42

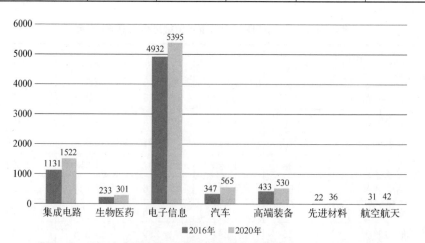

图 2-6 "十三五"期间上海重点领域出口变化情况(2016—2020 年)

表 2-3 "十三五"期间上海重点领域出口占比

年份 重点领域	2016	2017	2018	2019	2020
集成电路	9.34%	7.45%	8.05%	9.61%	11.09%
生物医药	1.92%	1.63%	2.14%	2.02%	2.19%
电子信息	40.74%	39.65%	41.11%	38.57%	39.31%
汽　　车	2.87%	2.87%	3.28%	3.99%	4.12%
高端装备	3.57%	3.73%	3.94%	3.90%	3.86%
先进材料	0.18%	0.20%	0.22%	0.26%	0.26%
航空航天	0.26%	0.19%	0.28%	0.23%	0.30%

　　进口表现方面，"十三五"期间高端装备和航空航天行业的进口替代呈现总体下降趋势，自主化程度不断加深；而集成电路行业、先进材料行业等为代表的关键零部件行业进口仍体现出快速增长的势头。预期"十四五"期间上海对高端核心器件将继续保持旺盛的进口需求。

表 2-4 "十三五"期间上海重点领域进口总额（万元）

年份 重点领域	2016	2017	2018	2019	2020
集成电路	2 170	2 455	2 290	2 626	2 972
生物医药	757	917	992	1 194	1 164
电子信息	3 917	4 435	4 508	4 711	5 431
汽　　车	991	1 228	1 177	1 070	1 056
高端装备	662	632	609	689	599
先进材料	40	44	54	59	68
航空航天	415	315	263	347	268

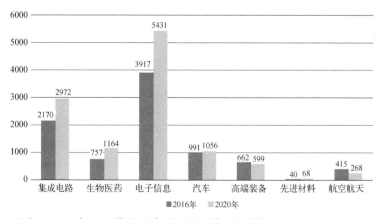

图 2-7 "十三五"期间上海重点领域进口变化情况（2016—2020 年）

表 2-5 "十三五"期间上海重点领域进口占比

年份\重点领域	2016	2017	2018	2019	2020
集成电路	13.10%	12.84%	11.26%	12.92%	14.08%
生物医药	4.57%	4.80%	4.88%	5.87%	5.51%
电子信息	23.66%	23.20%	22.16%	23.18%	25.74%
汽　车	5.98%	6.42%	5.79%	5.26%	5.01%
高端装备	4.00%	3.30%	2.99%	3.39%	2.84%
先进材料	0.24%	0.23%	0.27%	0.29%	0.32%
航空航天	2.50%	1.65%	1.29%	1.70%	1.27%

(2)"十四五"期间上海重点产业体系构建

表 2-6 2016—2020 年上海重点产业国际表现指标贡献度

年份\行业名称	2016	2017	2018	2019	2020
新能源汽车	19.55	19.90	20.28	20.32	20.58
高端装备	24.94	24.65	24.57	23.91	24.14
电子信息制造	26.58	26.72	25.54	25.58	26.31
精细化工	20.22	19.69	20.64	20.23	20.40
生物医药	18.24	17.57	18.66	18.94	19.26
集成电路	14.59	14.30	14.25	14.93	15.75
纺织	13.98	14.14	14.57	14.23	13.74
重点产业合计	**138.10**	**136.98**	**138.51**	**138.13**	**140.18**

产业国际表现指标是上海重点产业国际竞争力中"贸易链"的测度,是进出口贸易能力的直接体现。从各重点产业的产业国际表现指标贡献度变化情况来看:

① 新能源汽车业产业国际表现指标稳定增长

新能源汽车业的产业国际表现指标 2020 年度贡献度相比 2019 年增加 0.27,出现小幅增长,同时从指数贡献度占比上看,新能源汽车业从 2016 至 2020 年份额始终保持稳健增长。但值得注意的是,从三级指标来看,2020 年新能源汽车行业的供应链深度与部门贸易优势均出现明显下降,未来应预防核心器件供应不足等问题对新能源汽车行业的产业国际表现指标可能产生的负面影响。

② 电子信息制造等传统贸易支柱行业亟待发掘新的增长点

2020 年电子信息制造、高端装备、精细化工等相对传统的贸易优势行业的产业国际表现指标有所回升。2020 年，电子信息制造、高端装备、精细化工业的产业国际表现指标相比 2019 年分别提升 0.73、0.23 和 0.17，但从"十三五"期间整体变化情况来看，这些行业的产业国际表现指标贡献度增长仍然乏力，三类行业的贡献份额占比均不断下降。尽管 2020 年全球新冠疫情暴发使出口大幅增加，也只使得电子信息制造业的产业国际表现指标贡献度相比 2019 年有小幅回升，仅能止住颓势。电子信息制造业等传统贸易优势行业未来应聚焦产业升级和降低成本方面发掘新的增长点。

③ 生物医药、集成电路行业对外贸易竞争力具备持续增长潜力

"十三五"期间生物医药和集成电路行业的产业国际表现指标贡献度处于稳定上升趋势。2020 年新冠疫情暴发以来，生物医药行业出口剧增；同时集成电路作为应用广泛且不可或缺的核心元件，在全球产能不足且需求持续旺盛的背景下，也获得长足进步。因此，生物医药与集成电路这两大重点先导产业在 2020 年的产业国际表现指标分别增长 0.31 和 0.81。但受制于产业规模，行业的迅速发展对产业国际表现指标的提升作用还有进一步充分释放的空间。

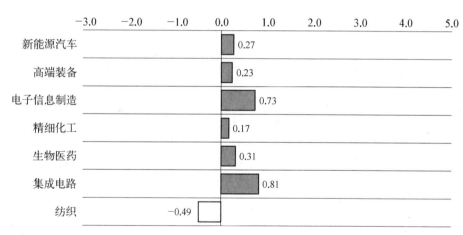

图 2-8　2019—2020 年上海产业国际表现指标分行业变化情况

2. 行业增长驱动：投资增长与生产效率提升双轮驱动

表 2-7　2016—2020 年上海重点产业行业增长驱动指标贡献度

年份 行业名称	2016	2017	2018	2019	2020
新能源汽车	21.55	23.14	24.69	26.35	28.79
高端装备	22.65	23.59	24.44	25.59	26.57
电子信息制造	17.25	17.68	18.24	17.74	18.20

行业名称＼年份	2016	2017	2018	2019	2020
精细化工	20.94	22.45	26.33	22.25	19.69
生物医药	14.14	14.25	13.74	13.83	16.13
集成电路	14.27	14.87	15.78	16.98	19.85
纺织	11.12	11.44	11.89	11.66	11.13
重点产业合计	**121.92**	**127.41**	**135.11**	**134.40**	**140.36**

行业增长驱动指标是上海重点产业国际竞争力中"产业链"的测度,是行业规模和完备性的体现。从各重点产业的行业增长驱动指标贡献度变化情况来看:

(1) 新能源汽车与高端装备业行业增长驱动指标持续向好

新能源汽车和高端装备行业在整个"十三五"期间行业增长驱动指标贡献度不断提升,2020年仍然保持上升势头。2017年以后,受产业推广政策的正向作用释放影响,新能源汽车业的行业增长驱动指标提升迅速,2020年相比2017年提升4.10。高端装备业的行业增长驱动指标贡献度在2020年则出现较大幅度的提升,相比2019年提升3.88,从三级指标来看,这一提升的主要因素来自投资增长和产业效率的提高。

(2) 电子信息制造、精细化工业与纺织业行业增长驱动指标进入下行区间

电子信息制造业与精细化工行业在"十三五"期间行业增长驱动指标贡献度均表现为先上升后下降,转折点均发生于2018年。2020年度,电子信息制造业行业增长驱动指标贡献度基本保持不变,而精细化工行业则继续显著下行,相比2019年下降2.56。从三级指标来看,出现这一问题的原因在于行业区域市场效率出现了较大的滑坡,行业的劳动生产率与利润率有所下降,进而导致行业投资增长乏力,行业增长驱动指标表现不佳。

(3) 生物医药与集成电路行业增长培育需要持续发力

与产业国际表现指标相似,生物医药与集成电路行业的行业增长驱动指标贡献度表现为显著提升。2020年生物医药与集成电路行业的行业增长驱动指标贡献度相比2019年分别增长2.30和2.88,贡献度份额上分别提高1.5和1.9个百分点。但就绝对数值而言,两大重点产业规模仍然较小,作为"十四五"期间的重要先导产业,上海生物医药与集成电路行业应利用向好态势,长期高效地进行持续培育。

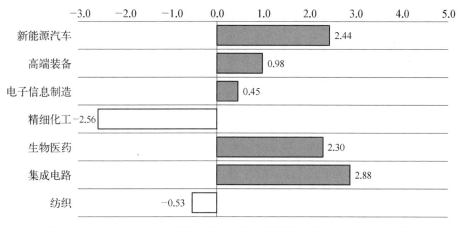

图 2 - 9　2019—2020 年上海重点产业行业增长驱动指标分行业变化情况

3. 价值链提升：小步快跑亟待突破瓶颈期

表 2 - 8　2016—2020 年上海重点产业价值链提升指标贡献度

年份 行业名称	2016	2017	2018	2019	2020
新能源汽车	17.39	19.65	20.26	21.15	22.08
高端装备	17.52	17.05	17.07	17.07	17.94
电子信息制造	15.13	16.03	16.15	17.66	18.41
精细化工	12.95	13.29	13.39	13.33	13.73
生物医药	11.24	14.31	10.73	11.12	13.33
集成电路	10.77	11.92	12.87	14.87	16.27
纺织	13.67	15.47	17.97	13.37	13.59
重点产业合计	**98.67**	**107.72**	**108.44**	**108.57**	**115.35**

　　价值链提升指标是上海重点产业国际竞争力中"技术链"的测度，是产业技术升级和研发创新能力的体现。从各重点产业的价值链提升指标贡献度变化情况来看：

　　(1) 新能源汽车、电子信息制造业创新能力稳健增长

　　在碳达峰、碳中和的大背景下，上海新能源汽车行业在"十三五"期间取得长足发展，各个关键领域技术研发水平稳步提高，表现为 2016—2020 年价值链提升指标贡献度从 17.39 快速提升至 22.08。但从三级指标来看，2020 年度上海新能源汽车动力电池、混动电机和电子电控等核心产品竞争力提高有限。2020 年后，该行业价值链提升指标快速增长势头是否还能保持，取决于未来上海新能源汽车行业的核心零部件自主化水平能否进一步提升。电子信息制造业与高端装备业创新能力则处于逐年小幅创新态势，支柱型产业的创新能力总体表现为厚积薄发。

（2）精细化工、纺织等行业价值链提升指标有所反复

2020年度,精细化工业与纺织业的价值链提升指标贡献度相对于2019年分布提升0.40和0.22,在贡献度份额上基本保持不变。从整个"十三五"情况来看,纺织业价值链提升指标贡献度在2018年后体现出回落趋势,而精细化工业则裹足不前,指标变化上下反复。从三级指标来看,研发投入不足、创新生产能力下降是电子信息、精细化工等行业价值链提升指标贡献度不足的主要原因。

（3）生物医药与集成电路稳步提升价值链高度

生物医药业与集成电路业在2020年度价值链提升指标贡献度均有显著增长,相对2019年分别提高2.20和1.40,但在2016—2019年,由于全球针对生物医药的技术壁垒和贸易保护措施加剧,期间生物医药价值链提升贡献度整体实际表现为先上升后下降。近年来,集成电路行业面临的核心元件等问题同样愈演愈烈,因此未来应进一步强化生物医药和集成电路行业的创新升级路径。

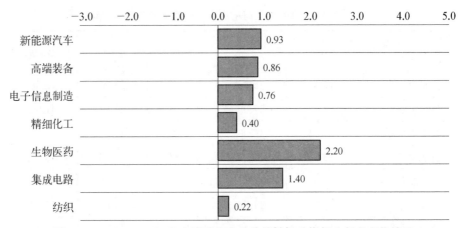

图2-10　2019—2020年上海重点产业价值链提升指标分行业变化情况

三、长三角重点区域与产业国际竞争力协同

（一）上海重点产业区域协同情况

本节利用投出产出关系,从上游供应链和下游产业链的不同视角,分别聚焦产业协同和需求拉动两个重点,将2020年度上海重点产业综合国际竞争力的来源按各主要城市群区域进行分解。

1. 上游供应链呈现进口和区域"双高"协同特征

从供应链视角,在上海重点产业综合国际竞争力构成中,上海自身贡献度为72.84,本地上游供应链占比54.4%;长三角除上海其他区域贡献度为7.19,占比5.4%;京津冀城市群贡献度为2.48,占比1.9%;珠三角城市群贡献度为1.36,占比1.0%。进口在上游供应链方面为上海重点产业国际竞争力贡献了40.22,占比

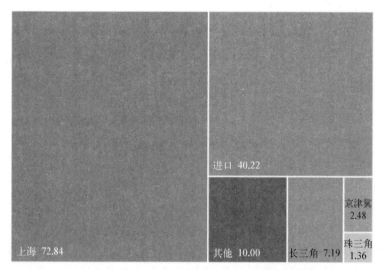

上海 **长三角** **京津冀** **珠三角** **其他** **进口**

图3-1 2020年上海综合产业国际竞争力按区域贡献度(上游供应链)

30.2%,仅次于本地贡献率。**总体来看,上海重点产业综合国际竞争力来源结构特征鲜明,本土为主,进口占比高,同时与长三角地区表现出明显的区域协同特征。**

2. 出口需求与本地需求共同带动下游产业链

从下游产业链需求视角,上海重点产业综合国际竞争力的构成中,上海出口贡献度为55.40,出口占比为41.3%;上海本地贡献度为51.44,略低于出口,占比38.4%;长三角除上海其他区域贡献度为4.32,占比3.2%;京津冀城市群贡献度为2.59,占比1.9%;珠三角城市群贡献度为2.36,占比1.8%。**从下游需求拉动的总体情况来看,出口需求与本地需求是上海重点产业国际竞争力**

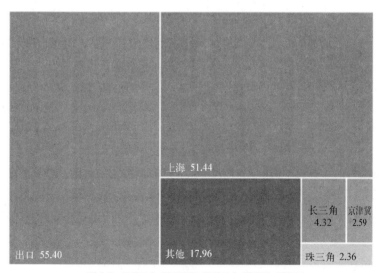

上海 **长三角** **京津冀** **珠三角** **其他** **出口**

图3-2 2020年上海综合产业国际竞争力按区域贡献度(下游产业链)

按需求来源分解的主要部分。

3. 新能源汽车和精细化工的"双循环"优势凸显

结合上下游总体来看,新能源汽车和精细化工的本地及国内贡献度较大;电子信息制造的进出口贡献度均占据主体地位,显示出仍然具有较强的加工贸易特征;而高端装备和纺织服装的上游、下游贡献度则表现出差异化,二者都呈现出"上游在内、下游在外"的竞争力来源格局。

具体到各重点行业中,按区域贡献度占比区分可以看出,上游供应链视角下各重点行业竞争力来源主要为上海本地。其中,新能源汽车、高端装备和精细化工特征相似,上游供应链本地集中程度较高,本地对竞争力的贡献度占比分别为 66.05%、59.34% 和 61.04%;而电子信息制造业的国际竞争力进口贡献度占比非常突出,达到 57.65%,超过了本地贡献度;纺织业的上游贡献度来源则来自多个国内区域,尤其是长三角地区贡献度占比达到 16.44%,显示出纺织业供应链长三角一体化协作程度较高。

表 3-1   2020 年上海产业国际竞争力贡献度分区域来源占比(上游供应链)

行业名称	贡献度占比						
	上海	长三角(除上海)	京津冀	珠三角	其他	进口	合计
新能源汽车	66.1%	3.1%	2.2%	0.8%	6.7%	21.2%	100%
高端装备	59.3%	5.1%	2.4%	1.1%	6.7%	25.3%	100%
电子信息制造	34.7%	3.4%	0.8%	0.8%	2.8%	57.7%	100%
精细化工	61.0%	3.1%	1.2%	0.8%	7.7%	26.2%	100%
纺织	49.0%	16.4%	3.0%	1.9%	17.8%	12.0%	100%

从下游产业链以需求拉动竞争力发展的维度来看,新能源汽车和精细化工的竞争力主要贡献度来源地为上海本地,占比分别为 48.78% 和 57.52%;高端装备、电子信息制造和纺织服装的本地占比较低,相对的出口贡献度较大,分别达到 37.10%、65.48% 和 72.35%,出口拉动是电子信息制造业和纺织业国际竞争力的主要下游来源因素。

表 3-2   2020 年上海重点产业国际竞争力分区域贡献度占比(下游产业链)

行业名称	贡献度占比						
	上海	长三角(除上海)	京津冀	珠三角	其他	出口	合计
新能源汽车	48.8%	2.6%	2.2%	1.4%	23.0%	22.1%	100%
高端装备	34.1%	5.9%	2.7%	2.6%	17.5%	37.1%	100%

续表

行业名称	贡献度占比						
	上海	长三角(除上海)	京津冀	珠三角	其他	出口	合计
电子信息制造	26.9%	1.7%	1.0%	0.8%	4.2%	65.5%	100%
精细化工	57.5%	4.1%	2.7%	2.2%	13.9%	19.6%	100%
纺织	20.1%	0.9%	0.6%	1.9%	4.2%	72.4%	100%

(二)上海主要重点产业上下游协同情况

利用2020年度上海综合产业竞争力指标计算结果和2017年上海投入产出表,本部分对上海部分重点产业的国际竞争力区域内部分行业协同情况进行了测度,以探讨产业间上下游关联性。

1. 总体情况分析

总而言之,上海五个重点产业的上下游贡献度均集中在本行业,其次为服务业,表现出上海重点产业领域"制造服务"深度融合的新竞争优势。其中,新能源汽车上游行业贡献度最低,而下游本行业贡献度最高,应用场景成为竞争力关键;电子信息制造的上下游贡献度则均集中在本行业,其他行业对其的贡献度相对较小,呈现突出的产业链上下游同行业集中现象;高端装备、精细化工和纺织服装业的上下游贡献度占比相对均衡,产业处于相对恒定状态,在提升未来竞争力中,打破原有的产业边界,促进区域化分工、引入更"高级"的生产要素至关重要。

同时,综合上游供应链与下游产业链两个维度,上海在重点产业间协同方面主要形成了高端装备—新能源汽车、电子信息制造—高端装备、精细化工—纺织服装、精细化工—新能源汽车四条重点产业间协同发展带。

2. 上游供应链产业协同情况

从供应链视角,**上海各重点产业国际竞争力的上游贡献度主要来自其行业内部。**

(1)各重点产业中,新能源汽车的本行业上游竞争力贡献度占比最低,为41.98%,而其服务业贡献度占比则最高,为25.01%,说明上海新能源汽车供应链行业外比重大,且对配套服务业需求较高。

(2)高端装备的本行业贡献度占比为43.19%,仅高于新能源汽车,而其上游行业的贡献度较为平均,产业关联性较强,服务业、金属冶炼的贡献度占比分别为15.68%和12.01%,说明上海高端装备供应链呈现"硬化"和"软化"双重供应链特征,上海一方面要加快集聚全球金属冶炼头部企业和核心技术,迅速提升金属冶金产业的竞争力水平;另一方面要加强配套服务业能力,为提升上海高端装备产业提供系统支持环境。

(3)电子信息制造的上游贡献度最为集中于本行业,达到72.27%,除服务业外的其余行业贡献度占比均不超过5%;精细化工和纺织服装的本行业贡献度居中,分别为56.53%和64.01%,两者的服务业贡献度占比均在15%以上。

表3-3 2020年上海重点产业国际竞争力重点产业协同情况(上游供应链)

行业名称	贡献度占比					
新能源汽车	新能源汽车	服务业	金属冶炼	高端装备	电器机械	其他	合计
	41.98%	25.01%	7.12%	6.65%	3.39%	15.85%	100.00%
高端装备	高端装备	服务业	金属冶炼	电器机械	电子信息制造	其他	合计
	43.19%	15.68%	12.01%	7.10%	6.27%	15.76%	100.00%
电子信息制造	电子信息制造	服务业	高端装备	设备维修	电器机械	其他	合计
	72.27%	9.60%	4.57%	3.60%	2.25%	7.71%	100.00%
精细化工	精细化工	服务业	石油加工	电力、热力供应	设备维修	其他	合计
	56.53%	17.64%	7.42%	3.51%	2.71%	12.20%	100.00%
纺织服装	纺织服装	服务业	精细化工	设备维修	造纸印刷	其他	合计
	64.01%	16.56%	8.02%	5.54%	1.29%	4.57%	100.00%

3.下游产业链需求拉动情况

从下游产业链需求拉动视角看,上海重点产业国际竞争力呈现出新的变化。

新能源汽车的本行业下游贡献度占比最高,达到84.94%,本行业的需求拉动起到了决定性作用,相对地,服务业以及其他行业的贡献度则较低;高端装备的本行业贡献度占比为52.13%,其下游的服务业、新能源汽车等行业的贡献度占比相对平均;电子信息制造的本行业贡献度占比为76.60%,仅次于新能源汽车,下游行业的贡献度较低;精细化工和纺织服装的本行业贡献度占比在五个重点产业中处于较低水平,分别为50.17%和53.26%,除本行业外,二者的下游贡献度均集中在服务业和建筑业。

表3-4 2020年上海重点产业国际竞争力重点产业协同情况(下游产业链)

行业名称	贡献度占比					
新能源汽车	新能源汽车	服务业	木材加工	金属制造	电器机械	其他	合计
	84.94%	8.37%	2.12%	1.44%	1.38%	1.75%	100.00%
高端装备	高端装备	服务业	新能源汽车	电子信息制造	电器机械	其他	合计
	52.13%	13.67%	13.25%	7.38%	6.74%	6.83	100.00%
电子信息制造	电子信息制造	服务业	高端装备	新能源汽车	电器机械	其他	合计
	76.60%	9.16%	4.97%	4.42%	3.88%	0.97%	100.00%
精细化工	精细化工	服务业	建筑业	电器机械	新能源汽车	其他	合计
	50.17%	19.58%	7.08%	4.87%	4.47%	13.84%	100.00%
纺织服装	纺织服装	建筑业	服务业	木材家具	精细化工	其他	合计
	53.26%	23.44%	6.65%	4.63%	3.16%	8.86%	100.00%

四、总结与建议

课题组经过5年的持续跟踪表明,"十三五"期间,上海重点产业国际竞争力整体稳中有升,产业竞争力持续增强。尤其在2018年中美贸易摩擦和2020年全球疫情暴发的重要节点上,上海充分发挥了国内国际双循环中重要节点和链接的独特优势,一是国内市场链接和国际市场开放的双向优势;二是长三角产业链协同、全球供应链节点和城市现代产业体系升级的多重优势;三是重点产业服务制造深度融合,和上下游产业间联动的升级优势,不仅在全球贸易环境局势复杂多变中加强了产业国际竞争力的韧性,更为中国参与全球新一轮产业国际竞争力积蓄潜能。

在新冠疫情后全球产业竞争加剧、全球产业链供应链价值链面临重大变革的新背景下,上海如何持续发挥新开放优势,在新发展格局中提升产业国际竞争力?

首先,在产业要素结构上,要通过体制机制创新,建立供应链、产业链、创新链和谐协同发展机制,尤其要重视围绕实体经济形成要素支持"闭环"。

其次,在空间布局上,要发挥好上海在链通国内外市场的双重优势,外资外贸外企集中的主体优势,形成开放的、空间集聚的全球产业链集群。

再次,在政策突破上,疫后供应链主导国与其相邻国家关系会更加紧密,上海应进一步率先实施上海自贸区政策突破空间,把强化全球资源配置、科技创新策源、高端产业引领和开放枢纽门户"四大功能"作为做好上海产业国际竞争力提升的突破口和重要发力点。

具体而言,上海要形成新的竞争力,应将注重贸易政策、产业政策和科技政策协同公关作为重点,按照短期"补链"、中期"强链",区域"整体提升"的路径推进,在产业链上游打造一批"隐形冠军",增强对全产业链的治理和控制力。

一是根据重点行业、关键环节形成预警机制和联合解决方案,谨防"断链"。尽快找出上海重点产业领域产业链供应链安全中的痛点、堵点和薄弱点,形成以积极鼓励为主的正面清单和以产业预警为主的负面清单,制定方案,形成落实机制。**二是利用好自贸区新片区和长三角深度一体化建设加快对内对外开放。**对外结合 RCEP 和中欧协定落实,加快推进中日韩自贸区在高端装备、生物医药、集成电路和汽车制造四大产业的全产业链贸易协定政策落地。同时拓展与印度、澳大利亚等亚太国家的延伸供应链;对内根植长三角,以适应新消费的新产品新服务开发制造为导向,以细分产品的全产业链为中心,重组上中下游主体和产能的供应链,拓展全产业链的接链、补链和强链,合力共建以产业集群为牵引的区域全产业链先进制造业体系。**三是在产业链上游集中打造一批"隐形冠军"。**利用好上海全球创新策源地功能,提高政策在每一培育阶段的精准投入和集成服务,加快培育一批在重点领域基础零部件、基础工艺、关键基础材料等的"隐形冠军"企业。**四是以新型"链主"培育为核心构建价值链治理结构。**大力培育在全球价值链两端具有市场或技术控制能力的"链主",鼓励价值链上的企业按照专业化分工的原则进行收购兼并,做大、做强、做优企业。**五是构筑全球新产业链的优势尤其在于持续优化营商环境**,回应外资企业不断强调的提高透明度、监管环境的可预测性与公平性呼吁;切实保护知识产权;减少产业保护政策,减少障碍壁垒;探索构筑更为安全开放的服务贸易体制机制。

主要执笔:

汤蕴懿 上海社会科学院研究员
黄烨菁 上海社会科学院世界经济研究所研究员
韩　清 上海社会科学院经济研究所研究员
陈　柯 上海社会科学院经济研究所博士

附件:上海重点产业国际竞争力行业选择、指数框架及测度
SCICC(2020—2021)
上海社会科学院新经济与产业国际竞争力研究中心研制

上海重点产业国际竞争力指数是在经典的产业竞争力理论分析基础上,结合上海产业转型与国际环境新趋势下,对上海重点产业国际竞争力进行深度分析,并形成上海重点产业国际竞争力的年度指数。总指数由代表"贸易链"的产业国际表现、代表"产业链"的行业增长驱动和代表"创新链"的价值链提升三大二级指标构成。

本年度上海重点产业国际竞争力研究选取了如下重点产业作为研究对象:(1)新能源汽车业;(2)高端装备业;(3)电子信息制造业;(4)精细化工业;(5)生物医药业;(6)集成电路业;(7)纺织业。其中,新能源汽车、高端装备、生物医药和集成电路均为上海"十四五"时期战略性新兴产业发展重点;电子信息制造业、精细化工和纺织业为上海重要的传统优势产业,本指数的重点产业选取兼具代表性与前瞻性。

1. 重点产业的选择

本项目对于指数分析的产业对象选择以如下原则为出发点:体现上海作为全球城市流量枢纽的"码头"作用;体现具有全球影响力的科创中心"源头"作用;体现长三角一体化高质量发展的"龙头"作用。因此,行业覆盖面既突出上海重点领域产业、关键环节和核心产业的制造优势,也要高度重视制造和服务深度融合,首位城市在城市经济圈中的引领辐射作用,以及这些作用如何在新一轮贸易格局中优化全球供应链布局。其中,考虑到全球经济圈中的首位城市越来越体现在贸易流量、产业水平、研发能力、营商环境和全球总部等核心指标上,我们在行业选择上将充分重视体现全球城市在助推"流量"发展上的功能。

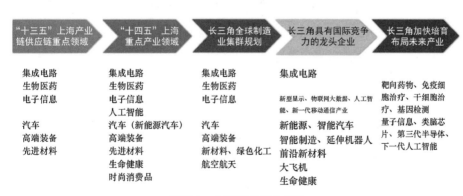

附图1 上海重点产业布局

资料来源:课题组整理。

本报告遵循这一特点,在"重点产业"的选取上遵循产业和功能相结合的原则。产业选择兼顾了国家基础战略产业、重点领域产业和战略性新兴产业。

(1) 国家战略性新兴产业

以国家战略性新兴产业发展为方向,以超前布局、引领中国制造新跨越为目标,结合现阶段上海推进制造业创新重大项目的相关技术领域,选择若干具有较大发展潜力的行业,构成"新兴产业"板块:高端装备与智能制造、海工装备和航空航天。

(2) 全球重点竞争产业

2018年,美国、德国、日本等主要发达国家加快布局战略性新兴产业,纷纷制定战略,加快前沿技术研究,特别是对共性技术高度重视,重点突破。在新一代信息技术、生物医药、新能源汽车方面形成新一轮全球竞争格局。这些产业具备知识技术密集度高、物质资源消耗少、成长潜力大、综合效益好的特点,对上海产业转型和产业结构的高度化发展起着不可忽视的作用。

(3) 上海制造领域重点产业

结合全球产业链供应链行业集中度、"十三五"期间上海重点产业发展、"十四五"时期上海重点产业规划、长三角世界级产业集群建设和全球战略性新兴领域分布,本研究拟重点测算电子信息制造、集成电路、生物医药、新能源汽车、高端装备、新材料与精细化工、时尚消费(纺织服装)七大产业领域,对其进行重点行业产业国际竞争力的深入分析并形成产业领域报告。

夯实以制造业为基础的实体经济,加快打造重点领域的世界级产业集群。"3+6"重点产业体系由集成电路、生物医药、人工智能三大产业"先锋队"+电子信息、生命健康、汽车、高端装备、先进材料、时尚消费品六大重点产业集群构成。

附表 1　上海"3+6"重点产业体系

三大产业"先锋队"	集成电路	上海的集成电路发展将围绕高端芯片、关键器件、先进和特色制造工艺、核心装备和材料等领域,突破一批"卡脖子"技术。
	生物医药	上海的生物医药发展将聚焦创新药物及高端制剂、高端医疗器械、产业链关键环节、产业服务新模式等重点领域,构建"1+5+X"市级特色产业空间布局,汇聚海内外生物医药优质资源要素,提升产业链高质量发展水平与全球市场竞争力。
	人工智能	上海2020年人工智能产业规模为近2 000亿元,增长30%以上。未来,上海的人工智能产业计划围绕基础理论、算法、算力、数据、应用技术等环节,加快攻关突破,在制造、医疗、教育、交通、城市管理、工业制造等领域,加强场景应用。

续表

六大重点产业集群	电子信息	重点发展集成电路、通信设备、新型显示及高超高清视频、物联网及智能传感器、智能终端，以及软件和信息服务等领域。
	生命健康	生命健康重点发展生物医药、医疗器械、智能健康产品，以及健康服务、医药流通等服务领域。
	汽车（新能源汽车）	汽车重点发展新能源汽车、智能网联汽车、整车与零部件，以及出行服务、汽车金融等服务领域。
	高端装备	高端装备重点发展航空航天、船舶海工、智能制造装备、能源装备、节能环保装备，以及系统集成、智能运维等服务领域。
	先进材料	先进材料重点发展石油化工、精品钢材、前沿新材料、战略新材料，以及大宗贸易、设计检测等服务领域。
	时尚消费品	时尚消费品重点发展时尚服饰、特色食品、智能轻工，以及时尚创意、工业设计等服务领域。

本研究特别强调传统产业转型升级的稳定作用。产业国际竞争力的提升，既要突出战略性新兴产业的战略地位与发展新动能作用，也要强调传统产业转型升级的稳定作用，对上海经济增长持续做出重要贡献的"重点产业领域"。上海依托原来的工业基础，在纺织创业产业、精细化工、新材料产业领域谋求产业转型和价值链提升。这些行业所在的制造价值链具有鲜明的国际化特征，不仅对上海出口构成主要动力，是国际竞争优势的主要依托，也具有上下游带动性，对于上海未来开放经济竞争优势的持续发展同样具有重要作用。

（4）长三角十大世界级产业集群建设

党的十九大报告特别强调，"促进我国产业迈向全球价值链中高端，培育若干世界级先进制造业集群"。根据《长江三角洲区域一体化发展规划纲要》，江浙沪皖35.8万平方公里的土地上，在形成若干世界级制造业集群方面，主要围绕十大领域：电子信息、生物医药、航空航天、高端装备、新材料、节能环保、汽车、绿色化工、纺织服装、智能家电，强化区域优势产业协作，推动传统产业升级改造，建设一批国家级战略性新兴产业基地。在培育一批具有国际竞争力的龙头企业方面，主要是聚焦十大重点领域：集成电路、新型显示、物联网、大数据、人工智能、新能源汽车、生命健康、大飞机、智能制造、前沿新材料，加快发展新能源、智能汽车、新一代移动通信产业，延伸机器人、集成电路产业链。而在加快培育布局一批未来产业方面，主要是面向八大领域（量子信息、类脑芯片、第三代半导体、下一代人工智能、靶向药物、免疫细胞治疗、干细胞治疗、基因检测）。

2. 产业范围和边界

附表 2 产业范围和边界

二级指标(4)	三级指标(14)	产业发展概述
重点产业竞争力	电子信息制造(集成电路)	电子信息制造业主要包括通信设备、电子计算机、电子器件、电子元件、家用视听设备,其中集成电路和新型显示等细分产业是电子信息制造业的核心支撑。当前在新型显示领域我国已经成为全球第一大生产国,但在集成电路领域中还处于相对落后状态。 自 2018 年中美贸易摩擦开始,以美国为首的西方发达国家重点在电子信息制造业中对中国进行封锁和打压,我国政府也提出了一系列应对措施对相关产业进行扶持发展。但是在电子信息制造领域总体中差距较大,进行赶超还需时日。从电子信息制造业的具体领域来看,在通信设备、电子计算机、家用视听设备等领域中,我国经过几十年的努力已经站在国际前列,但在电子器件、电子元件等集成电路制造领域中却存在较大落后。 根据海关统计,2015—2018 年,我国集成电路进出口额均呈逐年上升趋势,期间贸易逆差在逐渐加大。但 2019 年我国集成电路出口额快速增长,而进口额出现回落,因此 2019 年我国集成电路贸易逆差额首次出现负增长。2019 年集成电路累计进口金额为 3 055.5 亿美元,累计出口金额为 1 015.78 亿美元,同比增长 20%;贸易逆差达到 2 039.71 亿美元。超过万亿的集成电路领域的贸易逆差不仅显示出我国在集成电路产业制造上的不足,更是暴露了我国产业链中的严重弱项。 在此背景下,上海承接起了中国集成电路产业升级的重任,承担起了中央赋予上海制造出"中国芯"的重任。对上海而言,电子信息制造业长期以来一直是长海的优势产业。2020 年,上海电子信息制造业实现工业总产值 6 466.23 亿元,同比增长 5.3%,其工业总产值仅次于汽车制造业,是上海占比第二高的制造业行业。上海拥有全国领先的集成电路加工制造能力,中芯国际 2018 年达到全球集成电路 Foundry 制造第 5 位,销售额国内第 1 位,首家 12 英寸 28 nm 制程量产,14 nm 制程试量产;华虹集团位于 2018 年全球集成电路 Foundry 制造第 7 位,销售额国内第 2 位,12 英寸 28 nm 制程量产;华力二期 12 英寸先进生产线 2018 年 10 月正式投产,建成后华虹规模进入全球前 5 位。 2021 年,上海市《"十四五"规划纲要》正式发布,该份文件对集成电路以及新能源产业提出了未来发展要求。要求上海要增强集成电路产业自主创新能力。努力打造完备产业生态,加快建设张江实验室,加强前瞻性、颠覆性技术研发布局,构建上海集成电路研究中心等为主要支撑的创新平台体系。围绕国家重大生产力布局,推动先进工艺、特色工艺产线等重大项目加快建设尽早达产,加快高端芯片设计、关键器件、核心装备材料、EDA 设计工具等产业链关键环节攻关突破,加强长三角产业链协作,逐步形成综合性集成电路产业集群,带动全国集成电路产业加快发展。 为了进一步支撑上海集成电路的发展,上海临港新片区发布《集成电路产业专项规划(2021—2025)》,提出围绕"高端引领、全链发展、创新卓越、跨界融合"16 字方针,推动"东方芯港"成为响应自贸区战略与上海科创中心建设两大国家战略的重大承载区域。此外,上海更是在 2015 年设立了上海市集成电路产业投资

二级指标(4)	三级指标(14)	产业发展概述
重点产业竞争力	电子信息制造（集成电路）	基金，基金采"3＋1＋1"格局设立三个行业基金，即100亿元设计业并购基金、100亿元装备材料业基金、300亿元制造业基金。上海集成电路产业投资基金已于2019年年底完成投资。 作为中国以及上海的战略产业，上海在未来长时间内必将负担起为中国电子信息制造业的产业前沿开拓的任务，这不仅会支撑起上海未来制造业的发展，更担负着产业安全和产业升级的重担。
	高端装备（机电产品）	高端装备是上海市"十四五"规划中要加快发展、提升国际竞争力的六大产业之一。而智能制造是制造业未来发展的重要方向，不管是人口结构的变化，导致持续人力成本上升，还是市场需求的快速更新，对工厂提出了柔性化的需求，未来的生产线必须是高效、节能和敏捷响应型的，以应对不确定性的外部环境变化。作为智能制造产业链的数控机床和工业机器人在《中国制造2025》规划中被列为政府需大力推动实现突破发展的十大重点领域。数控机床作为工业的"工作母机"，是一个国家工业化水平和综合国力的综合表现，其水平代表了国家的制造能力，航空航天装备、汽车、电子信息设备等产业发展，离不开高档数控机床。上海"十三五"期间数控机床的进出口额增加了34.4%。工业机器人是一种典型的机电一体数字化装备，是先进智能制造业中必不可少的技术支撑。中国已成为全球最大的机器人市场，上海"十三五"期间工业机器人的进出口额增加了23.4%，然而，我国的机器人市场密度显著低于韩国、日本、德国、美国等国家，机器人的渗透率还处于较低水平。所以本报告将重点关注在高端装备未来发展方向上有重要影响的数控机床和工业机器人。
	新能源汽车	自2013年新能源汽车产业推广政策全面推出以来，新能源汽车已经成了我国未来制造业发展的核心产业。新能源汽车产业是基于传统汽车的延伸，受限于统计数据口径的影响以及新能源汽车和传统汽车有大量重合部分，报告在汽车产业大口径的基础上突出新能源汽车产业的变化。 对于新能源汽车产业产品的国家分类，新能源汽车产品主要为纯电动汽车、插电式混合动力（含增程式）汽车、燃料电池汽车三大类。核心产品主要为动力电池、电机、汽车电控等。 对上海而言，汽车产业一直是上海名副其实的支柱性产业，"十三五"期间，汽车产业贡献了上海制造业20%以上的产值。2020年，上海汽车实现产量264.68万辆，占全国10.5%，汽车产业产值6735.07亿元，同比增长9.3%。其中新能源汽车完成产量23.86万辆，同比增长190%。在市场推广方面，上海2020年新增推广新能源汽车12.1万辆，同比增长92%，累计推广42.4万辆（燃料电池汽车1483辆），总规模位居全国第一。 2021年，上海颁布《上海市加快新能源汽车产业发展实施计划(2021—2025年)》，《规划》中从产业规模、核心技术、绿色交通能源体系、网联化智能化应用基础设施、政策体系六方面全面规划了上海未来五年新能源汽车产业的发展目标。其中，从体量上，到2025年底之前，上海要实现本地新能源汽车年产量超过120万辆；新能源汽车产值突破3500亿元，占全市汽车制造业产值

二级指标(4)	三级指标(14)	产业发展概述
	新能源汽车	35%以上。在核心技术上,动力电池与管理系统、燃料电池、驱动电机与电力电子等关键零部件研发制造达到国际领先水平。车规级芯片、车用操作系统、新型电子电气架构等网联化与智能化核心技术取得重大进展,形成完整供应链。 新能源汽车产业作为未来中国实现碳达峰、碳中和的重要环节,势必最终将取代传统燃油汽车成为汽车产业的主体,并且成为上海以及中国的支柱产业。本报告着眼于全球新能源汽车产业的发展趋势,以中国新能源汽车产业发展为大背景,重点分析上海新能源汽车产业竞争力的当前情况和提升路径。
	生物医药	生物医药产业已成为新一轮发展的竞争焦点,是推动未来科技和经济发展的战略制高点。上海生物医药产业发展的优势明显,吸引了优秀人才和代表性的研发机构,在前瞻性、集成性部署相关大设施布局等方面具有综合优势,企业的自主研发和创新能力以及国际化水平较高。目前上海生物医药产业规模占到全国的7.4%。2019年上海生物医药产值3 833亿元,同比增长11.6%,2020年上半年上海生物医药产值1 320亿元,同比增长7.3%。上海在新药研发方面的综合优势明显,除了拥有一流的高校、科研院所等,还拥有国际研发人才。据介绍,上海生物医药领域院士和长江学者占全国的五分之一,创新药占全国四分之一以上,其中也包括全球首创新药。 上海的药企中有一半左右是外资企业,全球20强的跨国药企中有17家设立了中国区总部、研发中心、创新中心和生产基地,比如罗氏是全球第一个进入张江园区的跨国药企,既有研发,又有生产。其他把中国总部落户上海的国际制药巨头还包括诺华和辉瑞等。在全球20强医疗器械企业中,也有超过10家企业总部进入上海,比如美敦力,这充分体现了上海国际化的优势和特色。
	精细化工	作为综合性较强的技术密集型工业,全球各个国家特别是工业发达国家都把发展精细化工产品作为传统化工产业结构升级调整的重点发展战略之一,其化工产业均向着"多元化"及"精细化"的方向发展。随着社会经济的进一步发展,人们对电子、汽车、机械工业、建筑新材料、新能源及新型环保材料的需求将进一步上升,电子与信息化学品、表面工程化学品、医药化学品等将得到进一步的发展,全球范围内精细化学品市场规模将保持高于传统化工行业的速度快速增长。精细化工产品品种多、更新速度快、专用性强,生产工艺复杂,这决定了进入本行业的主要障碍是技术研发壁垒、环保与安全壁垒、销售渠道壁垒和资金投入壁垒。 "十三五"以来,中国石化行业高质量发展取得了诸多突出成绩,产业链向高端化、精细化转型的需求越来越强烈,精细化率不断提升。但与发达国家60%—70%的精细化率相比,仍有较大差距。此外,我国精细化工产品品种也较少,仅占全球的20%左右。 从企业看,2020年精细化工100强中,东部地区上榜77家公司,中部地区上榜14家,西部地区上榜7家,东北地区2家。东部地区是中国精细化工领先企业最集中的区域。

续表

二级指标(4)	三级指标(14)	产业发展概述
精细化工		
纺织服装		作为"衬衫换飞机"的代表，传统纺织服装部门在我国改革开放后发挥国际比较优势，利用劳动要素充裕和出口加工发展模式，发展劳动密集型产业，实现快速融入经济全球化。如今，新材料、新模式、新技术赋予纺织服装产业新的生命力，解决了该部门低附加值、低技术含量的固有特征与上海谋求产业结构升级的矛盾。同时，随着中国企业"走出去"和"一带一路"合作建设的深入，该部门部分产能向东南亚、非洲等地区转移，上海在纺织服装部门的价值链地位已经从生产组装逐步向研发设计等高附加值地位转移，体现出上海纺织服装部门的国际竞争力结构上的深刻变化。 所以，上海纺织服装产业的范围已经突破了传统意义上的原材料、半成品和成衣，还应更多关注新材料、服装设计、个性化定制等新模式。 本报告拟重点跟踪的产品环节及依据主要有三个：一是化纤面料作为服装原材料比重上升后，对纺织服装产业的结构造成深刻影响；二是上海总部经济、国际消费中心以及国际贸易中心引发部门离岸贸易的效应，体现出上海纺织服装部门部分产能结构外迁后实现全球价值链地位的升级；三是纺织服装的设计和营销环节，主要体现为个性化定制等新兴模式下上海纺织服装产业国际竞争力的变化。

3. 指数构成的理论依据

"全球价值链"理论揭示，第二次世界大战后随着生产的专业化及跨国公司的发展，基于更多生产职能全球布局和优化调整基础上形成了全球价值链。这种发展形势既使商业模式的传导性加深，又促进了国际及区域间的价值链的调整。特别是数字经济带来的新一轮全球一体化，使生产及价值的分配进入了新的阶段，即全球产业内生产活动所形成的价值在空间层面上不断地分散、深化,这种全球价值链的国际传导通过价值链的地域分布改变了全球的经济发展及相关的经济版图,为全球各国不同形式的经济体带来了价值链形成过程中衍生的机遇和挑战。

全球价值链也对上海区域资源配置、产业分工及在国际生产体系中所处地位带来了重要影响。本研究通过构建"全球价值链背景下产业国际竞争力的三维评价及演化研究",构建"价值链(全球供应链)、产业链、创新链"三维评价维度,以上海产业国际竞争力为持续跟踪对象,对中国经济高质量发展中的"中国制造"进行产业国际竞争力的评价及升级策略研究。

本研究强调贸易在产业国际竞争力构成发挥的内核与表现的高度融合作用。首先,在竞争力指数体系的具体构成上,上海重点产业的国际产业竞争力在行业层面的指数结构设计中以产业国际表现指标作为贸易竞争优势的代表,呼应贸易的"价值链"表现,也是对产业国际竞争力最直接的评估;其次,我们同时选取两类次级指标:一类是描述贸易的行业增长驱动作用的指标,以此表征贸易产业竞争力,该类指标的选择旨在反映贸易竞争优势的发展对于"产业链"拉动的内涵;另一类是描述贸易的价值链提升效果,以此表征贸易核心产品竞争力,该类指标旨在反映产业依托"创新链"对于产业升级的贡献。在三大指标板块的基础上,我们进一步分解竞争力指数的次级指标,即课题提出的整个竞争力指数的三级指标,由此逐级向上构成本研究中产业国际竞争力的综合指数(见附表3)。

附表3 产业国际竞争力指数构成

指数构成	内 涵	指标属性	数据来源	确权原则
贸易的产业国际表现	呼应"价值链",体现贸易经由国际市场价值实现的核心能力	描述贸易贡献,该产业的主导型产品在国际市场上的份额	行业的贸易占比、增长与RCA、TC指数等	作为产业国际竞争力的主体指标,在确立权重倾斜区间条件下,结合多个主客观赋权方法确权
贸易的行业增长驱动作用	呼应"产业链",体现产业国际竞争力的产业依托	描述产业投入产出效率	行业内企业的生产效率、集聚经济和盈利能力等	是产业国际竞争力的支撑因素之一,构成相对次要的权重占比
贸易的价值链提升效果	呼应"创新链",体现产业国际竞争力的创新依托	描述产业的技术进步对出口带来的影响、高附加值核心产品的国际市场价值能力	高外向型企业的技术进步、核心产品的贸易市场表现等	是产业国际竞争力的支撑因素之一,构成相对次要的权重占比

4. 指数测算模型

本研究课题所使用的上海产业国际竞争力指标体系涉及四个层级的指数

合成计算。本年度研究课题聚焦上海的纵向竞争力比较，故以多维时间序列研究方法为主要手段，以上海各项指标的多年时间序列为主要对象展开研究。在确定课题研究所使用数据时长后，使用主成分分析法进行指标降维和指标权重计算，利用序列相关分析和向量自回归法进行指标交叉分析。具体测算方法如下：

（一）三级指标中各重点产业国际竞争力指数测算

（1）针对三大不同的四级指标**产业国际表现**、**行业增长驱动**和**价值链提升中**的基础指标，分组搜集整理数据，进行归一化处理后，完成对上海各项基础指标时间序列的构造。

（2）分组使用**主成分分析方法**，析出各组基础指标的主要成分，对各四级指标涵盖的基础指标时间序列进行降维处理，提高估计的准确度与分析效果。

（3）计算各个主成分序列的贡献度，使用**变异系数法**将贡献度换算为各主成分序列的权重，随后利用主成分序列与基础指标序列的线性关系，还原基础指标的归一化权重，从而计算出计算各行业对应的三级指标。

（二）重点产业竞争力二级指标的合成

利用行业的对数规模占比，结合专家打分法为各行业三级指标赋予客观和主观结合的权重，通过对各行业的三级指标根据计算出的权重进行加权平均，完成**重点产业竞争力**二级指标的合成。

（三）二级指标合成总指标

最后，使用专家打分法为二级指标赋权，将上海的重点产业竞争力、贸易中心竞争力和营商环境竞争力合成为总指标。

（四）二级指标间的交叉分析

利用序列相关系数分析方法（Cor）和向量自回归（VAR）模型分析指标序列的相关关系，完成在二级指标层面指标与指标间的交叉分析。序列相关系数分析可以计算二级指标间的总体相关关系，从而准确判断指标之间是否存在统计意义上的显著相关性。进一步的，针对有相关性的指标之间，向量自回归模型可以给出指标序列的具体线性相关关系，从而为二级指标序列间的量化相关分析提供统计支撑。

专题报告

RCEP 对上海重点产业的影响

2020 年 11 月 15 日,区域全面经济伙伴关系协定(RCEP)正式签署。RCEP 是全球最大的自贸协定,其成员国包括东盟 10 国与中国、日本、韩国、澳大利亚、新西兰,成员国总人口、经济体量、贸易总额均占全球总量约 30%。就中国现有自贸协定的缔约实践而言,RCEP 是目前范围最广、影响最大、质量最高的自贸协定,是重塑我国国际合作和竞争新优势的战略抉择。

RCEP 成员国是上海的重要贸易伙伴。上海与 RCEP 成员国的进出口总额逐年增长,在 2020 年达到 1 717.66 亿美元,占上海对外货物贸易总额的 34.35%,年均增长率为 1.02%。通过研究 RCEP 规则与上海产业现状发现,协定的签署和落地对上海重点产业的短期影响有限,而长期来看则将全方位推动上海经济发展。我国在加入 RCEP 协定后,一方面要构建稳定的亚太产业链,研判各类潜在风险,提前做好应对措施,另一方面也要以自贸试验区为抓手,积极对标 CPTPP 等更高标准国际规则,推动对外经济有序发展。为进一步探讨 RCEP 协定实施对上海货物贸易可能产生的影响,本节将梳理长三角地区的贸易现状,分析上海与 RCEP 成员国的贸易情况,分重点产业地剖析 RCEP 对上海货物贸易的关税影响,展望 RCEP 对上海中长期产业链升级和经济发展的贡献。

一、RCEP 协定的基本内容

第四次《区域全面经济伙伴关系协定》(RCEP)会议于 2020 年 11 月 15 日以视频形式举行,会后中国与东盟 10 国、日本、韩国、澳大利亚、新西兰正式签订 RCEP 协定,协定的成立标志着世界上人口数量最多,同时也最具经贸发展潜力的自由贸易区正式启航。相比于其他高标准自贸协定,RCEP 协定的特殊之处在于其成员国不仅包括日本、韩国等发达国家,也包括中国等发展中国家,以及缅甸、老挝等最不发达国家,其条款充分兼顾缔约方所处的发展阶段,以确保各缔约方都能扩大其贸易和投资机会以及参与区域和全球价值链分工,助推世界经济恢复发展。

RCEP 协定由 20 个章节组成,包含关税减让、原产地规则、海关程序和贸易便利化、跨境服务贸易、投资、知识产权、电子商务、政府采购等内容[1],涵盖范围从货物贸易、服务贸易到跨境投资等"边境后"条款。总体来说,RCEP 规则制定的严格程度虽不及 CPTPP、NAFTA 和 USMCA 等自贸协定,但其贸易自由化水平仍然较高,且具有更大的包容性,有望进一步发展成为对标国际最高标准的全面、高质量的自由贸易协定。

(一) 货物贸易

RCEP 协定致力于促进货物贸易自由化、便利化,逐步推进区域内的关税减让,消除成员国之间的非关税壁垒,形成高质量的自由贸易区。其不仅包含传统的关税减让,而且在原产地规则和贸易便利化措施等方面都制定了详细的规则。

关税减让方面,RCEP 第二章第四条规定"成员国应当根据各自关税承诺表中的承诺,削减或取消对其他成员国原产货物的关税"。根据"关税承诺表",各成员国将在协议签订的 20 至 25 年内将区域内关税削减至最低水平。举例而言,中国对东盟、澳大利亚和新西兰的第一年平均进口税率将由 9.8% 降至 3.2%;到第 10 年,中国承诺对 RCEP 其他成员国的进口税率均降至 1.4% 以下;第 20 年,中国在区域内的零关税产品将达到总量的 90% 以上。[2] 此外,各成员国虽然在关税减让进度上存在差异,但最终目标都趋向于消除区域内关税,促进亚太地区商品流通。

实际上,RCEP 成员国之间的关税减让安排在 RCEP 成立之前已经存在,例如中国—韩国 FTA(自由贸易协定)的第 2.4 条,中国—新加坡 FTA 的第 6、7 条、中国—澳大利亚 FTA 的第 4 条,以及东盟—日本 FTA、东盟—韩国 FTA 等成员国之间的双边 FTA 的相关内容都涉及关税减让,也包括"零关税"条款[3],但 RCEP 与之相比仍存在一定优势:一是规则更统一。RCEP 的关税减让规则包含统一的"加速取消"和"单方取消"条款,而成员国之间的双边条款规则不一,例如在中国—澳大利亚 FTA 中没有"加速取消"和"单方取消"的内容。二是范围更全面。RCEP 协定适用于所有成员国的贸易往来,而成员国之间的双边 FTA 只适用于特定两个国家间的贸易,也难以进行大范围推广。三是条理更清晰。当前亚太地区各国已经签署实施了众多 FTA,各协

① 《区域全面经济伙伴关系协定》(RCEP)正文,中国自由贸易区服务网,http://fta.mofcom.gov.cn/rcep/rcepnw.shtml。
② 李敬:《RCEP 关税变动带来哪些新机遇》,《中国审计报》2021 年 4 月 12 日。
③ 王令栋:《RCEP 与其他区域间协定原产地规则的比较及对我国的影响》,《武汉交通职业学院学报》2021 年第 1 期。

议都规定了不同的关税减让程度和原产地规则,造成整个亚太区域的贸易规则出现纷繁复杂的"意大利面碗"效应,因此往往收效甚微。RCEP 则提供区域内各成员国一整套系统的关税减让规则,并且规定了"一成员国的加速关税减让承诺将自动赋予其他所有成员国",使成员国之间的贸易规则更加清晰,减少企业在区域内的交易成本,提升区域内贸易效率。

在原产地规则中,RCEP 协定制定了一套系统的原产地规则条款,主要包含原产货物的定义、区域价值成分的计算方式、累积规则等内容。[①] 其中,原产地规则是重要的组成部分,其目的是为了保证协定成员国的原产货物能够在自贸区中享受关税优惠,同时阻止非成员国所生产的中间品"搭便车"的行为。RCEP 协定借鉴中国—东盟 FTA 升级谈判的成功经验,在多数中间品的原产地判定中采用"二选一"的方式,即 RCEP 成员国可以任意选择以"税目改变"或"区域价值成分(RVC)"为标准的原产地判定规则,增强了原产地规则的使用灵活性和企业对原产地规则的实际利用率。此外,RCEP 对原产货物统一设定了"区域价值成分 40％"的要求,换言之,RCEP 规定进口货物的 RVC 只有超过 40％才能视为进口国原产货物。相对地,CPTPP 等高标准自贸协定则要求进口货物的 RVC 在 45％以上,对于特定货物甚至要求 RVC 至少达到65％。因此,RCEP 协定原产地规则中的 RVC 标准较为宽松,也更简便易行,有利于保护区域内企业利益,加强产业链发展。

不同于独立存在的各种双边 FTA 的原产地规则,RCEP 将成员国纳入同一个原产地规则框架,大幅减少 RCEP 内部货物贸易的成本。举例来说,在中国、韩国、澳大利亚三个国家之间存在三个交叉的双边 FTA,假设这三个 FTA 的原产货物 RVC 要求均是 40％(与 RCEP 的要求相同),此时有一件 100 元的商品从澳大利亚出口到中国,澳大利亚在其中的增值为 50 元(50％),此商品再由中国增值 50 元(33％)后出口到日本,那么根据双边 FTA 的原产地规则,中国出口到日本的商品将无法享受关税优惠。而在 RCEP 原产地规则中,由于澳大利亚出口到中国的商品的 RVC 达到 50％,可以获得原产地资格,因此中国出口到日本的商品的 RVC 为 100％而不是 33％,可以享受关税优惠,充分体现了 RCEP 的原产地规则相对于双边 FTA 的优势。

除了致力于消除成员国关税壁垒之外,RCEP 协定也在海关程序和贸易便利化、卫生与植物卫生措施、标准和技术法规及合格评定程序、贸易救济等领域引入更加透明的规则以进一步降低非关税壁垒。例如,协定第四章规定,"所有成员国在正常情况下应尽快放行进口货物,原则上从货物抵达且提交相关证明到放行不得超过 48 小时,对于海鲜、果蔬等快运货物的通关时间原则上不超过 6 小时"。在第六章中,RCEP 协定对技术性贸易壁垒列出规定,保

① 详见 RCEP 协定的第三章"原产地规则"。

证成员国的标准化机构不制定、不实施对国际贸易造成不必要障碍的国际标准,同时也鼓励促进成员国的标准化机构之间的交流合作以充分减少技术性贸易壁垒。此外,RCEP协定还在大多数章节中引入了磋商机制,该机制赋予成员国随时请求与另一方磋商的权利,并且规定在一定时间内双方应就相关问题达成共识。

总之,RCEP协定制定了一系列规则以尽可能减少成员国之间的关税壁垒和非关税壁垒,这些规则有助于进一步促进区域内生产要素和商品的自由流动,降低不必要的货物贸易成本。

(二) 服务贸易

服务贸易方面,RCEP协定的规则要求均超过WTO标准,追求在各产业领域向更高标准的自贸协定看齐,采用国民待遇、市场准入、最惠国待遇、承诺表、透明度清单等规则要求成员国之间相互逐步开放服务部门,积极打通区域内服务贸易流通。[①]

RCEP协定在市场准入条款中规定,作出承诺的成员国给予其他成员国的服务提供者的待遇不得低于"服务具体承诺表"中的要求,且无论是根据具体承诺表(正面清单)或是不符措施承诺表(负面清单),成员国不得以配额等形式限制其他成员国的服务提供商。换言之,RCEP对服务贸易采取基于"负面清单"同时又结合"正面清单"的模式灵活安排,使各方可以根据各自国情选择服务贸易开放的承诺方式。其中,日本、韩国、新加坡、澳大利亚等7个成员国采用负面清单方式承诺,中国、新西兰、泰国、越南等8个成员国则采用正面清单模式,并承诺将于协定生效后6年过渡期(老挝、缅甸和柬埔寨的过渡期为15年)内全部转化为负面清单模式。在RCEP达成的初期,为提升服务贸易开放的水平,采用正面清单模式的成员国需要作出相应的开放度承诺,包含以下两部分内容:一是在已作承诺开放的部门中,成员国选择性地作出"进一步自由化"承诺,即在锁定现有开放度不后退的前提下确保未来进一步开放的"棘轮机制";二是选择以正面清单模式开放的成员国可在"最惠国待遇"或"透明度清单"中二选一进行承诺,"透明度清单"需要列明已承诺开放的部门下的中央政府级别的现行不符措施,以提升协定的透明度。

RCEP协定在服务贸易的附件中针对金融服务、电信服务和专业服务三个行业制定了具体规定,对金融服务、电信服务领域作出了更全面和高水平的承诺,在专业服务领域中对专业资质互认作出了合作安排。具体地,在金融服务领域,RCEP协定首次引入新金融服务、自律组织、支付和清算系统等规则,并且就金融监管透明度列出详细的要求,一方面赋予东道国政府足够的金融

---

① 详见RCEP协定的第八章"服务贸易"。

监管政策灵活性,预留监管空间、维护金融体系稳定、防范金融风险;另一方面又为各方金融服务提供者创造了更公平、开放和透明的竞争环境,通过加强金融服务供应规则的方式促进成员国之间的相互投资,优化区域内资金配置。在电信服务领域,RCEP 协定努力提升成员国之间的市场开放度,规定区域内市场准入和具体应用的框架,在现有的双边 FTA 的规则基础上加设了监管方法、国际海底电缆系统的非歧视待遇、网络元素的非捆绑、技术选择的灵活性、国际移动漫游等规则,加速区域内电信行业与制造业的创新融合,带动产业价值链升级和重构。在专业服务领域,RCEP 协定主要就成员国的专业资质问题开展交流做了一系列安排,包括鼓励相关机构开展对话以提供专业资质注册程序便利性,通过谈判磋商加强多方对专业服务资质的相互认证,尽可能给其他成员国专业服务提供者以本国承认的专业机构的会员身份。

在自然人临时流动方面,RCEP 协定为促进区域内人员临时流动提供了重要制度支持。各成员国承诺对于区域内各国商务访问者、公司内部流动人员、合同服务提供者、安装和维修人员、随行配偶及家属等各类商务人员在符合条件的情况下可获得一定居留期限,在此期间享受便利的出入境程序和开展各种贸易投资活动的权利。

RCEP 协定的服务贸易自由化承诺体现了灵活性和可行性,考虑到了各成员国的发展水平差异,在充分展示包容性的基础上,利用负面清单结合正面清单的模式,分阶段逐步实现区域内服务贸易自由化的目标。在兼顾及鼓励最不发达成员国积极参与区域内服务贸易的同时,强调 RCEP 相关条款和承诺的可预测性和透明度,最大限度促进成员国之间的服务贸易流通。

(三)跨境投资

RCEP 协定不仅包含了高水平的贸易自由化和便利化条款,也纳入了投资自由化和便利化措施,进一步打通成员国的边境后壁垒。[①]

在跨境投资方面,RCEP 的 15 个成员国全部采用负面清单模式对农业、林业、渔业、采矿业、制造业 5 个非服务业领域投资进行开放承诺,除部分成员国出于保护国家安全等目的保留安全例外措施外,总体在非服务投资领域的开放程度都维持在较高水准。其中,中国在 RCEP 协定中首次制定了投资领域的负面清单,反映了中国对外开放改革的最新进展,对扩大外商投资市场准入、完善外商投资管理制度、推进对外开放战略都有重大意义。

除负面清单制度外,RCEP 协定的跨境投资条款还涉及国民待遇、最惠国待遇、禁止业绩要求、投资资本自由转移、投资促进和保护、投资便利化与自由化等议题。RCEP 协定要求成员国给予其他成员国投资者的待遇不得低于同

---

① 详见 RCEP 协定的第十章"投资"。

等情况下本国投资者的待遇,也不得低于任何第三方的待遇,并且要求依照习惯国际法标准给予外国投资者公平公正待遇以及充分保护其安全。RCEP 协定还规定成员国不得对其领土内的其他成员国投资者施加本土出口货物比例、本地优惠、技术转让等强制性业绩要求,除特殊情况外禁止成员国对外国投资进行直接征收或国有化,以保证其在本土境内自由、稳定发展。此外,RCEP 协定也极力推动区域内投资活动,鼓励多方进行跨境投资的问题磋商和信息交流,简化投资申请及生审批程序,促进投资相关信息的传播,旨在以最大限度促进区域内资本流动,优化资源配置。

尽管 RCEP 协定鼓励区域内跨境投资自由化和便利化,成员国仍可以保留其在特别敏感领域进行监管的权利,对各自敏感领域保留政策灵活性,例如 RCEP 条款允许成员国对卫生健康在内的重要公用事业进行监管。协定还在"安全例外"条款中规定,同意成员国保留从国家利益出发审查投资的权利,投资条款不会影响成员国出于自身根本安全利益的目的而采取行动的权利。另外,目前的跨境投资条款不包括投资者与国家间投资争端解决机制(ISDS),但成员国同意该议题将在 RCEP 协定生效两年内进行讨论,并于讨论开始后 3 年内达成一致。

RCEP 协定的跨境投资章节是对多个成员国间跨境投资协定的全面整合和升级,这将为区域内投资者创造一个更开放透明、稳定有序的营商环境,从而降低企业的资源配置成本,加强产业链韧性。

(四) 其他规则

RCEP 协定的规则涵盖范围广泛,在原有"10+1"自贸协定的框架下对标高标准自贸协定规则,纳入知识产权、电子商务、竞争、政府采购等议题,在中小企业、经济技术等领域也作出规定,加强合作。

在知识产权保护方面,RCEP 协定广泛地涵盖了著作权、商标、地理标志、工业设计和专利、集成电路布图设计、保护植物新品种,以及对未披露信息的保护等内容,旨在通过充分保护和实施知识产权权利来深化经济一体化和合作,减少贸易和投资中的障碍。同时,鉴于成员国不同的经济发展水平和法律制度差异,条款宽限最不发达国家 3 至 15 年过渡期以延缓相关条款实施,并且给予这些成员国专家、服务、数据库等技术援助。[①]

在电子商务领域,RCEP 协定提倡无纸化贸易,承认电子认证和电子签名的法律效力,除此之外还涉及线上费者保护、线上个人信息保护、网络安全、跨境电子信息传输等条款,致力于优化电子商务环境。[②] 例如,RCEP 协定第十

---

① 详见 RCEP 协定的第十一章"知识产权"。
② 详见 RCEP 协定的第十二章"电子商务"。

二章"电子商务"的第十一条规定:"成员国应当维持目前不对成员国之间的电子传输征收关税的现行做法",充分降低了区域内数据传输的成本。此外,"电子商务"章节第十四条和第十五条分别规定了"计算设施的位置"和"通过电子方式跨境传输信息"条款,原则上各成员国"不得以要求对方使用本国领土内的计算设施或将设施置于本国领土内作为进行商业行为的条件",同时,也"不得阻止对方为商业行为而通过电子方式跨境传输信息"。中国首次在符合国内法律法规的前提下于自贸协定中纳入禁止要求本地化存储、跨境数据自由流动等规定,实现了从"以电子商务便利化为主"向"适应数字经济发展"的突破。尽管相比 CPTPP 协定,RCEP 协定在相关领域尚未达到最高标准,未涉及"源代码"和"数字产品"等义务,但各成员国的承诺都明确释放了推进跨境电子商务发展的积极信号,有利于亚太区域内乃至全球的数字化转型升级。

在竞争方面,RCEP 协定规定了一系列条款以促进反垄断、加强合作以及保护消费者,旨在促进成员国间的公平市场竞争,提高经济效益,扩大消费者福利。[①]

在政府采购方面,各成员国就积极开展政府采购信息交流与合作、提供技术援助、加强能力建设达成共识。RCEP 协定规定,为增强政府采购透明度,相关条款规定成员国需要公示政府采购的法律法规和采购项目的详细信息,但同时最不发达成员国可不承担与透明度和合作相关的各种义务,原则上使其受益于成员国间的采购项目。[②]

在中小企业领域,鉴于中小企业为经济增长、就业和创新做出了重大贡献,RCEP 协定鼓励各成员国加强信息共享与合作、开放市场准入,以提升中小企业在全球价值链中的参与度,真正成为协定的受益者。[③]

在经济技术合作方面,RCEP 协定关注成员国的发展建设和技术援助,通过相关条款保障协议有效落实和实施。条款不仅要求成员国之间自愿一致地提供合作资源,也允许成员国在互惠的基础上与非成员国或是国际组织机构等主体进行经济技术合作,展现了包容性。[④]

二、RCEP 对上海货物贸易的影响分析

(一)总体层面

图 1 统计了 2018—2020 年上海与 RCEP 国家的总体货物贸易情况,如图所示,上海与 RCEP 成员国的进出口总额逐年增长,在 2020 年达到 1 717.66

---

① 详见 RCEP 协定的第十三章"竞争"。
② 详见 RCEP 协定的第十六章"政府采购"。
③ 详见 RCEP 协定的第十四章"中小企业"。
④ 详见 RCEP 协定的第十五章"经济技术合作"。

亿美元,占上海对外货物贸易总额的 34.35%,年均增长率为 1.02%,说明
RCEP 成员国是上海的重要贸易伙伴。从贸易流向来看,2020 年上海对
RCEP 成员国的进口额为 1 172.23 亿美元,同期出口额为 545.43 亿美元,贸易
逆差达 626.80 亿美元。其中,上海对 RCEP 成员国的进口额在三年中以
3.28% 的增速连续增长,而出口额则以 3.38% 的速度下降,因此净出口额下降
幅度较大,达到 21.81%。2020 年上海对 RCEP 成员国的净出口额为 −626.80
亿美元,占上海对外货物贸易逆差的 56.97%。

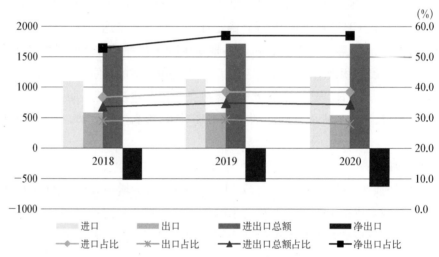

图 1 上海与 RCEP 成员国总体货物贸易情况(单位:亿美元)

数据来源:GTT 数据库。

(二) 国别地区层面

表 1 对比了上海与各个 RCEP 成员国之间的货物贸易情况,按货物贸易
进出口总额来看,东盟是上海最大的贸易伙伴,日本排在第二,其后是韩国、澳
大利亚和新西兰。具体贸易数据显示,2020 年上海对东盟的进口额为 455.03
亿美元,出口额为 241.21 亿美元,进出口总额为 696.24 亿美元,占上海对所有
RCEP 成员国贸易额的比重为 40.53%。同期,上海与日本的贸易额为 547.22
亿美元,占比 31.86%,而上海与韩国、澳大利亚和新西兰的进出口额分别为
259.76、184.19、30.25 亿美元,占比分别为 15.12%、10.72%、1.76%。

表 1 按国别地区分上海与 RCEP 成员国货物的贸易情况(单位:亿美元)

年份	流向	东盟	韩国	日本	澳大利亚	新西兰	RCEP
2020	进口	455.03	189.10	369.71	133.82	24.57	1 172.23
	出口	241.21	70.66	177.51	50.37	5.68	545.43

年份	流向	东盟	韩国	日本	澳大利亚	新西兰	RCEP
2019	进口	419.67	179.20	341.10	169.92	21.31	1 131.20
	出口	262.15	70.53	196.93	48.95	5.43	583.99
2018	进口	384.06	198.26	361.82	136.08	18.67	1 098.89
	出口	249.64	66.79	209.00	52.49	6.40	584.31

数据来源：GTT 数据库。

通过分析净出口数据发现，2018—2020 年间，上海对 RCEP 成员国均存在贸易逆差。2020 年，上海货物贸易逆差最大的来源方是东盟，达到 213.82 亿美元。虽然在 2018—2020 年间上海对东盟的贸易逆差占比逐年上升，但 2020 年该比重为 34.11%，仍小于东盟在上海与 RCEP 成员国贸易总量中的占比。其次，日本也是上海贸易逆差的重要来源国，上海对日本贸易逆差为 192.20 亿美元，占比 30.66%，与东盟相近。此外，上海对韩国、澳大利亚和新西兰的逆差占比相对较小，分别为 18.90%、13.31% 和 3.01%。

（三）产品层面

图 2 以 HS 大类产品的货物贸易数据为分析对象进行对比分析，比较了 2020 年上海与 RCEP 成员国的产品层面的贸易结构情况。进口方面，机械器具、矿产品、化工产品、贱金属、塑料橡胶、仪器仪表是上海在 RCEP 区域内进口的主要产品，进口额均超过 75 亿美元。其中，机械器具、矿产品、化工产品的进口额分别为 501.42 亿美元、136.62 亿美元和 116.15 亿美元，在进口市场中占主导地位。从进口产品的国别地区来看，东盟是上海进口产品最多的来源地。上海由东盟进口的产品中，植物产品、动植物油、皮革皮毛、纸制品、纺织品、鞋帽制品和珠宝饰品的占比均超过 50%，其中，鞋帽制品、动植物油和皮革皮毛的占比分别高达 97.35%、93.57% 和 85.66%。上海从韩国进口产品比例较为平均，均未超过 25%，其中塑料橡胶的占比最大，为 24.46%，而后是化工产品、运输设备和机械器具。日本是上海的化工产品、石料玻璃、仪器仪表和杂项制品（包括家具、寝具、玩具等）的主要供给国，上海从日本进口的该类产品比重都超过半数。上海从澳大利亚进口的产品主要集中在矿产品和动物产品中，尤其是矿产品占上海从所有 RCEP 成员国进口比例的 69.35%，动物产品占比 40.12%。新西兰同样是上海动物产品的主要来源国，占比 42.32%。值得一提的是，尽管上海从新西兰总进口占比仅为 2% 左右，但动物产品和木制品占四成以上，植物产品和食品饮料进口分别占 28.93% 和 24.63%。总体来看，上海主要自澳大利亚和新西兰进口农产品和矿产品，从东盟国家进口大量农业制成品和初级产品，从日本

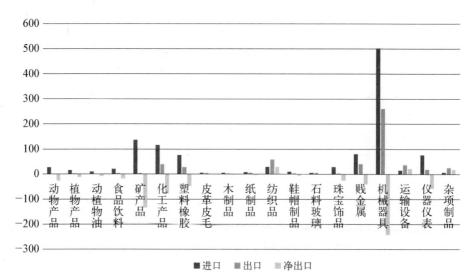

图2　2020年上海与RCEP成员国的产品贸易情况(单位：亿美元)

数据来源：GTT数据库。

和韩国进口中级和高级制成品。

上海向RCEP成员国的出口产品主要是机械器具、纺织品、贱金属、化工产品和运输设备,出口额均超过35亿美元,其中机械器具、纺织品和贱金属的出口额分别为260.07亿美元、58.31亿美元和40.13亿美元。从国家分布来看,东盟是上海出口的主要目的地,出口的产品包括动植物油、珠宝饰品、矿产品、食品饮料、运输设备、机械器具等,其中动植物油、珠宝饰品和矿产品的出口额占比分别为93.56%、86.42%和68.45%。石料玻璃和仪器仪表是上海向韩国出口占比最高的产品,分别占各自产品出口额比重的23.28%和22.72%。日本是上海鞋帽制品、植物产品、皮革皮毛、动物产品、纸制品等产品出口的主要聚集地,这些产品占该类产品总出口额比重都超过50%,其中鞋帽制品占比最高,为64.88%。在上海出口澳大利亚的产品中,杂项制品和木制品的比例最高,分别为27.99%和27.64%。上海出口新西兰的产品占比均不到3%,占比最高的产品为杂项制品,仅占2.6%。总的来说,上海主要向日本出口农业制成品和纺织产品,向东盟出口中级和高级制成品。

贸易差额方面,上海对RCEP成员国在多数产品上表现为贸易逆差,其中机械器具、矿产品和化工产品的逆差最大,逆差额分别为241.34亿美元、133.24亿美元和76.63亿美元。同时,纺织品、运输设备和杂项制品等产品呈现出贸易顺差,顺差额分别为29.07亿美元、21.34亿美元和18.60亿美元。分国别地区来看,上海对东盟国家在石料玻璃、运输设备和杂项制品保持贸易顺差,占比分别为13 144.22%、89.63%和17.28%,其余产品均为逆差。在上海对东盟的逆差产品中,皮革皮毛、鞋帽制品和纸制品的占比均超过100%,分别为539.79%、153.27%和109.28%。上海对韩国主要就皮革皮毛、杂项制品、木制品和鞋帽制品保持顺差,而逆差则集中在塑料橡胶、机械器具和化工产品中,所占比例均不大,分别为31.07%、28.58%和24.93%。上海对日本的顺差产品主要为皮革皮毛、纺织品和鞋帽制品,逆差产品则主要是石料玻璃、仪器仪表、化工产品、贱金属和塑料橡胶,占比均超过40%。上海对澳大利亚和新西兰主要就动植物产品和食品饮料存在逆差,此外,上海对澳大利亚就矿产品和杂项制品的逆差占比分别为70.89%和38.01%,对新西兰的木制品逆差占比为69.04%。总体上,上海对东盟主要就中、高级制成品保持顺差,在农产品和纺织品方面存在逆差;上海对日本、韩国主要就纺织服饰存在顺差,在技术含量较高的产品方面存在逆差;而上海对澳大利亚和新西兰的逆差则主要来源于农产品、矿产品以及初级产品。

三、RCEP 对上海重点产业国际竞争力的影响分析

(一)上海与 RCEP 成员国货物贸易格局

2020 年,上海在六个重点产业(包括汽车产业、纺织服装、电子信息、高端装备、精细化工和生物医药)领域中对 RCEP 成员国的贸易额达到 996.02 亿美元,占当年上海对 RCEP 成员国货物贸易总额的 57.99%。其中,汽车产业、纺织服装、电子信息、高端装备、精细化工和生物医药的贸易额占比分别为 2.26%、6.59%、28.88%、11.29%、8.13%和 0.84%,净出口额分别为 8.79 亿美元、20.93 亿美元、−186.51 亿美元、−49.73 亿美元、−70.30 亿美元和−5.73 亿美元。

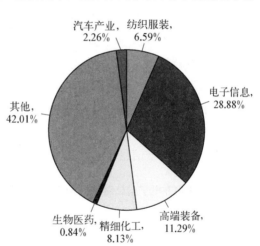

图 3 上海与 RCEP 成员国货物贸易分产业类别的总贸易结构(2020 年)

数据来源:GTT 数据库。

(二)重点产业关税减让和区域贸易促进规则

RCEP 协定最大的特点体现在对已有的多个"10+1"自贸协定的整合,以及对区域内监管政策的协调统一。对中国而言,除了与日本是首次达成自由贸易安排外,与其他 RCEP 成员国之间都已经签订了双边 FTA(最早的中国—新西兰 FTA 已于 2008 年生效实施,最晚的中国—澳大利亚 FTA、中

国—韩国 FTA 也于 2015 年生效实施)①。在 RCEP 框架下达成的贸易自由化安排中,各方在货物贸易领域的承诺关税水平总体上低于已有的各个双边FTA 的承诺关税水平,其中日本对中国进口关税存在一定程度减让,但过渡期长、减让幅度有限,此外 RCEP 各成员国的服务和投资的开放情况也基本与此前持平。因此,从短期影响来看,即使考虑到与日本首次签订自贸协定的因素,RCEP 协定的生效大概率也不会对我国总体经济造成巨大影响,对上海重点产业的贸易影响也有限,其作用将更多体现在中长期发展及预期中。

1. 电子信息

电子信息是上海与 RCEP 成员国贸易额占比最大的重点产业,也是贸易逆差最大的产业,然而不论是日本、韩国、东盟国家还是中国等 RCEP 成员国,对电子信息产品已大多实行低关税或是零关税,因此单从货物贸易的关税角度来讲,短期内 RCEP 协定对上海电子信息产业的影响有限,但从中长期来看,RCEP 对该领域仍有利好空间。一是 RCEP 成员国的人口数量众多、经济发展较快,为上海电子信息产业提供了广阔的消费市场;二是 RCEP 将助推亚太市场一体化,改善区域内营商环境,吸引更多高新技术企业入驻上海;三是RCEP 的推进将加速建立完善行业标准,带动形成行业整合和规模效应;四是尽管日韩在电子信息的中高端领域具有较大优势,上海仍可尝试在东盟国家等占领中低端电子消费产品市场,并逐渐向高端电子产品市场迈进。

如表 2 和表 3 所示,上海从日本、韩国、越南和马来西亚进口的存储器、处理器及控制器最多,而中国对这些产品的进口关税在加入 RCEP 之前已经为零。出口产品方面,上海主要向日本、韩国、马来西亚和新加坡出口重量不足10 公斤的平板电脑、手持式无线电话机、存储器、处理器及控制器,通过比对发现这些产品在以上国家的进口关税也均为零。因此,就进口关税而言,加入RCEP 对上海电子信息产业的货物贸易在短期将不构成太大影响。

表 2　上海在电子信息领域从 RCEP 成员国进口主要产品的税率和出口额

(单位:百万美元)

产品名称	中国对日本关税承诺表			来自日本的进口		
	基准税率	降税模式	最终税率	2018	2019	2020
存储器	0%	零关税	0%	4 418.10	4 665.08	4 823.68
	中国对韩国关税承诺表			来自韩国的进口		
	基准税率	降税模式	最终税率	2018	2019	2020
处理器及控制器	0%	零关税	0%	1 831.49	1 277.02	1 812.54

① 陈靓、谈茜:《区域全面经济伙伴关系协定(RCEP)对上海经济的影响及应对策略》,《科学发展》2021 年第 6 期。

续表

产品名称	中国对日本关税承诺表			来自日本的进口		
	基准税率	降税模式	最终税率	2018	2019	2020
存储器	0%	零关税	0%	3 538.47	3 734.32	4 033.63
	中国对东盟关税承诺表			来自越南的进口		
	基准税率	降税模式	最终税率	2018	2019	2020
处理器及控制器	0%	零关税	0%	1 177.46	3 212.30	5 520.33
	中国对东盟关税承诺表			来自马来西亚的进口		
	基准税率	降税模式	最终税率	2018	2019	2020
处理器及控制器	0%	零关税	0%	3 903.29	3 628.62	3 534.34

资料来源：根据 GTT 数据库、RCEP 关税承诺表整理。

表3 上海在电子信息领域向 RCEP 成员国出口主要产品的税率和出口额

（单位：百万美元）

产品名称	日本关税承诺表			向日本的出口		
	基准税率	降税模式	最终税率	2018	2019	2020
重量不超过10公斤的便携自动数据处理设备（平板电脑）	0%	零关税	0%	668.79	641.97	1 246.57
手持（包括车载）式无线电话机	0%	零关税	0%	2 931.63	1 582.80	857.93
	韩国对中国关税承诺表			向韩国的出口		
	基准税率	降税模式	最终税率	2018	2019	2020
存储器	0%	零关税	0%	298.19	495.97	655.49
	马来西亚关税承诺表			向马来西亚的出口		
	基准税率	降税模式	最终税率	2018	2019	2020
存储器	0%	零关税	0%	700.64	709.64	836.92
	新加坡关税承诺表			向新加坡的出口		
	基准税率	降税模式	最终税率	2018	2019	2020
处理器及控制器	0%	零关税	0%	1 232.34	997.78	893.76

资料来源：根据 GTT 数据库、RCEP 关税承诺表整理。

2. 高端装备

2018 年以来，受制于中美贸易摩擦，中国高端装备产业的对外贸易承压，一定程度上阻碍了国内高端装备制造业的发展进程。此次加入 RCEP,不仅缓解了中美贸易摩擦带来的负面影响,也为国内高端装备产业迎来了新的国际市场增长点。"十三五"以来,上海高端装备产业围绕国家发展战略和城市功能定位加快转型发展,在一些具有国际影响力的领域填补国内空白,形成产业化能力,但也普遍存在核心竞争力不强、创新能力不足的问题。RCEP 落地则有望在进口和出口两个方面利好上海高端装备产业,一方面日本、韩国在高端装备领域是工业强国,提供关键核心产品,另一方面近年来东盟国家的高端装备需求量增加,有利于上海的相关产品和企业"走出去",拓宽出口市场。

如表 4 和表 5 所示,上海在高端装备领域主要从日本和韩国进口电路的接插件、多功能工业机器人、数字印刷设备用的辅助机器、机器人控制柜模块(属于用于税号 85.35、85.36 或 85.37 所列装置的零件)、除激光二极管外的激光器等产品,其中进口关税有一定力度的减让,例如从日本进口的机器人控制柜模块的关税将从 7% 在 11 年过渡期内逐步降为 0%。出口方面,上海高端装备产业的主要出口对象是日本、澳大利亚、马来西亚和新加坡,主要出口机器人程序处理器(属于子目号 8471.41 或 8471.49 所列以外的处理部件)、用于电压不超过 1 000 伏线路的数控装置、带动力装置的模型及玩具、印刷电路等产品,其中进口方关税减让空间不大,除出口到澳大利亚的带动力装置的模型及玩具的关税将从 0%—5% 立刻降为零外,其他四种产品都已经为零关税。

表 4　上海在高端装备领域从 RCEP 成员国进口主要产品的税率和出口额

（单位：百万美元）

产品名称	中国对日本关税承诺表			来自日本的进口		
	基准税率	降税模式	最终税率	2018	2019	2020
电路的接插件	0%	零关税	0%	377.13	362.53	395.81
数字印刷设备用的辅助机器、零件或其他	0%—12%	第 11 年降为零	0%	526.47	480.60	458.73
多功能工业机器人	0%	零关税	0%	421.93	346.83	443.19
其他主要用于税号 85.35、85.36 或 85.37 所列装置的零件	7%	第 11 年降为零	0%	292.46	259.67	302.82
	中国对韩国关税承诺表			来自韩国的进口		
	基准税率	降税模式	最终税率	2018	2019	2020
激光器,但激光二极管除外	6%	第 10 年降为零	0%	83.34	120.60	349.21

资料来源：根据 GTT 数据库、RCEP 关税承诺表整理。

表5　上海在高端装备领域向 RCEP 成员国出口主要产品的税率和出口额

（单位：百万美元）

产品名称	日本关税承诺表			向日本的出口		
	基准税率	降税模式	最终税率	2018	2019	2020
子目号 8471.41 或 8471.49 所列以外的处理部件	0%	零关税	0%	147.25	365.78	287.63
用于电压不超过 1 000 伏线路的数控装置或其他	0%	零关税	0%	295.65	263.32	189.22
	澳大利亚关税承诺表			向澳大利亚的出口		
	基准税率	降税模式	最终税率	2018	2019	2020
模型及玩具	0%—5%	立刻降为零	0%	156.72	154.98	211.56
	马来西亚关税承诺表			向马来西亚的出口		
	基准税率	降税模式	最终税率	2018	2019	2020
印刷电路	0%	零关税	0%	140.22	148.32	157.19
	新加坡关税承诺表			向新加坡的出口		
	基准税率	降税模式	最终税率	2018	2019	2020
子目号 8 471.41 或 8 471.49 所列以外的处理部件	0%	零关税	0%	165.01	199.66	168.73

资料来源：根据 GTT 数据库、RCEP 关税承诺表整理。

3. 精细化工

总体来看，与此前各国之间签订的双边 FTA 相比，RCEP 的覆盖范围更广，对精细化工产品的关税政策更宽松。首先，随着 RCEP 成员国对中国化工品逐步实施关税减让政策，我国的合成氨、电石、聚氯乙烯等过剩产品的产能将进一步得到化解。其次，目前国内仍有不少高端精细化工品及新材料依赖日本、韩国、新加坡的进口，RCEP 的签订将有助于国内企业降低采购成本，提升生产效率。最后，我国对其他成员国的化工品的关税减让可能在一定程度上给国内相关企业带来竞争压力，但长期来看或将倒逼产业转型升级，有利于调整产业结构、推动技术进步。

如表6和表7所示，在精细化工领域，上海的主要产品进口国是日本和韩国。从主要进口产品的关税承诺来看，中国对从韩国进口的丙烯实施了 10 年内从 2% 降至 0% 的进口关税减让，除此之外包括美妆中的其他化工品、含滑石和氧化镁的混合物、表面覆盖钴化物的氢氧化镍等产品都不作承诺。出口方面，主要产品的出口国家包括韩国、越南、马来西亚和新加坡，出口的产品有碳、贵金属汞齐、经掺杂用于电子工业的化合物等。除出口至越南的碳的关税将从2%—10%立刻降至0%外,其他主要出口产品的进口关税已经为0%,因此无法作进一步的减让承诺。

表6　上海在精细化工领域从RCEP成员国进口主要产品的税率和出口额

(单位:百万美元)

产品名称	中国对日本关税承诺表			来自日本的进口		
	基准税率	降税模式	最终税率	2018	2019	2020
美容品或化妆品及护肤品中的其他化工产品	6.5%	不作承诺	6.5%	1 027.23	1 567.86	1 904.44
含滑石、氧化镁的混合物;或表面覆盖钴化物的氢氧化镍等	6.5%—9%	未列明	/	373.84	374.73	405.51
经掺杂用于电子工业的化合物	0%	零关税	0%	180.75	178.29	206.72
	中国对韩国关税承诺表			来自韩国的进口		
	基准税率	降税模式	最终税率	2018	2019	2020
丙烯	2%	第10年降为零	0%	247.06	209.93	200.99
美容品或化妆品及护肤品中的其他化工产品	6.5%	不作承诺	6.5%	720.34	1 065.56	1 039.57

资料来源:根据GTT数据库、RCEP关税承诺表整理。

表7　上海在精细化工领域向RCEP成员国出口主要产品的税率和出口额

(单位:百万美元)

产品名称	韩国对中国关税承诺表			向韩国的出口		
	基准税率	降税模式	最终税率	2018	2019	2020
含滑石、氧化镁的混合物;或表面覆盖钴化物的氢氧化镍等	0%	未列明	0%	33.96	30.66	58.57
	越南对中国关税承诺表			向越南的出口		
	基准税率	降税模式	最终税率	2018	2019	2020
经掺杂用于电子工业的化合物	0%	零关税	0%	2.06	93.37	106.08

产品名称	韩国对中国关税承诺表			向韩国的出口		
	基准税率	降税模式	最终税率	2018	2019	2020
碳	2%—10%	立刻降为零	0%	21.87	65.93	74.06
	马来西亚关税承诺表			向马来西亚的出口		
	基准税率	降税模式	最终税率	2018	2019	2020
其他贵金属化合物;贵金属汞齐	0%	零关税	0%	140.31	161.02	49.34
	新加坡关税承诺表			向新加坡的出口		
	基准税率	降税模式	最终税率	2018	2019	2020
其他仅含有氮杂原子的杂环化合物	0%	零关税	0%	60.25	58.28	58.58

资料来源:根据 GTT 数据库、RCEP 关税承诺表整理。

4. 纺织服装

纺织服装是上海出口贸易的重点产业,RCEP 成员国是重要的出口目的地,RCEP 协定的签署与落地预计将对上海纺织服装在当地的出口规模扩大与品类增加带来积极的影响,其影响体现在两个方面:第一,率先带动疫情后的经济复苏。中国纺织服装产业在 RCEP 纺织服装贸易市场中的占有率达到45%,为占比最大的进口来源国家,而上海作为国内纺织服装贸易的中心,占据了举足轻重的地位。鉴于此,随着新冠疫情的抗疫措施常态化、各国经济逐渐复苏以及 RCEP 的签署和落地,成员国对包括纺织服装在内的消费品的消费需求有望回升,上海纺织服装产品的出口预计也将得到提振。第二,RCEP落地有利于上海纺织服装企业在区域内加快布局,进一步拓宽市场。2020 年上海对 RCEP 成员国的纺织服装贸易额有所下滑,一方面原因可能来自越南等东南亚国家企业的低成本替代,另一方面则与上海纺织服装企业逐步向东南亚地区转移产能有关。考虑到 RCEP 的签订有望进一步便利企业在区域内的产业链布局,上海纺织服装产业将在区域内优化资源配置、强化专业化分工以提升自身竞争力。

如表 8 和表 9 所示,2020 年,上海在纺织服装领域的主要进口来源地是越南和马来西亚等东盟国家,进口包括细度在 232.56 到 714.29 分特的棉纱线、用橡胶或塑料或皮革制外底的鞋靴、硫化橡胶制的衣着用品及附件等产品。同年,上海对 RCEP 区域出口前五产品的目的地均是日本,主要出口包括织物制成品、化学纤维制的服装、合成纤维制袜类和无外缝鞋底的鞋类等服饰鞋袜制成品。从进口关税减让来看,中国对东盟国家相关产品的关税减让力度较大,例如对从马来西亚进口的硫化橡胶制的衣着用品及附件的关税从 18% 立刻降为 0%,同时对越南原产的皮革鞋面的鞋靴的关税也从 10% 立刻降为 0%。从出口产品来看,日本对中国的相关产品关税减让力度较小且过渡期较长,多数产品的关税将在 11 至 21 年内从 5%—11% 逐渐降为 0%。

表 8　上海在纺织服装领域从 RCEP 成员国进口主要产品的税率和出口额

(单位:百万美元)

产品名称	中国对东盟关税承诺表			来自越南的进口		
	基准税率	降税模式	最终税率	2018	2019	2020
细度在 714.29 分特以下,但不细于 232.56 分特的棉纱线	5%	第 10 年降为零	0%	435.11	504.83	402.32
其他用橡胶、塑料、皮革制外底,用纺织材料制鞋面的鞋靴	24%	第 20 年降为零	0%	275.59	287.32	332.27
其他用橡胶、塑料、皮革制外底,用皮革制鞋面的鞋靴	10%	立刻降为零	0%	167.43	145.54	135.16
其他用橡胶或塑料制外底及鞋面的鞋靴	24%	第 20 年降为零	0%	63.03	114.79	130.47
	中国对东盟关税承诺表			来自马来西亚的进口		
	基准税率	降税模式	最终税率	2018	2019	2020
其他硫化橡胶(硬质橡胶除外)制的衣着用品及附件	18%	立刻降为零	0%	51.69	57.48	125.23

资料来源:根据 GTT 数据库、RCEP 关税承诺表整理。

表 9　上海在纺织服装领域向 RCEP 成员国出口主要产品的税率和出口额

(单位:百万美元)

产品名称	日本关税承诺表			向日本的出口		
	基准税率	降税模式	最终税率	2018	2019	2020
其他织物制成品,包括服装裁剪样	4.7%—6.5%	第 16 年降为零	0%	123.53	140.49	622.54
化学纤维制套头衫、开襟衫、背心及类似品	9.1%—10.9%	第 16 年降为零	0%	209.34	188.75	145.49
合成纤维制袜类和无外缘鞋底的鞋类	6.6%	第 16 年降为零	0%	161.61	153.98	127.28
用税号 56.02 或 56.03 的织物制成的服装	9.1%—10%	最低第 11 年降至零	0%	4.96	6.36	117.45

产品名称	日本关税承诺表			向日本的出口		
	基准税率	降税模式	最终税率	2018	2019	2020
其他用橡胶或塑料制外底及鞋面的鞋靴	6.7%—8%	第 21 年降为零	0%	115.32	121.84	89.22

资料来源:根据 GTT 数据库、RCEP 关税承诺表整理。

5. 汽车产业

汽车产业的贸易性质活跃,多数发展中国家都对汽车产品设置较高的进口关税,此次 RCEP 协定中,各成员国对汽车零部件和整车都有一定程度的关税减让,为建立区域内汽车产业链打下基础。对于汽车零部件,我国在 RCEP 协定中承诺减让大约 65% 的汽车零部件相关关税税目至零关税。从产业链的角度来看,RCEP 有利于降低上海汽车企业的零部件采购成本,从而增加整车出口的国际竞争力。按照关税承诺表的具体条目,东盟小幅降低汽车零部件关税,日本对中国出口的汽车零部件中的约 87% 都在减让范围内[1],中国、韩国则对部分零部件实施关税优惠,但对小部分零部件仍保持高税率。汽车零部件关税的不同程度下调有利于上海的车企减少采购成本、扩大竞争优势。另外,对于整车,上海车企的出口目的地集中于东盟国家,东盟对中国整车的关税减让承诺也将为上海自主车企品牌拓展海外市场空间提供便利。

如表 10 和表 11 所示,2020 年,上海在汽车产业领域从 RCEP 成员国进口的主要产品为汽车零部件,包括变速箱、发动机零件、火花塞等,进口前五的产品均有一定程度的关税减让,例如从日本进口的发动机及其零件的关税将在第 11 至第 16 年的过渡期内逐步降为零,从日本和越南进口的变速箱均采用立刻降低的模式将关税从 6%—10% 降低至 5%—6%。上海向 RCEP 成员国出口的产品则集中在排量 1 000 cc 到 3 000 cc 的整车和无线导航设备等产品,出口结构偏重于最终产品。出口产品的关税减让方面,日本对中国实行零关税,澳大利亚将小排量整车的关税在 20 年以后从 5% 逐渐降为 0%,马来西亚则将整车的关税最低在 15 年内从 35% 降至 0%。

表 10　上海在汽车产业领域从 RCEP 成员国进口主要产品的税率和进口额

(单位:百万美元)

产品名称	中国对日本关税承诺表			来自日本的进口		
	基准税率	降税模式	最终税率	2018	2019	2020
变速箱及其零件	6%—10%	立即降低	6%	749.96	500.35	379.90
发动机用零件	2%—8.4%	第 11 年至第 16 年降为零	0%	73.64	80.30	103.38

---

[1]　朱韦康:《从行业视角看 RCEP》,《中国外汇》2020 年第 24 期。

产品名称	中国对日本关税承诺表			来自日本的进口		
	基准税率	降税模式	最终税率	2018	2019	2020
火花塞	10%	第11年降为零	0%	64.99	65.33	74.01
	中国对韩国关税承诺表			来自韩国的进口		
	基准税率	降税模式	最终税率	2018	2019	2020
税号87.03所列车辆用零件	10%	第10年降为零	0%	72.14	71.92	95.55
	中国对东盟关税承诺表			来自越南的进口		
	基准税率	降税模式	最终税率	2018	2019	2020
变速箱及其零件	6%—10%	立刻降低	5%—6%	61.19	141.99	117.88

资料来源：根据GTT数据库、RCEP关税承诺表整理。

表11 上海在汽车产业领域向RCEP成员国出口主要产品的税率和出口额

（单位：百万美元）

产品名称	日本关税承诺表			向日本的出口		
	基准税率	降税模式	最终税率	2018	2019	2020
其他用于税号87.01至87.05所列车辆用的零件	0%	零关税	0%	130.41	141.38	146.03
无线导航设备	0%	零关税	0%	130.37	114.01	114.92
	澳大利亚关税承诺表			向澳大利亚的出口		
	基准税率	降税模式	最终税率	2018	2019	2020
排气量超过1 000 cc，但不超过1 500 cc的汽车	5%	第20年或以后降为零	0%	21.30	50.26	156.95
	马来西亚关税承诺表			向马来西亚的出口		
	基准税率	降税模式	最终税率	2018	2019	2020
排气量超过1 000 cc，但不超过1 500 cc的汽车	5%—35%	最低第15年从35%降至零	0%—30%	0.01	1.88	108.61
排气量超过1 500 cc，但不超过3 000 cc的汽车	5%—30%	最低第15年从30%降至零	0%—30%	33.50	450.36	158.29

资料来源：根据GTT数据库、RCEP关税承诺表整理。

6. 生物医药

RCEP成员国之间的经济发展水平差异大，产业结构的互补性强，其中日本在生物医药领域的实力较强,而东盟国家则相对较弱。无论是在过渡期中,还是过渡期完成后,RCEP 的零关税规则将为区域内生物医药产品的发展提供一体化的可能性。中美贸易摩擦的不确定性加之新冠疫情引发的产业链断供的双重风险足以引起重视,RCEP 协定实施后,上海的医药企业可以充分利用这一契机,调整产品策略和产业布局,积极在区域内寻找新的稳定的贸易合作方。此外,我国生物医药产品出口大多以仿制药为主,缺乏自己的创新药和原研药。据上海市生物医药协会发布的《上海生物医药行业受技术性贸易措施影响评估报告》,取消国外技术性贸易措施影响后,中国与世界主要国家的生物医药产品出口将提升 22.1%,这说明该领域的主要增长动力在于创新研发。而 RCEP 协定对技术性贸易壁垒的规定在严格程度上更甚于 WTO 规则,因此在加入 RCEP 后,政府和企业都应作出相应调整,一方面要加快与国际制度和国际标准的接轨,参与国际标准的制定,另一方面也要积极推进创新药和原研药的研发,提升核心竞争力。

如表 12 和表 13 所示,在生物医药领域,上海主要从日本和澳大利亚进口含有磺胺类和联苯双酯的药品、免疫制品、抗血清等医药品,所涉及的多数进口产品关税将在第 11 年内从 3%—6% 降为 0%。在出口方面,主要出口产品的目的地国家则包括日本、韩国和澳大利亚,出口的产品有医用品(药棉、纱布、绷带及其他)、药品(肝素、齐多夫定、拉米夫定、司他夫定、地达诺新)和辅助试剂(X 光检查造影剂、用于病人的诊断试剂)。从出口产品的关税减让承诺来看,多数产品的关税已经为 0%,而韩国对我国齐多夫定、拉米夫定、司他夫定等抗病毒药物的关税也将最迟在第 15 年降为 0%。

表 12　上海在生物医药领域从 RCEP 成员国进口主要产品的税率和出口额

(单位:百万美元)

产品名称	中国对日本关税承诺表			来自日本的进口		
	基准税率	降税模式	最终税率	2018	2019	2020
含有磺胺类、联苯双酯的药品以及中式成药	3%—6%	立刻或第11年降为零	0%	141.98	114.10	217.60
免疫制品,已配定剂量或制成零售包装	3%	未列明	/	130.46	142.26	156.52
	中国对澳大利亚关税承诺表			来自澳大利亚的进口		
	基准税率	降税模式	最终税率	2018	2019	2020
含有皮质甾类激素及其衍生物或结构类似物	5%	立刻降为零	0%	592.99	788.75	405.15

续表

产品名称	中国对澳大利亚关税承诺表			来自澳大利亚的进口		
	基准税率	降税模式	最终税率	2018	2019	2020
含有磺胺类、联苯双酯的药品以及中式成药	3%—6%	立刻或第10年降为零	0%	68.54	59.90	75.27
抗血清及其他血份	3%	未列明	/	10.03	28.80	37.64

资料来源：根据 GTT 数据库、RCEP 关税承诺表整理。

表 13　上海在生物医药领域向 RCEP 成员国出口主要产品的税率和出口额

（单位：百万美元）

产品名称	日本关税承诺表			向日本的出口		
	基准税率	降税模式	最终税率	2018	2019	2020
药棉、纱布、绷带及其他	0%	零关税	0%	24.19	21.92	21.99
肝素及其盐和其他	0%	零关税	0%	21.42	21.04	17.63
	韩国对中国关税承诺表			向韩国的出口		
	基准税率	降税模式	最终税率	2018	2019	2020
X光检查造影剂；用于病人的诊断试剂	0%	零关税	0%	18.34	27.38	27.87
齐多夫定、拉米夫定、司他夫定、地达诺新及其盐	6.5%	立刻或第15年降为零	0%	1.07	1.19	20.04
	澳大利亚关税承诺表			向澳大利亚的出口		
	基准税率	降税模式	最终税率	2018	2019	2020
X光检查造影剂；用于病人的诊断试剂	0%	零关税	0%	36.99	43.87	44.75

资料来源：根据 GTT 数据库、RCEP 关税承诺表整理。

四、总结和展望

对于中国而言，RCEP 将通过重构亚太区域价值链分工关系，逐步加深和协调中国与周围经济体的经贸关系，中国也有望借助这一契机，助推中日韩产业链小循环，对接并整合 RCEP 区域内日韩等发达国家的先进生产技术和东盟国家丰富的生产资源，激励企业主动进行国内外资源的兼并整合，努力建构完整的全产业链，引领国内产业链延伸和区域价值链重组。通过开放货物贸易、服务贸易以及跨境投资的市场准入，RCEP 在一定程度上将减少中国与亚洲国家对欧美市场的依赖,特别是将为中国出口贸易和对外投资发挥至关重要的支撑作用,有助于改善中国的外部贸易环境,为亚太地区整体的经济增长提供新动能。

在此背景下,上海作为新发展格局中"国内大循环的中心节点和国内国际双循环的战略链接"应站在国家层面的战略高度,推进制度性开放的进程,不断完善对外开放的要义。各界应加强对 RCEP 规则的研究,积极对标更高标准的 CPTPP,一方面政府可以在上海自贸试验区和临港新片区率先进行开放式点和压力测试,以提供宝贵的实践经验和决策依据,有助于上海在我国下一步对外开放的进程中提前布局,起到示范作用;另一方面企业也应不断强化核心竞争力,提前做好准备以应对 RCEP 实质性落地后可能带来的潜在挑战,在最大限度降低自贸协定可能带来的负面影响的同时,寻求更优化的区域内产业链、供应链布局,充分发挥自身优势,实现多边合作、多方共赢。

(一) 短期看,RCEP 落地对上海重点产业货物贸易的短期影响有限

2020 年,上海对 RCEP 成员国的重点产业货物贸易额占上海对 RCEP 成员国货物贸易总额的比重约为 60%,可见重点产业在上海对 RCEP 国家的贸易结构中占据主体地位。通过分析各重点产业主要进出口产品的关税减让情况发现,各国对相关产品的进口关税减让幅度相对较小、过渡期相对较长,主要有两方面原因:一是各成员国部分产品进口关税的基准税率原本就处于极低的水平,尤其是各国对电子信息产业的绝大多数产品都采取零关税措施,所以单从减让幅度来看,各国对这些产品不存在进一步减让进口关税的可能性。二是中国此前与除日本之外的 RCEP 成员国都签订并实施了双边 FTA,虽然 RCEP 在此基础上进一步降低了进口关税,但相关产品或是关税减让幅度不大,或是减让的过渡期长(10—20 年),短期内对上海重点产业的影响有限。作为重要的贸易伙伴国,日本此次首次与我国签订了自由贸易协定并对货物贸易关税进行了一定程度的减让,而由于日本对世界各国征收的进口关税税率相对不高,对从上海进口的主要产品中也仅有纺织服装产品的关税减让幅度较大,其他重点产品的进口关税则长期维持在零或者低位。总之,从短期影响来看,即使存在与日本首次签订自贸协定的因素,RCEP 的生效大概率也不会对我国的贸易发展造成巨大影响,对上海重点产业的外贸影响也有限。

此外,从 2018—2020 年的产品贸易数据来看,RCEP 的实施或已经对产业的贸易结构造成了潜在的影响。考虑到企业对相关产品的关税减让已形成预期,虽然关税承诺表在规则上规定了多数产品 10 年以上的降税过渡期,但企业仍可能提前在区域内布局产能以迎接 RCEP 的到来,为重点产业的贸易结构和贸易量带来一定程度的变化。

（二）中期看，RCEP 有望加快长三角一体化进程，完善城市间协同分工机制

长三角地区的区域生产总值约占全国 GDP 的 1/4,货物贸易量占全国的 35%,贸易顺差更是达到了全国的一半以上,是我国国内经济的重要支撑,也是最具外贸发展潜力的重点区域。但相较于粤港澳地区和京津冀地区,长三角地区内部城市之间分工不明确,呈现出产业同质化竞争的问题,例如区域内城市普遍聚焦于电子信息、装备制造、汽车等重点产业,造成产业发展趋同。此次 RCEP 协定的落地将有助于长三角内部优化资源配置,从而削弱城市间的恶性竞争,打破产业同质化的僵局。各城市可以借助 RCEP 的机遇,扩大竞争合作的空间,共同推动长三角一体化高质量发展。从上海来看,一方面要把握金融、电子信息、专业技术等关键生产性服务业,在取得国内优势的基础上进一步拓宽市场,寻求国际竞争优势;另一方面要结合城市特点,在各制造业中都有侧重地参与长三角地区链协同分工,尤其是要在坚持市场导向的基础上合理引导产业布局,强化产业集聚能力,并不断优化产业结构,形成多样化且特殊化的产业竞争力。

（三）长期看，RCEP 或将从全方位推动上海经济外向型发展

除关税减让外,RCEP 协定在货物贸易、服务贸易、跨境投资等方面的自由化便利化措施也将长期利好上海的对外经济发展。首先,RCEP 协定将原先纷繁错杂的双边 FTA 整合到一个协定框架体系中,给予各成员国明确统一的原产地评判标准、海关便利化程序以及技术性贸易措施等一系列规则,有效地打破了不同标准的双边 FTA 造成的"意大利面碗"效应,为企业今后在区域内发展创造了一个协调一致、透明有序的规则环境。其次,各成员国积极促进服务贸易流动和服务部门开放,尤其是在电信服务、金融服务和专业服务中都作出了较高的自由化承诺,这一方面将使区域内服务贸易进一步发展,另一方面也将促进服务业与制造业的产业融合,形成产业间的良性互动,发挥服务在价值链中的作用,提升制造业产品附加值,从而提高全产业的国际竞争力。再次,RCEP 协定极力推动区域内跨境投资活动,以最大限度促进区域内资本流动,优化成员国之间的资源分配,从而降低企业的资源配置成本,加强产业链韧性。同时 RCEP 协定也保留了政府在敏感领域进行监管的权利,给予政府一定程度的政策灵活性。最后,RCEP 协定所涵盖的高于 WTO 标准的知识产权保护、技术性贸易措施等非关税贸易壁垒虽然在短期内将对相关重点产业的出口造成一定压力,但在长期必然倒逼高新技术企业不断在实践中强化研发能力,生产具有核心技术的自研产品,逐步实现企业的转型升级,为上海乃至全国的经济发展提供新动能。

（四）积极对标 CPTPP 等更高标准的国际规则

近期,商务部在新闻发布会上公开表示:"商务部会进一步扩大对外开放,签署更多的自由贸易协定,将加紧形成一个立足周边、辐射'一带一路'、面向全球的高标准自由贸易区网络,实施自贸区提升战略。升级现在的自由贸易协定是对外开放的重要内容,我们正在积极考虑加入 CPTPP 方面的工作,将通过这些把党中央的决策部署落实好、贯彻好。"

我国在签订 RCEP 协定的基础上,要在更高水平上扩大开放,应开始积极考虑加入 CPTPP 协定,对标更高标准的国际规则。尽管我国目前尚未达到 CPTPP 协定中的国有企业、环境标准和劳工标准等条款的要求,且加入 CPTPP 也可能使我国汽车产业等相对缺乏比较优势的产业陷入更加被动的地位,但是对标高标准的国际经贸规则、实行高水平的对外开放会促使我国优势产业国际贸易的发展,同时倒逼其他产业转型升级,提升整体产业竞争力,总体来说将是利大于弊。因此我国应该继续加强自由贸易试验区建设,在上海自贸试验区和临港新片区率先进行开放式点和压力测试,寻求高水平对外开放与国内产业安全之间的平衡点,以此为基础尝试对接 CPTPP 协定中的高标准规则,同时在试点中总结经验,为下一步的对外开放提前做好布局。

参考文献

［1］白洁、苏庆义:《CPTPP 的规则、影响及中国对策:基于和 TPP 对比的分析》,《国际经济评论》2019 年第 1 期。

［2］陈靓、谈茜:《区域全面经济伙伴关系协定(RCEP)对上海经济的影响及应对策略》,《科学发展》2021 年第 6 期。

［3］冯巧根:《CPTPP 的核心条款及其对企业利益的影响——会计角度的观察》,《财会通信》2020 年第 21 期。

［4］关兵、梁一新:《中国应该加入 CPTPP 吗?——基于 GTAP 的一般均衡分析》,《南京财经大学学报》2019 年第 3 期。

［5］韩剑、郑航:《RCEP 视角下自由贸易区战略的贸易效应——基于长三角地区的实证分析》,《苏州大学学报(哲学社会科学版)》2021 年第 3 期。

［6］梁一新:《中美贸易摩擦背景下加入 RCEP 对中国经济及相关产业影响分析》,《国际贸易》2020 年第 8 期。

［7］陆菁、高宇峰、王韬璇:《区域经济一体化对中国制造业的影响——基于 RCEP 的模拟分析》,《苏州大学学报(哲学社会科学版)》2021 年第 3 期。

［8］沈铭辉、李天国:《一文详解"区域全面经济伙伴关系协定"(RCEP)》,《全球商业经典》2021 年第 1 期。

［9］孙丽、图古勒:《国际经贸规则重构对我国汽车产业的影响及对策——基于 USMCA、CPTPP 和 RCEP 的分析》,《亚太经济》2021 年第 3 期。

[10] 王令栋：《RCEP 与其他区域间协定原产地规则的比较及对我国的影响》，《武汉交通职业学院学报》2021 年第 1 期。

[11] 余淼杰、蒋海威：《从 RCEP 到 CPTPP：差异、挑战及对策》，《国际经济评论》2021 年第 2 期。

[12] 朱韦康：《从行业视角看 RCEP》，《中国外汇》2020 年第 24 期。

指导：

汤蕴懿　上海社会科学院研究员

黄烨菁　上海社会科学院世界经济研究所研究员

执笔：

李锦明　上海社会科学院世界经济研究所博士研究生

重点报告

2020—2021年上海智能制造装备产业国际竞争力报告

智能制造装备是具有感知、分析、推理、决策和控制功能的制造装备的统称，是先进制造技术、信息技术和智能技术在装备产品上的集成和融合，体现了制造业的智能化、数字化和网络化发展要求。智能制造装备可提高生产效率、降低生产成本，实现柔性化、数字化和"先进制造业国家战略计划"，德国实施了以智能制造为主体的"工业4.0"战略，日本提出先进制造国际合作研究项目，加快发展协同式机器人、无人化工厂。智能制造装备同样是中国制造业未来发展的基石，是中国占领制造技术制高点的重点领域。党的十九大报告中指出，要加快建设制造强国，加快发展先进制造业，推动互联网、大数据、人工智能和实体经济深度融合，促进我国产业迈向全球价值链中高端，培育若干世界级先进制造业集群。上海作为我国智能制造的前沿阵地，提升智能制造装备产业国际竞争力，既是上海经济发展的需要，也是服务国家战略发展的要求。

一、2020—2021年全球智能制造装备产业国际竞争力变化

智能制造装备产业主要包括工业机器人、数控机床、重大成套设备制造、智能测控装备制造、其他智能设备制造和智能关键基础零部件制造等。近年来，我国智能制造装备取得长足进步，但产业链上游核心零部件相关核心技术积累和自主生产能力较弱，还有很长的路要走。

（一）概况

在《中国制造2025》、党的十九届五中全会提出的新型工业化等政策支持下，我国智能制造行业保持着较为快速的增长速度，继2019年我国智能制造装备行业的产值规模突破两万亿元后，2020年初步估计达2.5万亿元，智能制

造对于我国国际竞争力的提高越来越重要。

1. 智能制造装备产业继续增长

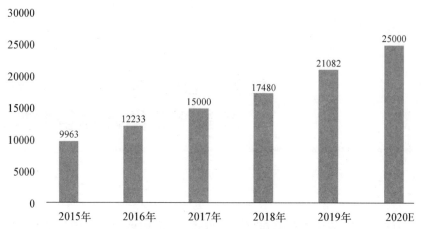

图1－1　2015—2020年中国智能制造产业产值规模(单位：亿元)

国家统计局公布数据显示,近年来我国装备制造业主营业务收入呈现增长趋势,2019年达38.06万亿元,同比增长3.5%,增速较2018年有所放缓。受新冠疫情影响,2020年上半年我国装备制造业整体营业收入为16.75万亿元,同比下降6.94%。当前,我国装备制造业总产值跃居世界第一,进入世界装备制造业大国行列,但是与美国、德国、日本等装备制造业强国相比,我国装备制造业综合竞争力还亟待提高。

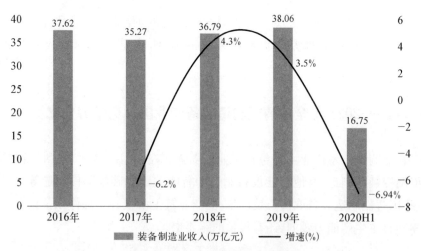

图1－2　2016—2020年中国装备制造业营业收入变化

2. 智能制造能力成熟度累进提高

随着国家不断推动智能制造产业发展,全国智能制造能力成熟度提高。2020年全国制造业智能制造能力成熟度较2019年有所提升,一级及以下的低

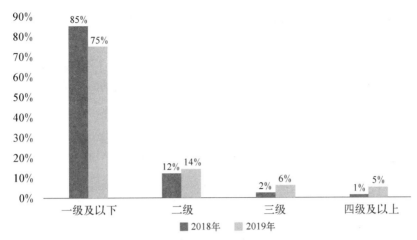

图 1-3　全国智能制造能力成熟度水平

成熟度企业数量减少 10% 左右,三级以上的高成熟度企业数量增加了 8% 左右。

在智能制造技术赋能下,我国智能制造水平不断提升,智能制造应用范围与应用程度不断提升。

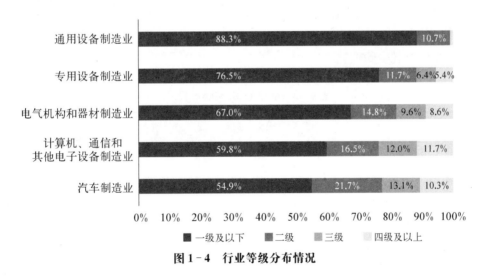

图 1-4　行业等级分布情况

3. MEMS 核心零部件成为卡脖子问题

智能制造装备核心零部件主要包括传感器、减速器、控制器、伺服电机等,我国智能制造装备产业链上游核心零部件相关核心技术积累和自主生产能力较弱。以传感器为例,目前,我国已有 2 000 多家从事传感器生产的企业,但整体素质参差不齐,规模以上企业仅有 300 家左右,小型企业占比近 70%,由于没有形成足够的规模化生产应用,导致国内的传感器不仅技术含量低,而且价格高,在市场上很难有竞争力,尤其是传感器芯片进口占比超过 90%,卡脖子问题严重。

未来趋势看,中国传感器领域的需求和供给之间矛盾会进一步突出,尤其是 MEMS 传感器[①]。一方面在智能汽车时代,MEMS 传感器将随着自动驾驶的快速推进而成为必需品;另一方面,MEMS 传感器也是智能工厂的"心脏",它让产品生产流程持续运行,并让工作人员远离生产线和设备。据国际市场估算,未来六年,MEMS 在工业市场预计将以 7.3% 的复合年增长率快速增长。而中国赛迪研究院的数据表明,"十四五"期间,中国 MEMS 需求量每年还会保持 20% 左右的速度增长。未来,代工制造是中国 MEMS 产业重要特点;先进封装是 MEMS 产业重要环节;新材料和传感集成是 MEMS 产业新的机会。[②]

表 1-1　中国传感器行业面临的主要问题

成果转化程度低	目前国内研究传感器人才都集中在大中院校,据工信部数据,这一部分的研究方案最后能落地的产品只有不到 10%
关键技术差距扩大	传感器的工业和制程,每一个环节都是一个难点;传感器数据基础科学,是材料学和化工学的结合,最关键的一环是敏感元器件。然而,国产传感器的设计技术、封装技术、装备技术等都与国外存在较大差距
产业配套不成体系	由于我国企业技术实力落后,行业发展规范尚未形成,导致国内传感器产品不配套且不成系列,产业化程度与品种和系列不成正比,只能长期依赖国外进口

资料来源:作者整理。

表 1-2　全球 15 家 MEMS 代工厂

序号	公　司	国家(地区)	晶圆产线(英寸)	代工类型
1	Sliex Microsystems AB	瑞　典	6,8	纯 MRMS 代工
2	STMicroeleotronics NV	瑞　士		IDM 代工
3	Teledyne DALSA	加拿大	6,8	纯 MRMS 代工
4	罗姆	日　本	6,8	IDM 代工
5	台积电	中国台湾		传统代工
6	X-Fab	德　国	6,8	传统代工
7	索尼	日　本		IDM 代工
8	APM（ASIA PACIFIC MICROSYSTEMS）	中国台湾	6	纯 MRMS 代工

---

① MEMS 传感器,即微机电系统(Microelectro Mechanical Systems),是在微电子技术基础上发展起来的多学科交叉的前沿研究领域。经过 40 多年的发展,已成为世界瞩目的重大科技领域之一。它涉及电子、机械、材料、物理学、化学、生物学、医学等多种学科与技术,具有广阔的应用前景。
来源:王淑华.MEMS 传感器现状及应用[J].微纳电子技术,2011,48(8):516-522.
② 赛迪顾问副总裁李珂在 2021 年 4 月 23 日"第四届中国 MEMS 智能传感器产业发展大会暨企业家论坛"上的讲话。

续表

序号	公　司	国家(地区)	晶圆产线(英寸)	代工类型
9	IMT	美　国	6,8	纯 MRMS 代工
10	Philips Innovation Services	荷　兰		纯 MRMS 代工
11	Micralyne	加拿大	6	纯 MRMS 代工
12	TowerJazz	以色列	6,8,10	传统代工
13	Globalfounderies	美　国	8	传统代工
14	Tronics Microsystems	法国、美国		IDM 代工
15	Semefab	英　国		传统代工

资料来源：研究机构 Yole 的数据报告。

表 1-3　全球主要 MEMS 企业

国家	公　司　名　称
美国	美国 MEAS 传感器公司(Measurement Specialties Inc.)
	霍尼韦尔国际公司(Honeywell International Inc.)
	美国凯勒公司(Keller America，Inc.)
	美国艾默生电气公司(Emerson Electric Co.)
	罗克韦尔自动化有限公司(Rockwell Automation)
	通用电气公司(General Electric Company)
	雷泰公司(Raytek Corporation)
	美国 PCB 公司(PCB Piezotronics，Inc.)
	美国邦纳工程国际有限公司(Banner Engineering Corp.)
	美国 Merit 传感器公司(Merit Sensor Systems，Inc.)
	STS 公司
德国	西门子股份公司(SIEMENS AG)
	WIKA Alexander WiegandGmbH & Co. KG
	爱普科斯公司(EPCOS AG)
	First Sensor Technology GmbH
	巴鲁夫公司(Balluff GmbH)
	图尔克公司(Hans TURCKGmbH & Co. KG)
	倍加福公司(Pepperl＋Fuchs GmbH)
	施克公司(SICK AG)
	德国德森克公司(di-soric Industrie-electronic GmbH & Co. KG)
	Sensortechnics GmbH
	德国爱尔邦公司(Ahlborn Mess- undRegelungstechnik GmbH)
	柏西铁龙公司(Proxitron GmbH)

续表

国家	公司名称
德国	宝得公司(Christian Bürkert GmbH & Co. KG)
	英飞凌科技股份公司(Infineon Technologies AG)
瑞士	Metallux SA
	凯乐测量技术有限公司(KELLER AG für Druckmesstechnik)
	E+H公司(Endress+HauserInstruments International AG)
日本	日本横河电机株式会社(Yokogawa Electric Corporation)
	欧姆龙公司(OMRON Corporation)
	富士电机集团(Fuji Electric Group)
	基恩士集团(KEYENCE Corporation)
中国	沈阳仪表科学研究院(ShenyangAcademy of Instrumentation Science)
	深圳清华大学研究院(Research Instituteof Tsinghua University in Shenzhen)
	河南汉威电子股份有限公司(Henan Hanwei Electronics Co., Ltd.)
	北京昆仑海岸传感技术中心(Beijing Collihigh SensorTechnology Center)
	天津市中环温度仪表有限公司(Tianjinshi Zhonghuan Temperature Meters Co., Ltd.)

资料来源：作者整理。

（二）典型产业：工业机器人

在智能制造领域,工业机器人作为推动制造业转型升级的重要力量,目前已广泛应用于汽车及汽车零部件制造业、机械加工行业、电子电气行业等领域。

1. 我国工业机器人产量再创新高

2020年全国规模以上工业企业的工业机器人产量再创新高,累计达237 068台,同比增长19.1%。

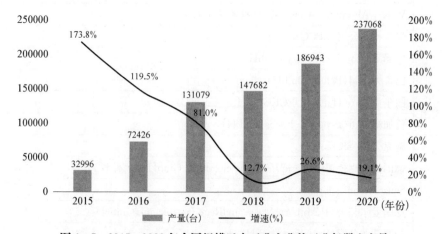

图1-5　2015—2020年全国规模以上工业企业的工业机器人产量

2. 中国成为最大进口市场,对日德依赖度高

2020年全球机器人市场最大出口商集中在日本、德国、意大利、法国和丹麦,占到全年全球工业机器人出口的60.2%。以日本为主的亚洲供应商出口的工业机器人销售额最高,为26亿美元,占全球总额的48.4%。位居第二的是欧洲,占44.9%,其次是北美工业机器人出口商,占6.5%。

全球主要地区工业机器人进出口总量占比(2020)

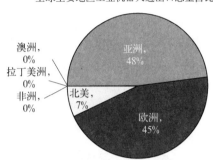

图 1-6 2020 年全球机器人市场

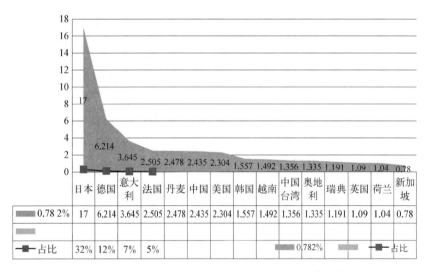

图 1-7 2020 年全球机器人前 15 大出口国(地区)占比

3. 上游核心零部件被国外四家企业控制

工业机器人产业链主要可分为上游核心零部件、中游本体制造和下游系统集成三大方面。从成本角度来看,减速器、伺服系统和控制器三大零部件是工业机器人成本占比较大的部分,尤其是减速器成本占比已经超过了本体的比重,达到32%,另外两大核心零部件伺服系统、控制器分别占比工业机器人成本的22%和12%。

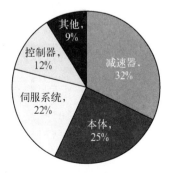

图 1-8 工业机器人成本占比情况

工业机器人产业链梳理

上游核心零部件	中游本体制造	下游应用

控制器、伺服电机、减速器被视为机器人的三大核心零部件。

是机器人的机械传动系统，也是支承基础和执行机构。

为终端客户提供应用解决方案，负责系统二次开发和集成，只有通过系统集成之后才能为终端客户所用。

减速器
- 流流齿轮
- 摆线针轮
- RV
- 谐波
- 精密行星

伺服系统
- 伺服驱动器
- 伺服电机
- 指令机构

控制器
- 关节控制器
- 处理器

机器人本体
- 直角坐标型
- 珠坐标型
- 圆柱坐标型
- 关节坐标型
- 平面关节型

系统集成
- 焊接
- 激光加工
- 真空
- 喷涂
- 搬运

应用行业
- 汽车工业
- 电子工业
- 金属加工
- 化学制品
- 食品饮料

工业机器人
- 日本发那科
- 瑞士ABB
- 德国库卡
- 日本安川
- 其他外资
- 国产品牌

全产业链
- 埃斯顿（数控起家下游一体化）
- 拓斯达（集成起家上游一体化）
- 机器人（自主研发下游一体化）
- 新时达（自主研发零部件+并购下游一体化）
- 华中数控（数控起家下游一体化）
- 广州数控（数控起家下游一体化）
- 埃夫特（集成起家上游一体化）

零部件

减速器	伺服系统	控制系统	本体	系统集成
RV减速器	安川	发那科	埃斯顿	埃斯顿
纳博特斯克	松下	库卡	拓斯达	智云股份
住友	三菱	ABB	机器人	机器人
SPINEA	台达	安川	新时达	三丰智能
中大力德	西门子	爱普生	华中数控	赛腾股份
南通振康	KEBA	OTC	长盈精密	今天国际
双环传动	东元	史陶比尔	爱仕达	克来机电
秦川机床	博世力士乐	那智不二越	科大智能	科远股份
力克精密	汇川技术	川崎重工	快克股份	快克股份
谐波减速器	华中数控	科马	博实股份	华昌达
哈默纳科	埃斯顿	埃斯顿	南京熊猫	拓斯达
日本新宝	新时达	新时达	巨轮智能	科大智能
上海机电	科远股份	汇川技术	上海沪工	哈工智能
绿的谐波	信捷电气	科远股份	赛象科技	智慧松德
北京中技克美	北超伺服	信捷电气	达意隆	达意隆
来福谐波	英威腾	固高科技	大族激光	博实股份
大族激光	广州数控	英威腾	远大智能	东方精工
巨轮智能		广州数控	住士科技	亚威股份
韶能股份		雷赛智能	钱江摩托	永创智能
北京谐波		华中数控	弘讯科技	诺力股份
			楚天科技	南京熊猫
			锐奇股份	黄河旋风

纯零部件
- 中大力德（RV减速器）
- 南通振康（RV减速器）
- 双环传动（RV减速器）
- 秦川机床（RV减速器）
- 绿地谐波（谐波减速器）
- 来福谐波（谐波减速器）
- 固高欧辰（控制+伺服）

纯本体
- 快克股份（焊接机器人）
- 伯朗特（多关节机器人）
- 珞石科技（多关节机器人）
- 遨博智能（协作机器人）
- 劲拓股份（并联机器人）等

零部件+本体
- 华中数控（控制伺服+本体）
- 大族激光（减速器+本体）
- 达野智能（控制+多关节）
- 配天机器人（控制伺服+多关节）
- 艾利特（控制+多关节）

纯系统集成
- 克来机电（汽车行业）
- 博实股份（化工行业）
- 亚威股份（激光加工）
- 诺力股份（物流集成）
- 华昌达（汽车行业）
- 巨一自动化（汽车行业）
- 瑞深机器人（3C、家电）
- 华太信息科技（3C）
- 橙子自动化（3C）

本体+集成
- 拓斯达（多关节、直角坐标+化工电气集成）
- 博实股份（高炉前机器人+化工环保集成）
- 科大智能（焊接、AGV）
- 上海沪工（焊接+汽车行业）
- 欢颜（码垛搬运焊接）
- 广州启帆（冲床锻压）
- 瑞松科技（汽车、3C）

（系统集成续）
- 海伦哲
- 赛象科技
- 香山股份
- 爱仕达
- 慈星股份
- 住士科技
- 长盈精密
- 弘讯科技
- 雷柏科技
- 软控股份
- 蓝英装备
- 金自天正
- 楚天科技
- 文一科技

图1-9 工业机器人产业链梳理

市场占有率方面,全球工业机器人市场主要被瑞士ABB、德国库卡、日本发那科、日本安川四大家族占据,四家企业合计占据全球50%以上、中国60%左右的份额。从产业链环节来看,四大家族在上游零部件和中游机器人本体制造环节占据主导地位,而国内企业由于自主核心技术较少、机器人技术水平较低,产品主要面向低端产品。近年来,随着国产机器人自主化率不断提升,虽然外资仍然占有优势地位,但国产企业凭借成本和服务优势逐渐向核心零部件领域发展,目前国内已经出现一批具有较强实力的核心零部件企业。

表1-4　国内市场国内外企业机器人本体市场份额

产业链阶段	细分领域	国 外 企 业	国 内 企 业
核心零部件	减速器	哈默纳科、纳博特斯克、住友等	绿的谐波、南通振康、双环传动、秦川机床等
	伺服系统	安川、松下、三菱、西门子、台达等	汇川技术、埃斯顿、新时达等
	控制器	发那科、库卡、ABB、安川电机、爱普生、科控、贝加莱等	固高科技、埃斯顿、埃夫特等
整机制造		ABB、安川电机、发那科、库卡、那智、川崎、现代、柯马等	埃夫特、新松机器人、埃斯顿、广州数控、拓斯达、华中数控、钱江机器人、伯朗特等
系统集成		库卡、柯马、ABB、FFT等	埃夫特、新时达、广州明珞、华昌达、哈工智能、瑞松智能、埃斯顿、拓斯达、三丰智能等

（1）核心零部件一：减速器

目前应用于机器人领域的减速机主要分为谐波减速器、RV减速器两种。全球机器人减速器市场一直呈现高度集中状态,特别是日本企业高度垄断的局面。纳博特斯克为RV减速器的行业龙头,约占60%的份额;哈默纳科为谐波减速器行业龙头,约占15%的全球份额;除此之外,日本住友RV减速器和新宝谐波减速器合计也占全球10%市场份额。国产减速器龙头为绿的谐波,虽然其较早地完成了工业机器人谐波减速器技术研发并实现规模化生产,实现了对进口产品的替代,目前公司的市占率在7%左右,谐波减速器出货量仅次于日本哈默纳科,是世界第二大谐波减速器生产企业。但分析其减速器产品出口均价可以发现,公司销售给境外的谐波减速器平均价格低于销售给境内的客户,主要原因是销往境外的产品主要

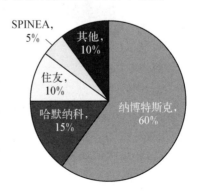

图1-10　2018年减速器市占率情况

是 Universal Robots 购买的小型谐波减速器。根据绿的谐波招股说明书的测算显示,2018 年在自主品牌机器人用谐波减速器公司市占率达到了 62.55%。

(2) 核心零部件二:伺服系统

高工产研机器人研究所数据显示,2018 年交流伺服系统市场规模 69.42 亿元,同比增速 3.93%;其中,用于工业机器人领域的交流伺服系统市场规模为 21.50 亿元,占比 30.97%。随着伺服系统在交流伺服市场规模比重中逐渐上升,到 2023 年,机器人用伺服系统市场占比有望提升至 40%以上,市场规模达到 41 亿元。

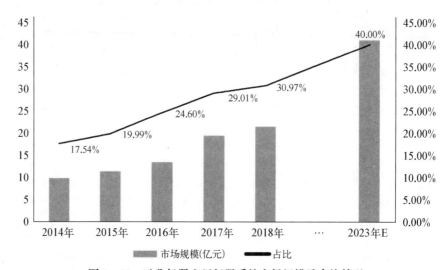

图 1-11　工业机器人用伺服系统市场规模及占比情况

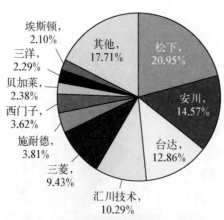

图 1-12　2018 年中国伺服系统市场份额

国产工业机器人用伺服系统市场占比为 22.34%,绝大部分市场份额仍由外资占据。2018 年以日本松下、安川、三菱等为代表的日系品牌占据国内伺服系统全部市场份额的 47%左右,西门子、博世力士乐、贝加莱(B&R)等欧美系品牌主要把握高端市场。国产品牌在技术储备、产品性能、质量上与国外品牌存在较大差距。但近年来伺服系统的本土化生产速度不断加快,汇川技术、埃斯顿、雷赛智能等国产品牌快速发展,市场份额占比稳步提升。

(3) 核心零部件三:控制器

控制器包括硬件和软件两部分,硬件部分主要是工业控制板卡,包括主控单元、信号处理部分等电路;软件部分主要是控制算法、二次开发等。虽然控制器成本与技术门槛相对较低,但目前大部分我国控制器企业只生产通用控制器,成熟的机器人厂商为了保证机器人的稳定性一般自行开发控制器,因此专注于工业机器人控制器领域的企业数量较少,所以控制器的市场份额基本跟机器人本体保持一致。

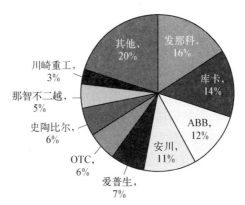

图 1 - 13　中国工业机器人控制器占比情况

控制器主要有 PLC 控制、PC-Based 控制和专用控制,分别占比约 30%、32% 和 38%,工业机器人主要使用 PC-Based 控制器和专用控制两种。其中 PC-Based 控制器可提供底层函数库进行灵活的二次开发和编程,可以实现更为复杂的运动控制。目前国产控制器已经可以满足基本要求,但在控制系统的研发方面仍与国外企业有一定的差距,国产控制系统凭借较高性价比,在低端领域占有一定优势。未来随着工业机器人智能化和柔性化发展的要求,控制器逐渐向标准化和开放化发展,国产控制系统将迎来发展机会。

4. 中游本体国产市场份额稳步提升

工业机器人本体生产商负责工业机器人本体的组装和集成,即机座和执行机构,包括手臂、腕部等,部分机器人本体还包括行走结构。按机械结构分,工业机器人可以分为直角坐标机器人、SCARA 机器人、关节型机器人、圆柱坐标机器人等。我国工业机器人销量结构以坐标机器人和关节机器人为主,占比达到 80%。

内资品牌机器人销售占比不断上升。2015—2019 年国产机器人本体的内资市场份额由 18.6% 提升至 30.3%,2020 年内资占比略有下降为 28.6%。目前内资工业机器人本体制造仍主要集中在中低端市场,高端应用市场仍然被发那科、库卡、ABB、安川四家企业占据。根据 MIR Databank 统计的 2020 年中国工业机器人出货量数据,2020 年"四大家族"合计共占据市场份额的 36%,分别为发那科(14%)、ABB(8%)、安川(8%)、库卡(6%)。国产龙头埃斯顿市场份额为 3%,排名第八位,是前 10 名中唯一一家内资品牌。

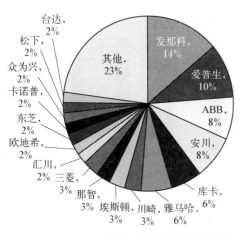

图 1 - 14　2020 年中国工业机器人出货量占比

5. 下游工业机器人集成领域以内资为主

系统集成和应用主要根据不同的应用场景和用途对工业机器人本体的基础上进行有针对性的系统集成和软件二次开发,将机器人本体和附属设备进行系统集成,使其拥有特定的工作能力。MIR Databank 的数据显示,2019 年我国工业机器人系统集成市场规模为 1 857 亿元,其中 80% 的市场份额被本土工业机器人系统集成商占据,较 2018 年提升了两个百分点。随着 5G 技术带动 3C 行业的再次提速,系统集成需求也有望持续提升,到 2022 年工业机器人系统集成市场规模有望突破 2 000 亿元。

图 1-15　2016—2022 年中国工业机器人系统集成市场规模及预测

国内系统集成商数量多、规模小,集中在中低端领域。目前我国工业机器人系统集成商主要以内资为主,2019 年内资品牌共占据国内约 80% 的市场份额,企业规模普遍较小,主要服务于中低端市场,外资工业机器人系统集成商

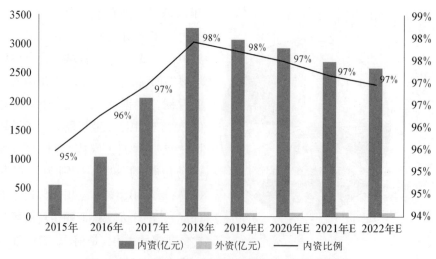

图 1-16　2015—2022 年内外资系统集成商占比情况

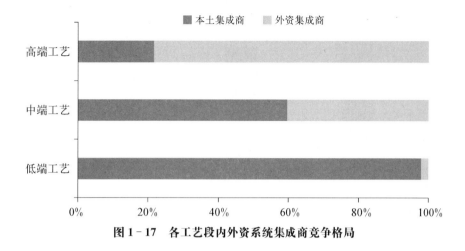

图 1 - 17 各工艺段内外资系统集成商竞争格局

主要集中在高端工艺段和中端工艺段,如焊接、装配、铆接和检测等系统集成领域。随着国产市场竞争越来越激烈,疫情过后大概率会迎来行业洗牌,预计未来本土继承企业数量将逐步减少。

(三)典型产业:数控机床

数控机床是一种装有程序控制系统的自动化机床,是制造业的加工母机和国民经济的重要基础,为国民经济各个部门提供装备和手段,具有放大的经济与社会效应。控机床控制系统能够逻辑地处理具有控制编码或其他符号指令规定的程序,并将其译码,从而使机床动作并加工零件。数控机床行业属于技术密集、资金密集、人才密集的产业,数控机床的上游行业主要为数控系统、钢铁铸造、机械配件制造、电子元器件等行业,上游材料价格的波动对行业具有较强的关联性,若上游材料价格上涨,则将相应提高机床行业的生产成本,但由于下游需求行业广泛,本行业具有较强的定价能力,转移价格上涨的能力较强。

1. 我国数控机床产业规模持续增长,利润略有下降

2010 年起,我国成了世界机床消费第一大国,消费了全球高端数控机床将近一半。而我国高端数控机床的核心零部件大部分依赖进口,国产中高档数控系统自给率不到 20%,其中,高档数控系统自给率不到 5%,其中从日本进口最多,约占 1/3。同样,我国高等数控机床生产对美国依存度比较低。2020年,我国共出口数控机床 109 539 台,出口金额共计 11.06 亿美元。从 2018 年到 2020 年数控机床产业出口情况来看,出口数量及出口金额总体保持稳定,2020 年小幅减少。2020 年,我国共进口数控机床 20 699 台,进口金额共计33.532 亿美元,进口均价远高于出口均价。从 2018 年到 2020 年数控机床产业进口情况来看,进口数量呈波动下降趋势,进口金额逐年下降,反映我国数控机床进口依赖的降低。

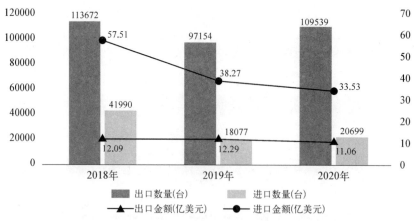

图 1 - 18   2018—2020 年我国数控机床进出口数量及金额

2020 年我国机床行业营业收入为 7 082.2 亿元,同比降低 0.5%,利润总额为 475.6 亿元,同比增长 20.6%。2020 年,我国数控金属加工机床产量为 21.1 万台,同比增长 20.7%,数控金属成形机床产量为 1.8 万台,同比下降 2.7%。受数控机床产量提升及单价提升影响,2020 年数控机床产业规模为 4 405 亿元,同比增长 34.7%,预计到 2026 年,中国数控机床市场规模将超过 6 200 亿元。

(1) 我国数控机床产业规模呈上升趋势。2017—2020 年我国数控机床产业规模波动上升。2018 年我国数控机床产业规模为 3 347 亿元,同比增速 10.48%,较 2017 年增速有所放缓。2019 年我国数控机床产业规模为 3 270 亿元,同比下降 2.31%,主要是数控机床产业整体需求结构调整及升级,下游领域不景气所致。2020 年,我国数控机床产业整体运行呈现出大幅低开、持续恢复、以增长收尾的特点。2020 年我国数控机床市场规模为 3 473 亿元,同比增长 6.21%。

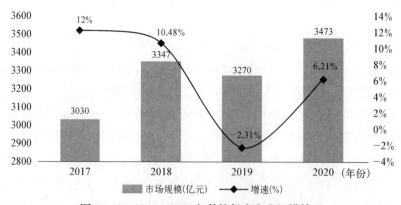

图 1 - 19   2017—2020 年数控机床产业规模情况

根据国家统计局规模以上企业统计数据,机床工具产业 2020 年累计完成营业收入 7 082.2 亿元,同比降低 0.5%。分业务来看,2020 年金属切削机床业务营业收入为 1 086.7 亿元,同比增长 2.3%;金属成形机床业务营收为 631.2 亿元,同比下降 1.2%。

表 1－5 2019—2020 年机床工具产业营业收入变化情况

指标名称	2019 年		2020 年	
	营业收入(亿元)	增速(%)	营业收入(亿元)	增速(%)
机床工具产业	7 117.8	−2.7%	7 082.2	−0.5%
金属切削机床产业	1 062.3	−11.3%	1 086.7	2.3%
金属成形机床产业	638.9	−8.5%	631.2	−1.2%
工量具及量仪产业	947.5	−4.7%	878.3	−7.3%
磨料磨具产业	2 599.2	4.8%	2 583.6	−0.6%

(2)三类数控机床发展。按工艺用途分,数控机床产品主要可以分为数控金属切削机床、数控金属成形机床和数控特种加工机床三类。三种细分产品中,数控金属切削机床的占比最大,比重为 53.8%,其次为数控金属成形机床,占比为 28.5%,数控特种加工机床的占比为 16.8%。

2016—2019 年我国数控金属切削机床总体呈逐年下降态势。2020 年,中国数控机床产品触底反弹,恢复增长,数控金属切削机床产量为 19.3 万台,同比增长 23.5%。

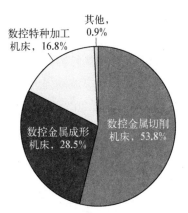

图 1－20 2020 年我国数控机床产品结构

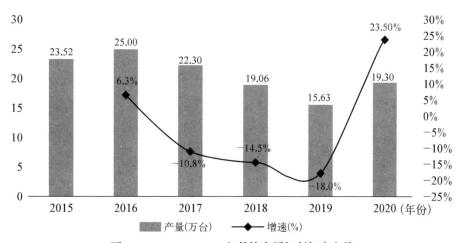

图 1－21 2015—2020 年数控金属切削机床产量

2017 年以来,我国数控金属成形机床产量持续下降,产量由 2.7 万台下降至 1.8 万台。2020 年,数控金属成形机床产量为 1.8 万台,同比下降 2.7%。

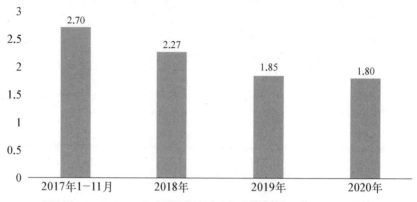

图 1 - 22 2017—2020 年我国数控金属成形机床产量(单位:万台)

(3) 机床数控化率继续增长。根据数控金属切削机床产量占金属切削机床总产量的比例计算得到金属切削机床产量数控化率。近年来,中国机床产业产量数控化率波动提升,以金属切削机床产量数控化率为例,从 2015 年的 31.15% 上升至 2020 年的 43.27%。

图 1 - 23 2015—2020 年中国金属切削机床产量数控化率

(4) 数控机床产业整体收益情况有待提高。从华明装备、秦川机床、创世纪、亚威股份、沈阳机床、海天精工、华中数控和华东数控 8 家我国上市企业进行经营情况分析,可以看出,我国数控机床上市企业营收差距较大,其中营收较高的主要为秦川机床、创世纪、亚威股份,秦川机床 2020 年营收为 40.95 亿元,营业收入位于 8 家上市公司之首。从 8 家上市企业营业利润上来看,除华明装备外,其余企业利润总额均较小于 3 亿元,可以看出我国数控机床产业整体收益情况有待提高。

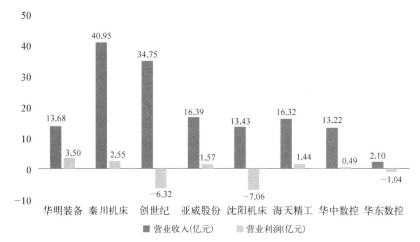

图1-24 2020年中国数控机床产业8家主要上市企业营收和营业利润情况

2. 全球数控机床消费需求下降,中国位列第二梯队

2017—2019年全球数控机床产业规模呈逐年增长态势,2019年,全球数控机床产业规模达1 492.0亿美元,增长率为3.9%。

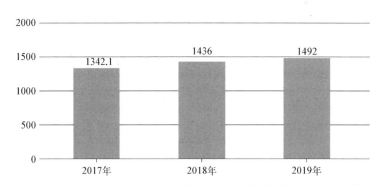

图1-25 2017—2019年全球数控机床产业规模统计情况(单位:亿美元)

全球数控机床产业主要集中在亚洲、欧盟、美洲三大区域,其中,中国、日本和德国为全球数控机床产业主要生产国家。2019年,日本数控机床产业规模占全球比重约32.1%,是全球第一大数控机床生产国。我国数控机床产业规模略低于日本,占全球比重约31.5%。德国整体产业规模占全球比重约17.2%。

数控机床行业竞争格局分成三个层次。德国、日本、美国等先进国家的数控机床企业起步较早,目前在技术水平、品牌价值等

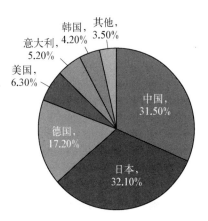

图1-26 2019年全球数控机床产业规模地区分布情况

方面仍居明显优势地位,位于第一梯队,世界四大国际机床展上,数控机床技术方面的创新主要来自美国、德国、日本,美、德、日等国厂商竞相展出高精、高速、复合化、直线电机、并联机床、五轴联动、智能化、网络化、环保化机床,在国际市场上,中、高档数控系统主要由日本发那科、德国西门子公司为代表的少数企业所垄断,其中发那科占一半左右。中国近数十年来亦产生了一批发展迅速的优秀企业,如秦川机床、海天精工等,在自身优势产品领域内和领先企业乃至国际先进企业进行竞争,位于第二梯队;第三梯队是数量众多的低端数控机床生产企业,竞争激烈。

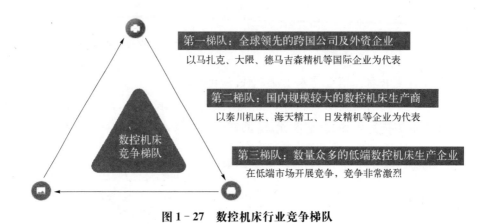

图1-27　数控机床行业竞争梯队

2019年,全球数控机床产业结构中,数控金属切削机床产业规模783.3亿美元,占比最高,达到52.5%;数控金属成形机床产业规模420.7亿美元,占比28.2%;数控特种加工机床产业规模265.6亿美元,占比17.8%;其他数控机床产业规模22.4亿美元,占比1.5%。

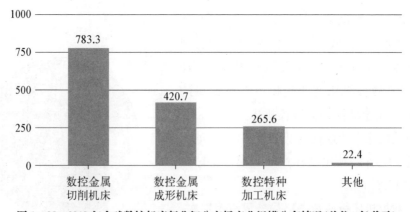

图1-28　2019年全球数控机床行业细分市场产业规模分布情况(单位:亿美元)

得益于日本国内经济发展良好,汽车和半导体等领域对机床的需求增加,

1982年日本取代美国跃居首位,尽管受经济形势的影响曾在金额上有所起伏,但多年来稳居世界第一的宝座。2017—2019年期间日本机床产业规模逐年扩大,2019年日本机床产业规模为479亿美元。

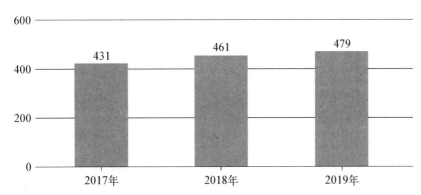

图1-29 2017—2019年日本数控机床产业规模统计(单位:亿美元)

2019年在前15个机床生产的国家和地区当中,只有巴西、法国和加拿大生产是正增长的。新冠疫情使得一些国家相当一部分人口处于限制流动的状态,导致经济活动明显减少。由此,导致2020年全球机床消费下降15%或更多。

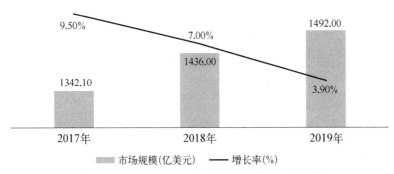

图1-30 2017—2019年全球数控机床产业规模

3. 高端市场国产化率低,核心环节受制现象未有根本改变

高端数控机床国产化率低。高档数控机床是装备制造业智能制造的工作母机,是衡量一个国家装备制造业发展水平和产品质量的重要标志。近年来,我国已经连续多年成为世界最大的机床装备生产国、消费国和进口国之一,中高端机床市场份额进一步提升,市场对"高精尖"机床设备的需求更是发生着从无到有的变化。然而,尽管中国数控机床市场规模庞大,但高档数控机床国产化率甚至不到10%,不仅高端机床和技术被限制进口,市场也被外来企业不断蚕食。

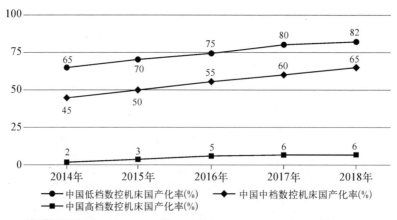

图 1-31 2014—2018 年中国不同档次数控机床国产化率变化情况

机床数控系统受制于人。数控系统是数控机床的大脑,在数控机床中扮演着非常重要的角色。我国数控系统虽然取得了较大的发展,但高档数控机床配套的数控系统 90% 以上都是国外产品,特别是高档数控机床。高档数控系统是决定机床装备的性能、功能、可靠性和成本的关键因素,而国外对我国至今仍进行封锁限制,成为制约我国高档数控机床发展的瓶颈。国内数控系统的中高端市场被德国西门子、日本 FANUC 瓜分。低端市场是国内数控系统的天下,数十家系统厂挤在这个狭小的市场区域内激烈搏杀。

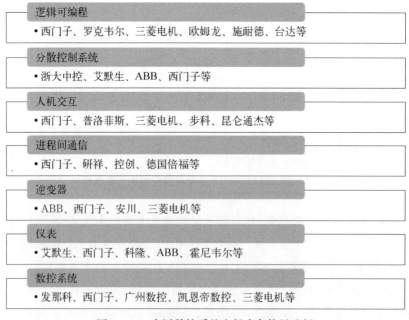

图 1-32 中国数控系统市场竞争格局分析

同时,从盈利能力角度来看,工业机器人上游零部件、中游本体和下游集成领域的盈利能力具有一定差异。其中,处于中游本体领域的企业毛利率、净

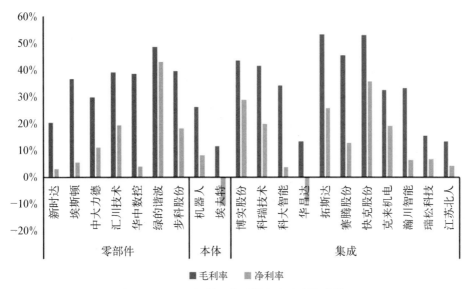

图 1-33 工业机器人产业链企业盈利能力情况

利率水平相对较低,零部件和集成领域凭借其较高的工艺要求和客户资源优势盈利能力较强。目前中国企业的优势主要集中在本体领域,盈利能力较弱。

国产数控机床性能有待改进。目前数控机床虽然能够实现国产,但根据机床杂志社的数据,国内客户在购买机床时主要考虑可靠性、性价比、售后服务等,而国内数控机床的主要问题前两位是"精度和稳定性差""故障多发",与消费者的需要还有一段距离。此外,由于缺乏核心技术,大量的国产企业只能沦为最低端机床的生产商,机床价格低廉、品质规范化管理方面差、故障率高。甚至有一些企业只是代表组装机床,用户自行购买光机、数控系统、丝杆、刀库等部件。

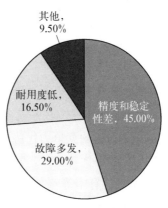

图 1-34 中国数控机床产业主要问题分析

二、2020—2021 年上海智能制造装备产业国际竞争力指数及分析

(一)指数测算及分析

智能制造装备产业国际竞争力指标体系从"产业国际表现""行业增长驱动""价值链提升"三个方面来诠释,形成反映国际竞争力的 3 个三级指标,运用定量数据形成 11 个四级指标。本报告测算了天津、辽宁、上海、江苏、浙江、安徽、福建、山东、广东 9 个省和直辖市的智能制造装备产业国际竞争力指数得分。在产业国际竞争力指标体系定量评估结果的基

础上,本报告进一步结合当下国际国内经济社会发展环境、最新科技与产业发展趋势、各国针对高端装备的产业动向等,对上海智能制造装备产业国际竞争力进行多维度分析,挖掘指数背后的深层次影响因素与规律。

表 2-1 智能制造装备产业国际竞争力指标体系

第二级指标	第三级指标	第四级指标
智能制造装备产业国际竞争力指标	产业国际表现	产业部门贸易优势
		行业贸易优势
		供应链强度
		核心环节贸易优势
	行业增长驱动	投资持续性
		产业效率
		产业强度
		产业集聚
	价值链提升	研发投入
		知识产权
		服务集聚

1. 产业国际竞争力持续提升,排名不变竞争激烈

一是始终保持较强竞争优势。为保持本报告研究的连贯性,本报告延续 2019 年报告的竞争力优势评价标准,即智能制造装备产业大于 150 分,表明具有极强竞争优势;介于 100—150 分,表示具有较强竞争优势;介于 50—100 分,表明具有中等竞争优势,低于 50 分则表示其具有微弱竞争优势。2014—2020 年,上海市智能制造装备产业国际竞争力均超过 100 分左右,处于较强竞争力区间内。

表 2-2 9个省市智能制造装备产业国际竞争力

	2014 年	2015 年	2016 年	2017 年	2018 年	2019 年	2020 年
广东	112.93	112.99	114.01	114.98	118.94	121.41	123.54
江苏	104.79	106.28	105.81	106.31	109.14	111.07	111.02
上海	100.87	104.87	105.39	105.07	106.80	106.82	108.91
浙江	89.92	90.95	89.62	90.87	92.12	93.89	96.34
辽宁	83.48	82.45	83.57	82.94	89.24	97.93	92.45
天津	90.12	92.94	89.04	85.62	83.38	86.50	90.46

续表

	2014 年	2015 年	2016 年	2017 年	2018 年	2019 年	2020 年
安徽	80.57	85.89	88.02	83.79	83.35	85.68	88.29
山东	89.22	90.95	90.20	90.64	87.28	84.77	87.73
福建	81.24	79.86	79.08	77.96	79.72	83.96	85.27

在 9 个省市中,7 年来上海市智能制造装备产业国际竞争力保持第三位,具有比较优势,广东、江苏分列第一、第二位。

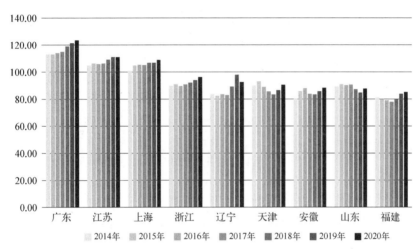

图 2-1 2014—2020 年 9 个省市智能制造装备产业国际竞争力

二是产业国际竞争力总体保持增长态势。2014—2020 年,上海市智能制造装备产业国际竞争力指数从 2014 年的 100.87 增长到 2020 年的 108.91,总体保持增长态势。平均增长幅度看,上海 2020 年比 2014 年增长了 7.96%,9个省市平均值 2020 年比 2014 年增长了 5.85%,上海增速高于 9 个省市平均值,但低于辽宁(10.75%)、安徽(9.57%)、广东(9.4%)。上海市与排名第一的

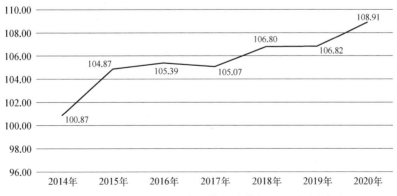

图 2-2 2014—2020 年上海智能制造装备产业国际竞争力

广东省差距加大,提升幅度略逊广东。

2. 出口贸易优势和供应链强度带动产业国际表现强劲,但不同领域开始分化

智能制造装备产业际竞争力二级指标共有 3 个,分别为产业国际表现、行业增长驱动和价值链提升。

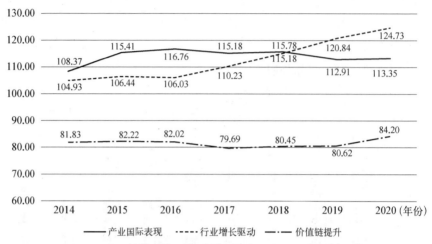

图 2-3 上海市智能制造装备产业际竞争力二级指标分值

(1) 上海智能制造装备贸易竞争力稳步增长

从 2014—2020 年,上海智能制造装备产业国际表现指数均超过 108,具有较强竞争优势。在 9 个省市智能制造装备产业国际表现指数中,除了 2019 年排名下滑外,从 2016 年到 2020 年,上海始终保持排在第一位,广东省一直处于前两位。相对水平看,2020 年上海智能制造装备产业国际表现指数比 2014 年增长了 4.60%,比 9 个省市均值 4.21% 略高。9 个省市中,从 2014 年到 2020 年,辽宁增长最快,达 30.30%;安徽次之,为 11.82%。天津和广东表现为负增长。

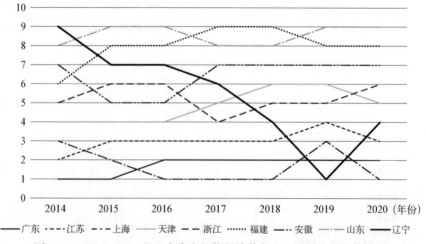

图 2-4 2014—2020 年 9 个省市智能制造装备产业国际表现指数排名

上海智能制造装备产业国际表现强劲,体现在以下两个方面:一是智能制造装备出口在上海出口额中占比较高,2017—2020 年在 9 个省市中均排名第一,体现了上海智能制造装备产品出口在国际市场上具有较强竞争优势。以工业机器人为例,相关资料显示,全球机器人 1/3 产量在中国,中国机器人 1/3 产量在上海,机器人产业已成为"上海制造"的一张新名片。从 2012 年起,上海工业机器人进出口总额保持增长态势,到 2020 年达到 7.24 亿美元,上海工业机器人进口占全国进口近一半以上。二是贸易依存度高。2014—2020 年,上海智能制造装备供应链强度在 9 个省市中始终保持第二位,2020 年上海智能制造装备产业进出口贸易额是生产总值 26.26%,表明上海智能制造装备产业贸易依存度较高。

图 2-5　2012—2020 年上海工业机器人进出口值(单位:亿美元)

(2) 贸易依存度高的问题也应得到高度重视

2014—2020 年,上海智能制造装备供应链强度在 9 个省市中始终保持第二位,2020 年智能制造装备产业在上海生产总值中占 26.26%,表明上海智能

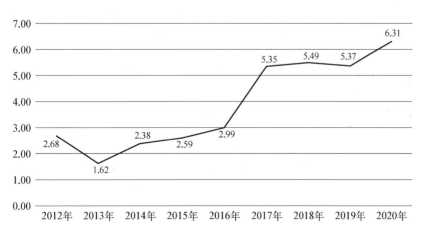

图 2-6　2012—2020 年上海工业机器人进出口逆差(单位:亿美元)

制造装备产业贸易依存度较高。如上海工业机器人进出口贸易一直处于逆差,而且逆差呈现上升态势,2020 年达到 6.31 亿美元,这说明一旦工业机器人发生贸易摩擦,上海首当其冲受到最大影响。

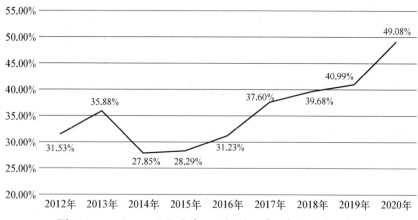

图 2-7 2012—2020 年上海工业机器人进口在全国进口占比

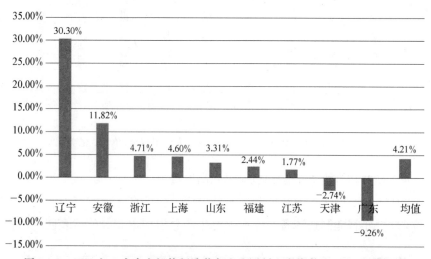

图 2-8 2020 年 9 个省市智能制造装备产业国际表现指数比 2014 年增长率

(3) 不同产业之间贸易竞争力开始分化

与工业机器人不同,上海数控机床进出口总额在 2013 年达到峰值 7.19 亿美元后,呈现震荡下行态势,2020 年为 4.09 亿美元。上海数控机床进出口贸易一直处于逆差,逆差呈现震荡下行态势,2020 年为 2.78 亿美元,这说明上海数控机床对外依存正逐步得到改善。

3. 产业效率和投资持续性带动产业增长驱动稳步增长

从 2014 年到 2020 年,上海智能制造行业增长驱动增长最快,并且在 2019 年起,高于产业国际表现和价值链提升两个指数。与 2014 年相比,2020 年上

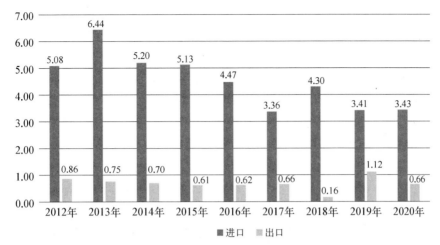

图 2 - 9　2012—2020 年上海数控机床进出口值(单位：亿美元)

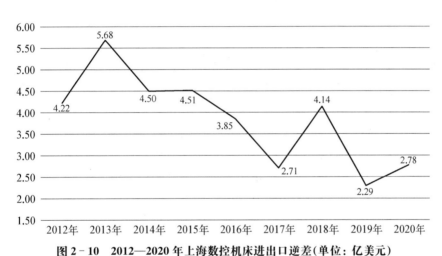

图 2 - 10　2012—2020 年上海数控机床进出口逆差(单位：亿美元)

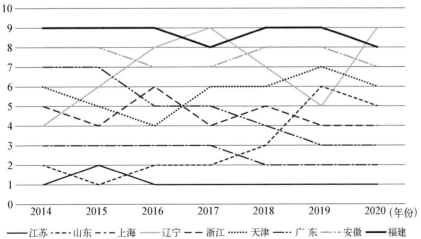

图 2 - 11　2014—2020 年 9 个省市智能制造装备产业增长驱动指数排名

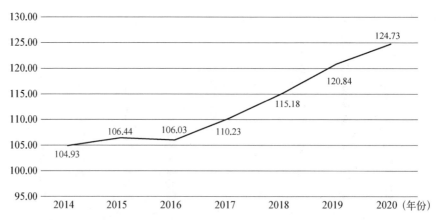

图 2 - 12 2014—2020 年上海市智能制造装备产业增长驱动指数变化

海智能制造装备产业增长驱动指数比增长了 18.87%,远高于 9 个省市均值 5.27%。2018 年开始上海产业增长驱动指数排名居全国第二位。

上海智能制造装备产业增长驱动增长主要表现在两个方面:一是在政策扶持下,上海市智能制造装备产业投资增长率增长幅度较大。2014—2020 年上海市智能制造装备产业投资平均增长率为 1.8%,高于全国平均值 0.01%。2020 年,上海市智能制造装备产业固定资产投资额由 2019 年的 785.49 亿元增长至 859.86 亿元,增长 9.47%,远高于全国平均增长水平 -2.12%。二是上海智能制造装备产业效率不断提高。上海智能制造装备产业劳动力能级水平不断提升,劳动生产率由 2014 年的人均 102.6 万元提升至 2020 年的人均 146.7 万元,在 9 个省市中增幅最大,排名一直稳居首位,2020 年上海智能制造装备产业劳动生产率比排名第二的天津市高 26.5%。

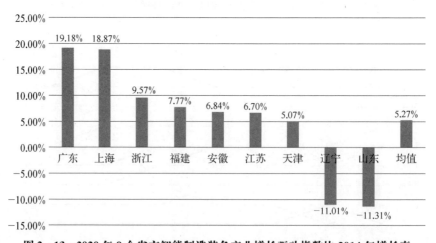

图 2 - 13 2020 年 9 个省市智能制造装备产业增长驱动指数比 2014 年增长率

内外联动、吸引全球头部企业,加快产业链布局是其中的根本原因。如机器人领域,上海工业机器人产量占全球规模的 1/9 左右,国际机器人"四大家族"——发那科、ABB、安川、库卡均在上海设立了中国总部或机器人总部，2020 年底 ABB 上海超级工厂将全面开始生产运行，ABB 机器人的亚太总部就在上海，目前 ABB 机器人的三大工厂分别在美国、瑞士和中国上海。国内机器人领军企业新时达、新松、科大智能等纷纷扩大投资布局。同时，小 i、达闼、高仙、钛米等一大批细分领域的头部企业快速成长，崛起为新一代的产业生力军与技术策源地。

4. 研发投入不足影响价值链提升不明显

从 2014 年到 2020 年，只有广东智能制造装备产业价值链提升指数均超过 100，具有较强竞争优势，2020 年达到 160，具有极强竞争优势，而上海具有中等竞争优势，2020 年价值链提升指数为 71.37。在 3 个二级指数中，价值链提升指数最低，也是上海今后努力的方向。在 9 个省市中，从 2014 年到 2020 年，上海保持第三，广东和江苏分列第一、第二位。

上海智能制造装备产业价值链提升不明显表现在两个方面：一是研发投入占比不高，尽管 2020 年上海智能制造装备产业 R&D 投入呈增长趋势，2020 年达 163.54 亿元，但是研发投入的相对规模略有下降，2017 年、2018 年研发投入占比均为 4.6%，2019 年为 3.6%，2020 年为 4.3%，上海市对智能制造装备产业的技术进步与持续创新的支撑力度需进一步加大。二是专利创新活跃度不够。2020 年上海智能制造装备产业申请专利数 20 036 件，比 2019 年增加 23.64%，高于全国增长平均水平 11.01%，但是专利数在全国专利申请数仅占 4.24%，距离占全国专利申请数 51.98% 的广东省还有很大的距离。

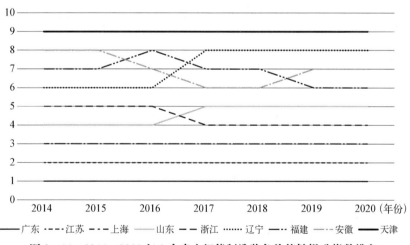

图 2 - 14　2014—2020 年 9 个省市智能制造装备价值链提升指数排名

9 个省市中，从 2014 年到 2020 年，上海增长率为 2.89%，远低于 9 省市 12.09% 的均值；广东增长最快，达 42.49%；江苏位居第二，为 15.92%。辽宁表现为负增长。

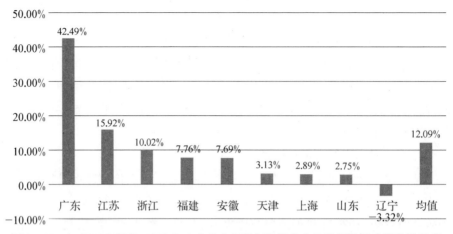

图 2‒15　与 2014 年相比,2020 年 9 个省市智能制造装备产业价值链提升指数增长率

5. 历年数据表明,上海智能制造装备亟待提升核心技术产品竞争力,并形成以"我"为主的供应链

智能制造装备产业国际竞争力指数共有 11 个四级指标,到 2020 年,在上海智能制造装备产业国际竞争力指数中,产业效率最高,具有极强竞争优势;排在第二至第六位的是产业部门贸易优势、产业强度、核心环节贸易优势、投资连续性、服务集聚度,具有较强竞争优势;第七位至第十一位的分别为供应链强度、产业集聚、行业贸易优势、研发投入、知识产权,指数值均低于 100,仅具有中等竞争优势。

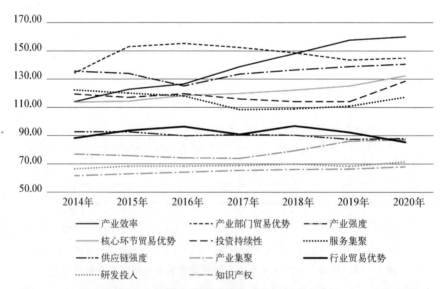

图 2‒16　2014—2020 年上海市智能制造装备产业国际竞争力 11 个四级指标情况

与 2014 年相比,到 2020 年,有 8 个指标呈现正增长,产业效率指数增长最大,达 40.41%,核心环节贸易优势指数次之,为 16.37%;行业贸易优

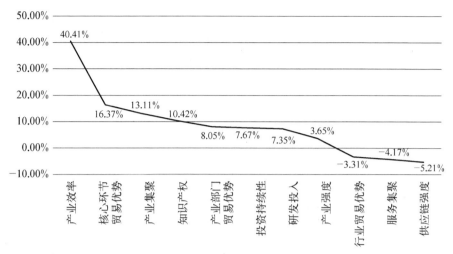

图 2 - 17 与 2014 年相比，2020 年上海智能制造装备产业国际竞争力四级指标变化情况

势指数、服务集聚指数、供应链强度指数为负增长。行业贸易优势指数和供应链强度指数不仅只具有中等竞争优势，而且不升反降，需要引起重点关注。

上海市智能制造装备产业国际竞争力 11 个四级指标，产业效率指数从 2014—2020 年在 9 个省市中保持第一；产业部门贸易优势指数从 2016 年上升并一直保持第一；供应链强度指数和服务集聚指数在 9 个省市中一直保持第二，广东的这两个指数一直保持第一位，尤其需要引起关注的是从 2014—2020 年 9 个省市供应链强度指数均值呈现震荡下行态势；上海投资持续性指数排名一直处于上升态势，并且在 2020 年上升至第二位，2020 年福建投资持续性指数跃居第一。

**表 2 - 3 2014—2020 年上海市智能制造装备产业
国际竞争力四级指标在 9 个省市中排名**

	2014 年	2015 年	2016 年	2017 年	2018 年	2019 年	2020 年
产业效率	1	1	1	1	1	1	1
产业部门贸易优势	2	2	1	1	1	1	1
供应链强度	2	2	2	2	2	2	2
服务集聚	2	2	2	2	2	2	2
投资持续性	9	7	7	5	4	4	2
核心环节贸易优势	5	5	5	5	6	5	3
知识产权	4	4	3	3	4	5	4
产业强度	5	6	8	5	5	6	4
产业集聚	6	6	6	6	5	6	5

续表

	2014 年	2015 年	2016 年	2017 年	2018 年	2019 年	2020 年
研发投入	5	5	5	5	5	6	6
行业贸易优势	7	8	7	6	5	7	7

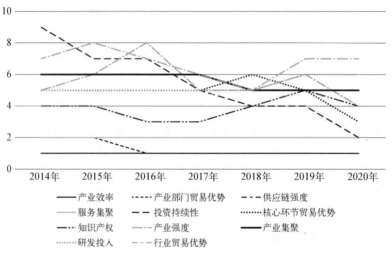

图 2 - 18　2014—2020 年上海市智能制造装备产业
国际竞争力四级指标在 9 个省市中排名

(二) 长三角分析

1. 长三角智能装备产业国际竞争力区域优势明显

2018 年 7 月,工业和信息化部根据《工业和信息化部办公厅关于开展 2018 年智能制造试点示范项目推荐的通知》,公布 2018 年智能制造试点示范

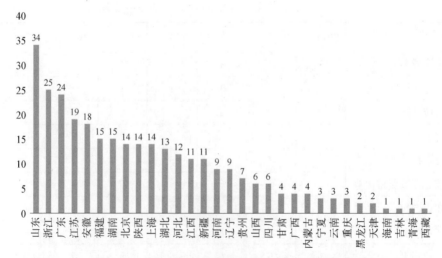

图 2 - 19　截至 2018 年全国各省市智能制造试点示范项目分布(单位: 个)

项目名单,共有 99 个项目入围。从项目数量来看,2015—2018 年智能制造试点示范项目数量为 46 个、63 个、97 个和 99 个,合计示范项目数量达到 305 个,涉及企业 233 个,远超 2015 年工信部提出的到 2018 年培育 100 个智能制造试点示范企业的规划。从地区分布来看,截至 2018 年智能制造试点示范项目分布已经逐步拓展到全国 31 个省市。其中,山东、浙江、广东、江苏、安徽 5 省试点示范项目建设成绩闪亮,项目数量在 18 个及以上;海南、吉林、青海、西藏 4 省区实现了项目数量零的突破;同时,项目分布主要集中在长三角和珠三角;除山东外的环渤海湾地区,试点示范项目数量增长速度不及长三角及珠三角,长三角三省一市均进入前 10 位。

截至 2020 年 6 月,MIR DATABANK 数据库共收录 9 456 家工业机器人系统集成商。其中长三角地区、珠三角地区为两大集聚区域,两地区厂商合计占比超过 70%。其中 41.4% 集中在江浙沪地区,30% 集中在广东省,5.1% 集中在京津冀地区,与全国工业机器人产业园分布情况高度吻合。

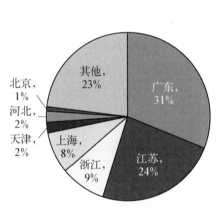

图 2 - 20   2019 年工业机器人系统
集成商地区分布情况

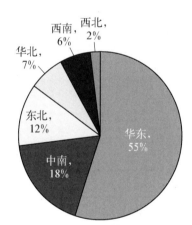

图 2 - 21   中国数控机床
区域占比情况

数控机床具有固定资产属性,制造业比较发达的地区对数控机床的需求量比较大,我国华东地区制造业发达,对数控机床的需求量大,市场广阔。我国华东地区数控机床规模为占全国比重 55%,为我国主要数控机床市场;中南地区数控机床规模占比 18%,仅次于华东地区;其次为东北、华北和西南地区,数控机床规模占比分别为 12%、7% 和 6%。

2. 上海 5 项指标居首,投资、贸易和服务成为"三驾马车"

从 2014 年到 2020 年,长三角产业效率指数一直保持增长态势,上海增速明显高于其他三省。2018 年及其之前,上海产业效率指数是长三角唯一具有较强竞争优势的省市,其他三省具有中等竞争优势。2019 年和 2010 年,上海产业效率指数达到极强竞争优势,江苏达到较强竞争优势,安徽和浙江继续处于中等竞争优势。

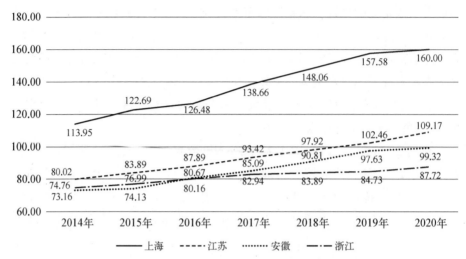

图 2－22　2014—2020 年长三角产业效率指数比较

从 2014 年到 2020 年,长三角产业部门贸易优势指数总体震荡上行。上海和江苏具有较强竞争优势,安徽和浙江具有中等竞争优势。

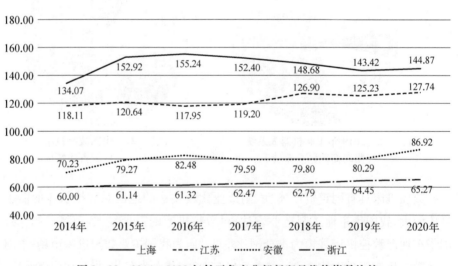

图 2－23　2014—2020 年长三角产业部门贸易优势指数比较

从 2014 年到 2020 年,长三角三省一市投资持续性指数均具有较强竞争优势,但表现出很强的波动性,上海总体稳定性较好。2017 年至 2019 年,三省一市均下行,2020 年均表现出强力上升态势,上海上升势头超过浙江,指数在三省一市中首次位居第一位。

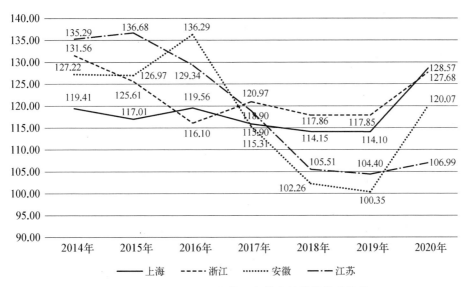

图 2-24 2014—2020 年长三角投资持续性指数比较

从 2014 年到 2020 年,上海和江苏服务集聚指数一直具有较强竞争优势,浙江和安徽具有中等竞争优势。2014 年至 2017 年,上海服务集聚指数呈现下行态势,2018 年之后才呈现上升势头。

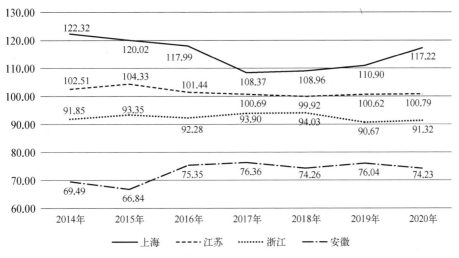

图 2-25 2014—2020 年长三角服务集聚指数比较

从 2014 年到 2020 年,长三角三省一市供应链强度指数都仅有中等竞争优势,上海尽管在三省一市名列第一,但震荡下行,其他三省也均未能表现出上升势头。

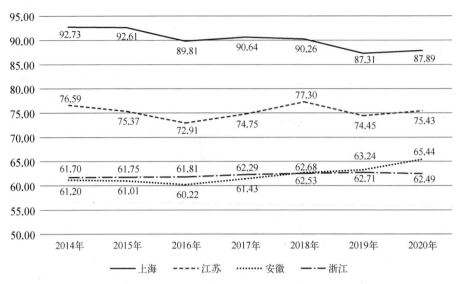

图 2 - 26 2014—2020 年长三角供应链强度指数比较

3. 江苏省 4 个指数居首,产业集聚和研发效率增长迅速

长三角三省一市产业强度指数均具有较强竞争优势,除安徽外均震荡上行,2020 年上海位居长三角第三位。

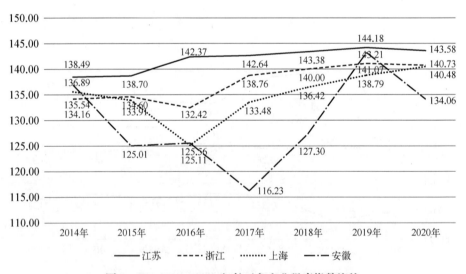

图 2 - 27 2014—2020 年长三角产业强度指数比较

江苏产业集聚指数在长三角中表现最好,并将其他两省一市抛在后面。直到 2018 年,浙江产业集聚指数才改变缓慢下行态势,呈现上升态势,并在 2019 年起具有较强竞争态势。上海变化和浙江高度相似,但到 2020 年仍仅有中等竞争优势。

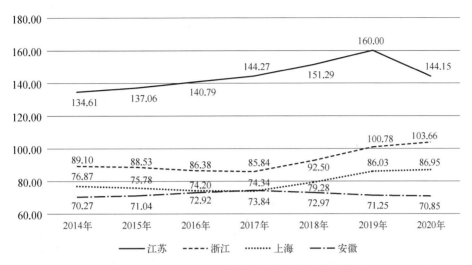

图 2 - 28 2014—2020 年长三角产业集聚指数比较

从 2014 年到 2020 年,长三角三省一市研发投入指数保持上升态势。由于基础薄弱,除江苏从 2019 年起具有较强竞争优势,其他两省一市仅有中等竞争优势。上海在长三角排名第三,而且增速低于其他三省,应引起高度关注,加大研发投入。

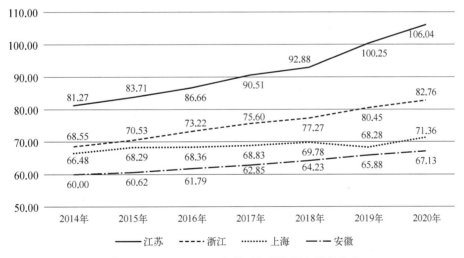

图 2 - 29 2014—2020 年长三角研发投入指数比较

长三角三省一市知识产权指数均仅有中等竞争优势,上海在长三角位居第三位。从 2014 年至 2020 年均能保持上升态势,江苏上升速度最快,安徽最慢。

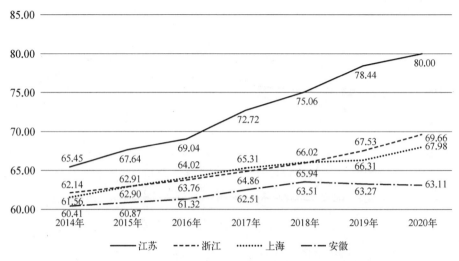

图2-30 2014—2020年长三角知识产权指数比较

4. 浙江在行业贸易优势居前,安徽在核心环节上具有贸易优势

浙江的行业贸易优势是长三角中唯一具有极强竞争优势的省市,江苏具有较强竞争优势,上海和安徽仅有中等竞争优势。行业贸易优势(TC)指数在此代表的是地区贸易出口能力,民营企业是浙江经济的重要支柱,从模仿到跟随,再到自主创新、强强联合,浙江涌现出一大批本土的智能制造企业,智能制造正在成为民营经济转型升级的新动能。

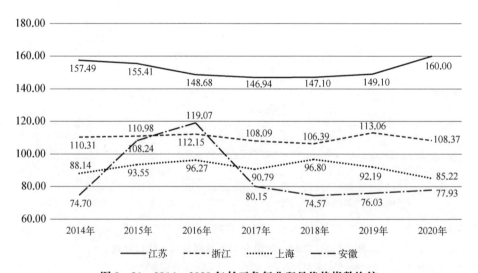

图2-31 2014—2020年长三角行业贸易优势指数比较

安徽核心环节贸易优势指数具有极强竞争优势,其他两省一市具有较强竞争优势。从2014年到2020年,三省一市均震荡上行。

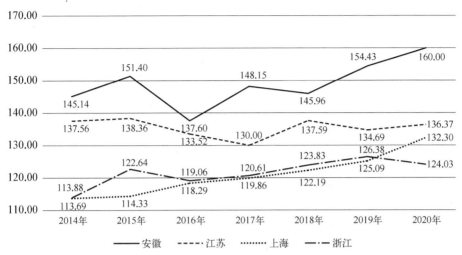

图 2 - 32　2014—2020 年长三角核心环节贸易优势指数比较

三、上海智能制造装备产业优势、不足和挑战

（一）优势分析

1. 布局合理，全球头部企业集聚

根据标准排名城市发布的《世界智能制造中心发展趋势报告（2019）》，2018 年上海智能制造相关企业总数达 5 131 家，布局在汽车、高端装备、航空航天、船舶海工、电子信息等重点工业领域，企业总数位居全国第三，实现产值 23 128.78 亿元，排名全国第三；智能制造企业全年纳税达 1 571.64 亿元，位居全国第二。智能制造企业占制造类企业数量比例高达 75.65%，位居全国首位。上海在智能制造重点行业领域吸引和培育了一批具有全球领先的龙头企业。数控机床领域，上海集聚了上海电气、上海机电、上海拓璞等国内数控机床骨干企业。2018 年，上机数控、亚威机床、华明装备三家企业在全国数控机床市场的占有率排名分别为第六、第七和第九，市场占有率总计约 20%。机器人领域，上海吸引了 ABB、发那科、安川、库卡、新松、小 i 等一批国内外领军企业，在工业机器人、服务机器人和核心零部件等细分领域均处于领先水平，成为中国最大的机器人产业集聚区。上海机器人市场约占全国 42% 的市场份额，占全球市场份额约 16%。此外，上海在新能源企业、生物医药及关键材料等领域也培育了一批全球龙头企业。上汽集团、宝武集团、上海医药集团等三家制造企业上榜 2020 年《财富》世界 500 强。

2. 基础雄厚，助力工业智能化转型

作为中国制造业重镇，上海在汽车、高端装备、航空航天、电子信息、钢铁

化工、生物医药等高端制造业领域形成了丰厚的技术积淀。近年来,上海攻克了一批智能制造装备领域关键核心技术,推动了制造核心技术与产品不断向高端化迈进。2015—2020年,上海在机器人等智能制造装备、高端能源装备、高端及重大成套装备等领域,累计形成高端智能装备首台(套)突破示范项目263项。2019年上海智能仪器仪表及传感器产值达103.28亿元。上海智能制造支撑系统领域形成了一批优质的工业互联网平台,助力制造业提质增效。工业互联网是实现智能制造的关键基础设施,是智能制造得以实现的重要支撑。上海围绕工业互联网创新赋能经济高质量发展,致力于打造成为全国工业互联网资源配置、创新策源、产业引领和开放合作的高地。据天眼查数据显示,当前上海市工业互联网相关企业547家,位居全国省份第三,拥有3个及以上专利企业占比50.28%,高于全国水平。2020年,上海打造了宝信、上海电气"星云智汇"、智能云科、中科云谷等15个具有影响力的工业互联网平台,推动了电子信息、钢铁化工、装备制造与汽车、航天航空等重点领域530多家企业的智能化转型,助力企业评价降本8.4%、提质1.95%、增效7.83%。

3. 新应用场景,形成全球示范标杆

智能工程师推动智能制造的切入点和突破口,是智能制造能级和核心竞争力的重要体现。上海在汽车、高端装备等重点领域建成了商用航空发动机智能装配试点示范、石化智能工厂试点示范等14个国家级示范工厂,以及上汽大众MEB新能源汽车全自动化工厂、上汽通用凯迪拉克数字化工厂等80个市级示范工厂。上海发那科智能工厂三期项目、三菱电梯智能机器人仓库等一批全球领先的无人工厂项目纷纷开通建设或投入运营,充分体现了上海智能生产的国际高度。上汽通用金桥工厂、上海发电机厂等在疫情期间运用"黑灯工厂"、数字化工厂、智慧物流等手段,成功实现防疫、复工两不误,展示了智能制造助力复工复产的重要作用。

4. 特色园区,打造产业集聚高地

智能制造"头部园区出高度、特色园区出亮点"的产业布局不断优化,张江高科技产业开发区、漕河泾新兴技术开发区、紫竹高新技术产业开发区、闵行经济技术开发区等头部工业园区为上海智能制造集聚了一大批全球领先的行业龙头企业,奠定了上海打造国际一流智能制造产业生态的坚实基础。2020年6月,上海布局了嘉定氢能港、汽车新能港、临港南桥智行生态谷、外高桥智能制造服务产业园、机器人产业园、闵行开发区智能制造产业基地、中以(上海)创新园、金桥5G产业生态园等8个智能制造特色产业园区,有效推动了新能源汽车、数控机床、机器人等制造业的智能化转型。区级层面以此为引领,进一步丰富了智能制造园区的多层次布局体系。2020年11月,嘉定区以3个市级智能制造产业园区为引领,布局了16个区级特色园区,形成了"3+16"的特色园区体系,聚焦智能制造、汽车"新四化"、智能传感器及工业互联网等产业领域,强化推动制造业转型。

5. 功能性平台,优化产业竞争生态

上海通过搭建和吸引重点领域的功能性平台,形成了以上海市智能制造产业协会、上海市机器人行业协会为引领的多主体、多层次、宽领域、跨领域的平台服务体系,极大促进了智能制造的协同创新与产业成长。上海工博会等具有世界影响力的会议为上海智能制造提供了面向世界的技术展示窗口和创新交流平台,国内外重点协会有力地推动了上海智能制造的技术创新与国内外市场开拓。2019 年 3 月,以功能型平台为载体的"上海交通大学弗劳恩霍夫协会智能制造项目中心"正式签约,成为中国第 1 个、全球第 10 个弗劳恩霍夫协会海外项目中心。并且积极推进与"英国国家智能制造未来计量联盟"的合作,由英国工程院院士蒋向前爵士领衔的"中英智能测量与质量工程中心"已启动建设。2019 年 5 月,长三角智能制造协同创新发展联盟,联盟聚焦国家智能制造发展战略,努力打造世界级智能制造集群。

(二)不足分析

1. 缺乏本土"链主",导致产业链系统竞争力不强

一是产业链系统集成供应商能级与规模有待提升。目前上海缺乏具有系统集成能力的龙头引领企业,导致整合国内外产业链资源的系统集成能力有待进一步提升。其一,从系统集成供应商能级来看,与上海吸引入驻的微软、诺基亚贝尔等国际顶尖的智能制造系统解决方案供应商相比,上海本土的智能制造系统解决方案供应商在企业规模、综合服务能力、行业精细化服务方面都存在较大差距,难以在广阔的行业应用需求中扩大市场份额。其二,从系统集成商的企业规模来看,上海与北京等国内城市还存在一定的差距。2017—2019 年上海有 19 家国家级智能制造系统解决方案供应商,而北京有 33 家。其三,从系统集成型龙头企业的储备来看,与北京、深圳、杭州等城市拥有较多的平台型企业和独角兽企业相比,上海优势并不突出。《2019 福布斯全球数字经济 100 强榜》中,阿里巴巴、腾讯、京东、百度、小米、网易等在内的 9 家中国内地企业上榜,其总部均不在上海。艾媒咨询发布的《2020 中国独角兽榜单 TOP100》前十位企业中,上海只有陆金所一家上榜,远少于北京的 4 家、深圳的 3 家。

二是产业链横向集成能力发挥不足。上海在新能源汽车、工业机器人、工业互联网等行业领域形成了一大批拥有关键核心技术的中小企业集群,但缺乏像美国博世、深圳汇川技术、比亚迪、华为等具有高度系统化集成能力的龙头供应商企业。上海虽然有电驱动、道之科技、联合汽车电子等在三电细分领域的隐形冠军,但缺乏将国内技术和企业资源实现模块化系统集成,为新能源汽车及跨行业提供系统解决方案的龙头提供商。从汽车"新四

化"发展方向来看,广泛推广智能交通、车联网、智能网联汽车是汽车产业发展的重要趋势。

三是产业链纵向集成能力有待强化。智能制造产业链的上下游互联互通是推动产业升级的重要推动因素,上海现有产业链上下游环节存在纵向资源整合不足的问题。以工业机器人为例,未来工业机器人的国产化突破重点在于整合上游的减速器、伺服系统、控制器等核心零部件和中游的本体技术突破以及规模化量产,这需要一批具有综合系统集成能力的龙头企业,整合国内优秀企业资源共同攻关,但是上海当前的工业机器人布局多处于技术较为简单的下游环节。快仓、新时达等在下游的整体技术与系统集成能力上有所突破,并已形成了较为可观的市场规模,但是与国外的机器人"四大家族",以及沈阳新松、深圳汇川技术、南京埃斯顿、武汉华中数控相比,上海企业在产业链上游和中游的技术突破能力还有所欠缺,跨区域整合产业链纵向资源的引领能力不足。

2. 产学研用联动创新的体制机制还需进一步优化

总体来看,上海智能制造还处于多点示范的高投入阶段,大部分行业领域还未形成规模经济,产业发展需要关键技术和雄厚资本优势的龙头企业发挥引领作用。第一,上海电气、上汽集团等一批制造业领军企业已经在智能工程试点、系统解决方案供应商培育、市场拓展等方面进行了深入实践并取得了相应的成效,但对本土中小企业支持较少。贸易战和新冠疫情之后,国内整车企业开始重视本土供应链的培育,但对本土企业产品采购量依然很少。第二,产学研合作力度有待强化。上海聚集了较多科研院所,具备丰富的科研资源,并依托上海交大等丰富的科创资源优势和产业孵化能力,在数控机床、汽车三电、工业机器人、人工智能等领域培育出一大批高能级、高水平的高新企业。但是科研院所与现有企业的科研合作与技术联动不够深入。由于制造类科研院所在集成电路、新能源、智能制造等关键领域的创新资源较为分散,难以与行业交叉性明显的智能制造企业形成系统化的创新协作链条。当前科研院所与企业合作的模式多为科研人员创业,对于技术的产业化、产品的市场化运作能力有待进一步培育。

3. 跨国公司的技术溢出效应有待进一步挖掘

在发那科"超级工厂"、三菱电梯智能机器人仓库等国内外智能制造龙头企业布局智能工厂项目的启发下,上海在无人工厂、智能生产方面开展了有益的示范性探索。但外企在上海的定位更多的是"组装车间",核心生产研发基地落户较少,技术溢出与合作方式有待进一步探索。

4. 国产技术和产品市场培育步伐有待进一步加快

当前上海制造业智能化改造需求旺盛,智能制造国产技术和产品迎来了良好的市场拓展机遇的同时,也面临着国外公司的激烈竞争或行业壁垒。

一方面,在国内技术和产品不占绝对优势的前提下,企业根据市场化选择会倾向采购成本低、稳定性更有保障的国外供应商的技术和产品;另一方面,即使国内技术和产品成熟度较高,本土企业也面临进口政策带来的冲击。上海生产的国产燃料电池、减速器等技术和产品已经能够满足基本功能性要求,但还存在总体功率密度、系统功率、耐久性较低、产品成本比国外产品高等问题。此类技术和产品的成熟度提升有赖于大量的试验场景和应用测试积累,但是当前上海此类试验场景资源开放较少,对于既有技术攻关的试验支持力度不足,不利于智能制造关键技术和核心零部件产品的升级与退关。

5. 服务于企业间技术合作与市场联合开拓的平台资源较为缺乏

随着上海智能制造的深入实施,上海在智能制造相关技术、产品和服务等方面涌现出一批新生事物,但是这些成果由于知晓度不高或者过于超前,在寻找客户资源、同行技术协作等方面需要搭建推动产业链上下游有效沟通衔接的平台。

6. 智能制造人才引培力度有待强化

人才短缺问题几乎覆盖了智能制造的整个产业链,一方面,上海高层次、高技能人才供给与需求存在较大缺口,部分企业甚至已开启到西安、成都等地组团招聘的模式;另一方面,目前上海人才政策吸引力不足,除了落户标准高之外,还面临着周边省市人才补贴政策的竞争,导致企业面临更高的用工成本。

四、2022 年的预测分析及政策建议

(一)未来发展趋势

当前我国正处于由制造大国向制造强国转型的重要阶段,根据"十四五"规划,我国将继续推动制造业优化升级,培育先进制造业集群,推动高端数控机床等产业创新发展;发展壮大战略性新兴产业,培育先导性和支柱性产业,推动战略性新兴产业融合化、集群化、生态化发展,战略性新兴产业增加值占GDP 的目标比重超过 17%。

1. 工业化后期是智能制造装备发展迅速时期

我国全面进入工业化发展后期阶段。2019 年我国人均 GDP 为 70 891.78元,约为 10 141.89 美元,处于钱纳里模型中的工业化后期阶段;三次产业结构为 7.1%∶38.6%∶54.3%,满足 A<10%、I<S,处于钱纳里模型中的后工业化阶段;2019 年第一产业就业比重为 25.1%,符合钱纳里模型中的工业化后期标准;我国城镇化率为 60.60%,处于钱纳里模型中的工业化后期阶段。综合判断,我国工业化尚未完成,当前虽全面符合工业化后期标准,但整个"十四

五"期间也将仍处于工业化发展后期阶段。

表 4 - 1　工业化不同阶段的标准(2004 年)

基本指标	前工业化阶段	工业化初期	工业化中期	工业化后期	后工业化阶段
人均GDP(美元)	720—1 440	1 440—2 880	2 880—5 760	5 760—10 810	10 810 以上
三次产业结构	A>I	A>20%,A<I	A<20%,I>S	A<10%,I>S	A<10%,I<S
第一产业就业比重	<60%	45%—60%	30%—45%	10%—30%	<10%
制造业增加值占总商品增加值比重	<20%	20%—40%	40%—50%	50%—60%	>60%
城镇化率	<30%	30%—50%	50%—60%	60%—75%	>75%

我国是全球工业机器人销量第一大国,但保有密度仍较低。我国2019 年工业机器人销量达到了 14.05 万台,占据全球销量的37.67%,继续保持全球工业机器人供应第一大国的位置。但从世界主要国家工业机器人人均保有密度来看,作为目前全球工业机器人保有量密度最高的新加坡已经达到了 918 台/万人,相比之下,2019 年我国工业机器人保有密度虽较 2018 年提升 47 台/万人,达到 187 台/万人,仍远低于韩国(855)、日本(364)、德国(346)等发达国家,未来国内工业机器人仍有巨大的增量空间。

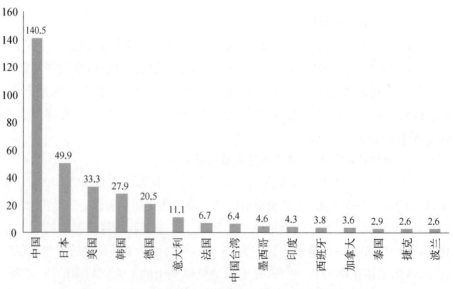

图 4 - 1　2019 年世界各国/地区工业机器人销量情况(千台)

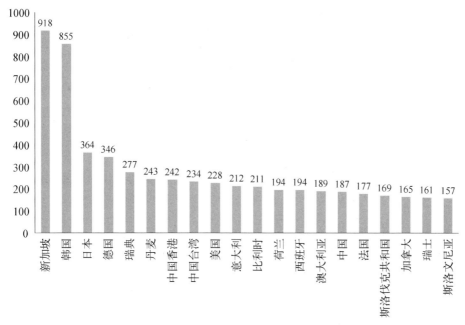

图 4 - 2　2019 年世界各国/地区工业机器人人均保有密度(台/万人)

　　我国工业机器人目前发展背景与日本当初极为相似:人工成本急剧上升、产业结构升级、国家专项政策支持。按照钱纳里工业化模型,日本在 1970 年左右进入工业化后期阶段。该阶段作为智能化、自动化生产代表设备之一的工业机器人产品进入需求爆发增长期。其机器人保有量在 1970—1980 年间年均复合增长率超过 50%。

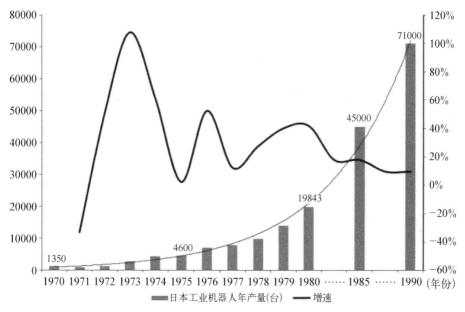

图 4 - 3　1970—1990 年日本工业机器人爆发式增长

全球销量方面,2018年四季度以来,工业机器人行业受下游汽车和3C行业不景气影响较大,2019年工业机器人产销量同比下滑11.61%。但随着持续的自动化趋势及技术改进,2022年全球工业机器人销量有望达到59.3万台。

图4-4 全球工业机器人销量及预测

2. 全球围绕核心技术加快战略竞争规则布局

美国拜登政府上台之后,中国制造业贸易风险并未减弱,反而更加严峻。

第一,国际经贸规则面临重构。国际贸易的规则体系正在重塑,区域和双边贸易协定大量涌现。美日欧迄今已召开七次贸易部长会议,核心议题均与制造业相关;据日本贸易振兴机构统计,截至2021年1月31日,全球已生效的区域自由贸易协定共计357个。气候变化正在被写入国际贸易规则,比如碳关税将不仅对全球贸易、也将对各国产业结构产生深远影响。美国议会提案41件,总统行政令4项;欧盟推出碳边境调节机制;日本通过2050年碳中和法案。

第二,近年制造业在国家竞争力中的地位凸显。战略竞争方面,美国发布《国家安全战略临时指南》,重振美国制造业基础;欧盟更新《欧盟工业战略》,引领欧洲产业向绿色和数字化过渡;日本发布《日本制造业白皮书》,要求日本制造业强化供应链。科技竞争方面,美国要促进和保护美国在能源、半导体、人工智能、生物科技等领域的竞争优势;欧盟发布《人工智能白皮书》,同时发布监管法律框架,遏制其他国家在该领域的发展;日本投入数亿美元,将5G网络视为经济增长支柱之一;英国发布《2020年科技战略》,为下一代科学技术奠定基础;韩国发布人工智能新政,计划投资76万亿韩元。供应链竞争方面,美国总统拜登签署了3份有关供应链的行政令;欧盟要减少对外国供应商的依赖,掌握"战略自主权";日本要求国内制造业将强化供应链放在首位;英国通过《通信安全法案》,要减少高风险供应商的潜在威胁;德国近期通过了《供应链法》。

第三,美国拜登政府对中国制造业限制范围更大、更加精准。根据统计,截至2021年6月28日,美国实体名单中涉及中国大陆的有338家,占全球总数的21.1%,其中企业有209家。军事最终用户名单中有58家是中国大陆实体,占比54.7%,其中企业有51家。未核实名单有26家中国大陆实体,其中企业19家。值得注意的是,2018年之前,中国大陆实体被纳入美国实体名单的数量总体比较平稳,2018年之后数量猛增,其中涉及电子、电信、AI领域的企业最多。

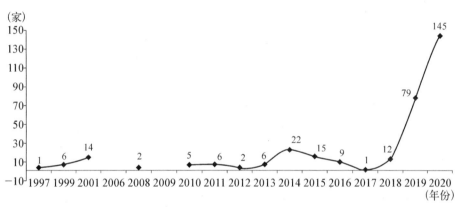

图4-5　中国被纳入实体名单数量

第四,美国通过国际组织联动来形成技术管制。国际四大出口管制多边机制包括瓦森纳协定、核供应国集团、澳大利亚集团以及导弹技术控制机制,都是以清单来实施技术管制,美国极力促成了前三个管制机制的成立,也是澳大利亚集团的主要成员国,主导了国际多边管制机制的走向。

3. 下游应用领域结构升级仍有空间

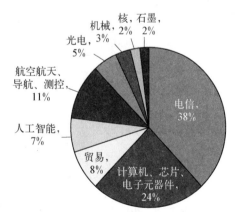

图4-6　中国被纳入美国实体名单企业涉及行业

从下游需求来看,全球范围内制造业投资保持复苏态势,从全球主要国家制造业PMI指数来看,2021年4月英国制造业PMI达到创26年内新高的60.9;美国PMI自2020年3月以来连续14个月处于50以上。国内方面,我国制造业PMI自2020年3月以来持续维持在荣枯线之上,2021年3月制造业固定资产投资额累计同比回升至29.8%。

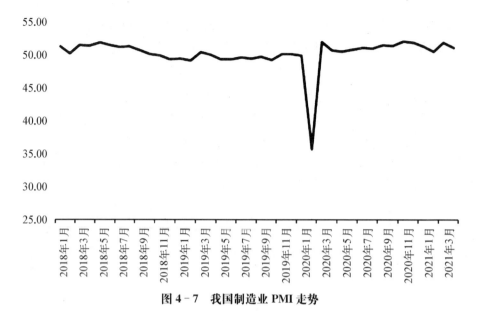

图 4 - 7　我国制造业 PMI 走势

工业机器人下游应用领域中,汽车和 3C 领域占比最高。根据 IFR 的数据显示,2019 年汽车与 3C 行业合计占比超过 50％,其中汽车制造业是工业机器人应用最广泛、最成熟、数量最多的工艺领域,占比达到 28.15％。3C 行业由于产品制造对生产效率和精度要求较高,而工业机器人的特点符合其高精度、高柔性的要求,其下游应用占比达到 23.59％,位列第二位。

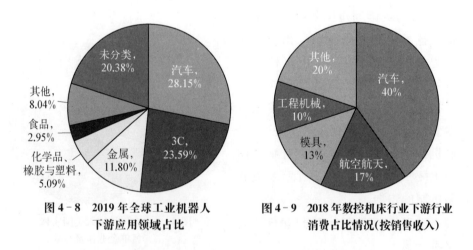

图 4 - 8　2019 年全球工业机器人下游应用领域占比

图 4 - 9　2018 年数控机床行业下游行业消费占比情况(按销售收入)

数控机床是装备制造业的基础设备,数控机床的下游行业主要为汽车产业、电力工业、航天航空、电子信息等行业,由于制造工艺有所差别,下游行业对于数控机床的需求类型也有所差别。2018 年,数控机床行业下游行业消费占比中,汽车行业比重最大,占比约为 40％,航空航天位居第二,占比约 17％,二者约占我国下游行业总消费的 50％左右。

从工业机器人应用占比最大的汽车制造业和 3C 行业固定资产投资增速来看,汽车制造业固定资产投资方面,受益于各地出台相继出台的汽车消费促进政策,汽车制造业固定资产投资累计增速降幅持续收窄,2021 年 3 月为-3.3%;3C 制造业 2020 年 4 月以来固定资产投资稳步复苏,到 2021 年 3 月累计同比提升 40.4%。整体来看,下游制造业应用端景气度保持持续回升态势。

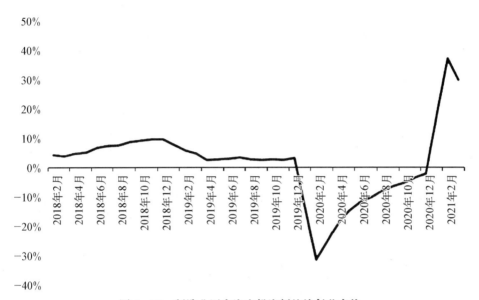

图 4-10 制造业固定资产投资额持续复苏态势

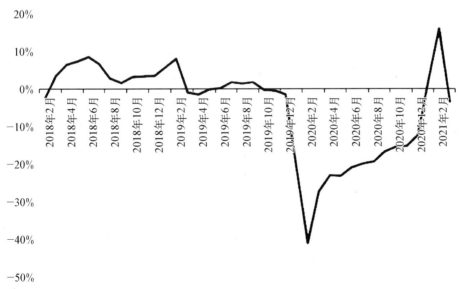

图 4-11 汽车制造业固定资产投资累计增速降幅持续收窄

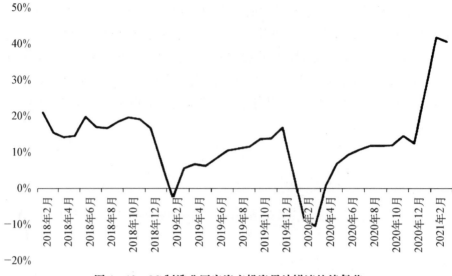

图 4‑12　3C制造业固定资产投资累计增速持续复苏

过去几年,汽车受限于传统燃油和3C行业增速放缓,市场对工业机器人需求呈现疲软态势,不过随着各国相继推出新能源汽车发展规划以及5G商用牌照陆续发放,新能源汽车和5G手机的加速渗透将支撑工业机器人需求的持续回暖。

表 4‑2　各国/地区新能源汽车发展规划

国家/地区	发 展 目 标	文 件 名 称	禁售时间
中国	到2025年新能源汽车销量占比达到20%左右,到2035年,纯电动汽车成为新销售车辆的主流	《新能源汽车发展规划(2021—2025年)》	
美国	加州:2035年起禁售新汽油车		
日本	到2030年,电动汽车占比达到20%—30%	《汽车产业战略2014》	2050年
德国	2030年注册至少700万辆电动汽车	《2030气候规划》	
英国	2030年电动乘用车销量占比达到50%—70%	The Road to Zero	2040年
欧盟	到2030年,EV + PHEV车型占比达到35%		

随着中国制造业加速转型,精密模具、新能源、航空航天、轨道交通、3D打印、生物医药等新兴产业迅速崛起,其生产制造过程高度依赖数控机床等智能制造装备,这将成为数控机床行业新的增长点。预计到2026年,中国数控机床市场规模将达到5 148亿元。

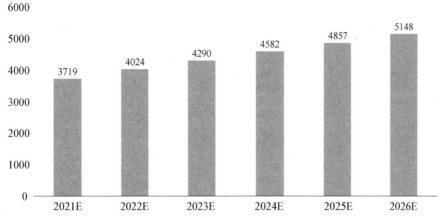

图4-13 2021—2026年数控机床市场规模预测（单位：亿元）

（二）目标和具体建议

全球经济发展正处于新一轮科技革命和产业变革的战略机遇期。上海在智能产品与技术突破、智能生产升级、智能服务体系构建等方面取得了显著的成效，呈现出"规模大、企业优、标杆多、转型快"的优势。但与国内外顶尖的智能制造重点集聚区和引领性城市相比，上海还缺少像深圳汇川技术、比亚迪、华为等具有引领性、系统性、集成性的龙头企业，导致产业辐射力和竞争力不足。上海智能制造发展应坚持全国一盘棋，明确自我发展定位，对照打造全国智能制造应用高地、核心技术策源地和系统解决方案输出地的要求，以优势领域为突破口，围绕产业基础高级化、产业链现代化，积极培育智能制造龙头企业，促进多主体跨区域协同创新，进一步完善智能制造生态体系，强化在智能制造重点产业高端环节的掌控力和竞争力，更好地引领长三角区域打造新发展格局下的世界级智能制造集群地，加快推进中国制造业向中高端迈进步伐。

1. 扩大开放，集聚全球创新资源

第一，进一步强化对智能制造全球巨头的吸引力度，引导和鼓励外资研发中心与本地研发机构和企业共同建立研发部门，强化与ABB、发那科、西门子、通用等全球制造业巨头的技术升级合作。

第二，提高对机器人上游和中游、高端数控机床、新能源汽车核心技术等重点突破领域的对外投资力度，充分吸引国内外领先技术，引领上海智能制造产业链向高端化攀升，更好地承接技术溢出效应。

第三，依托中以（上海）创新园等载体模式创新，进一步探索更为有效的优势互补、风险共担、成果共享机制，推动国际创新合作与技术转移。

第四，强化区域合作，共建长三角智能制造产业链生态体系。依托长三角智能制造协同创新发展联盟等平台力量，在标准制定、应用示范、产业链对接、人员互访等全面深化合作，共建长三角世界级智能制造产业集群，推动长三角智能制造协同发展。

2.强化链通,打造核心技术策源地

第一,构建大中小企业协同创新网络。依托上海大国企资源,设立支持大企业搭建中小企业技术创新服务平台的专项引导基金,研究制定与中小企业开展联合技术攻关的考核办法,引导大企业与中小企业在关键技术领域的技术合作,引导和鼓励本土中小企业产品进入大企业供应链体系,提升本土上下游产业链的协同创新能力与效率。

第二,发挥协会服务平台作用促进产业主体间的协同技术创新与产品应用推广。进一步强化行业主管部门和行业协会的引导作用,依托上海智能制造产业协会及汽车、机器人、工业机床等领域行业协会载体,协调多方主体的利益分享机制与具体职责分工,共建智能制造关键技术协同创新体系。例如,在车路协同共同体建设、工业软件标准研发与验证、智能工厂建设标准等方面,充分吸纳管理部门、市场主体、行业组织的意见,形成前瞻性与实用性强的技术标准体系。

第三,创新产学研机制,推动高校及科研院所与园区、企业等主体产学研用深化合作,依托上海交通大学、复旦大学、同济大学等高校及大院大所在医疗机器人、人工智能、海洋装备和新材料方面形成的产业基础优势,建立国际领先的科研机构信息平台、科研成果储备库、产学研用对接平台等科研信息发布与成果交易平台,实时跟踪智能制造领域的前沿科研信息、高层次领军人才专家、企业创新创业需求,形成多主体创新合力,助推智能制造关键核心技术攻关与市场应用推广。

3.聚焦应用,打造系统解决方案输出地

第一,针对国内自主研发的、成熟度有待检验的关键技术,进一步发挥上海在公共资源和应用场景方面的优势,为全国技术成效检验提供技术试验与应用空间,提升上海支持全国智能制造关键技术自主创新的影响力和辐射力。在新能源汽车、氢能等产业领域,激励农机企业或其他特种车辆制造商采用国产零部件,为国产技术和产品提供更多的试验场景。

第二,针对智能制造系统集成型企业轻资产、融资难等问题,加大系统解决方案供应商专项资金支持力度,加快培育优秀的智能制造系统解决方案供应商。

第三,鼓励产业园区加快腾笼换鸟推动"智"造升级。一方面,以智能制造为导向,加大项目调整力度,鼓励园区传统产业自拆自建提高容积率等方式,强化新厂房的个性化设计,提升智能制造效率。另一方面,推进智慧园区5G建设,搭建科创型企业赋能平台和应用场景应用载体等方式,鼓励传统企业建设智能生产线、车间及工厂,加快推动传统产业智能制造升级。

执笔:

耿梅娟 上海社会科学院新经济与产业竞争力研究中心特聘研究员

赵文斌 上海社会科学院新经济与产业竞争力研究中心特聘研究员

2020—2021 年上海集成电路产业国际竞争力报告

集成电路①诞生 60 年以来,对全球经济产生着越来越大的影响,不仅是电子信息产业的基础和原动力,也是大数据、云计算、人工智能、物联网等新一轮科技产业革命的基础,成为各国在未来的国际竞争中抢占发展先机的重要因素。2020 年全球新冠疫情暴发对集成电路的全球生产和布局造成了巨大影响。2020 年,冲击贸易跨境物流链,防控举措引发的停工停产,上游外延芯片产品和中游封装产业出现一定萎缩,但下游应用市场仍体现较强韧性。2021 年,预计疫情后全球经济复苏对于互联网基础设施与通信技术服务的巨大需求极大地刺激了集成电路产业增长,全球集成电路产业将得益于上游外延芯片产业和中游封装产业的小幅回暖,以及下游应用市场较强的发展韧性得到超过 8% 的增长。②

中国集成电路行业在 2020 年面临所未有的挑战及危机,也迎来前所未有的机遇。集成电路产业是全球遭受经贸关系政治化冲击中最突出的产业之一,来自美方的技术遏制将中国集成电路对外经贸关系置于"规则锁定"的外部环境下,在关键上游产品和核心零部件的国际竞争日趋激烈,中国本土领先型企业的海外市场开拓遭受更大的规则性隐形壁垒,提升关键产品经由自主创新转化为国产替代能力是其中关键。集成电路产业是上海的龙头产业,是"十四五"规划下中产业高端化的重要支柱,经历了从高度贸易型的产业转向内外兼顾的产业,在外部压力和内在动力并存的格局下,需要进一步贯彻内外两个循环相互促进为主旨的国际竞争优势培育。

---

① 集成电路(integrated circuit)是一种微型电子器件或部件。采用一定的工艺,把一个电路中所需的晶体管、电阻、电容和电感等元件及布线互连一起,制作在一小块或几小块半导体晶片或介质基片上,然后封装在一个管壳内,成为具有所需电路功能的微型结构。集成电路技术包括芯片制造技术与设计技术,主要体现在加工设备、加工工艺、封装测试、批量生产及设计创新的能力上。

② 赛迪智库预测,2021 年全球 LED 产业规模将达 1 796 亿美元。

一、2020—2021 年全球集成电路市场竞争格局新变化

(一) 复杂多变的疫情对全球集成电路市场影响突出

芯片①是集成电路的载体,也是高端制造业产业链内占核心地位的中间品。疫情暴发后,市场供应和价格经历了大幅度波动。疫情在西方国家的多次反复、供应链的频繁性限供及上游半导体中间品和材料生产的不确定,致使 2020 年出现了严重的"芯片荒"。中国快速走出疫情、经济回暖带来的需求与厂商缩减生产规模带来的供应不足加剧了这一趋势。2020 年 12 月,新一波疫情席卷东南亚诸国,致使半导体代工工厂停产,本就紧张的芯片市场供应形势更是雪上加霜。

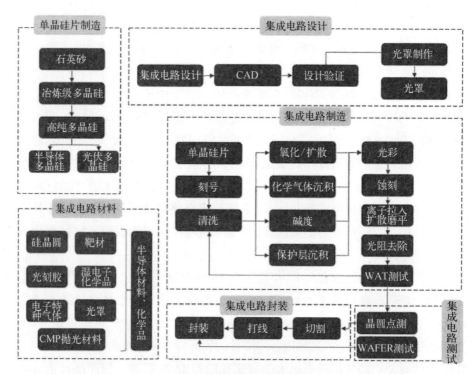

图 1　集成电路产业链图示

资料来源:作者自行整理。

1. 以汽车"芯片荒"为代表的集成电路供应链危机传导

汽车芯片是集成电路应用市场的主要领域之一,且近年来增长迅速。2020 年 10 月至今,汽车市场芯片的供需矛盾日益突出。2020 年 12 月,大众汽车(FWB:VOW)率先披露了对芯片供应的担忧,随后戴姆勒(FWB:

---

① 半导体集成电路包括半导体芯片及外围相关电路,其中芯片是集成电路(Integrated Circuit, IC)的载体,由晶圆分割而成。

DAI)、福特（NYSE：F）、本田（NESE：HMC）、日产（OTCBB：NSANY）等车企也证实了供应链危机，不得不减产甚至停产。中国国内车企亦大面积受限，有业内人士评估，国内车企芯片缺口普遍在10％至20％之间。由于芯片在高技术制造业产业链内的核心投入品地位，几乎覆盖了制造细分领域所有行业价值链，迅速蔓延整个制造业，在高端服务器和手机领域，2020年大型企业的囤货进一步加剧了供需矛盾，价格上涨幅度不断创新高，处于五年来最高水平，对企业造成了未来经营的高度不可预期性。

2020年年底以来的"芯片荒"原因是多方面的。首先，新冠肺炎疫情成为行情转折点。2020年一季度疫情肆虐全球，汽车、手机、电视等消费品的产量均出现两位数的下滑，其中汽车产量更是大降45.2％。而芯片易氧化，产业链上下游向来有"以销定产、低库存甚至零库存"的默契。功率半导体往往需要一个月至半年提前下订单，逻辑器件的周期更要半年至一年，厂商往往在一二季度布局三四季度订单。疫情对经济打击严重，令厂商对未来市场做出悲观预期，在一二季度缩小了产品库存和芯片订单；未料三四季度需求井喷，但芯片产业链条长，既有产能满负荷、新增产能扩张慢，晶圆代工厂对市场骤变难以快速反应。其次，中美贸易战起来，美国针对华为的制裁逐步升级，成为芯片全球产业链平衡的破坏因素。从华为2019年提前大量储备芯片，到2020年三季度其他手机厂商为分食华为腾出的市场份额抢购芯片，危与机一体两面，裹挟着芯片订单在不稳定的市场预期下大幅波动。过去半年间，台积电因不能再给华为海思代工，导致来自中国大陆的营收在其总收入的占比暴跌近16个百分点，收入萎缩264亿元；而这部分产能和营收被迅速转移到日韩欧美市场，加剧了中国市场的芯片危机。

2. 各国加大对产业政策投入以夯实新的竞争力

这个格局是后疫情时代全球化供应链"破损"的一个缩影。在疫情后全球经济不均衡复苏的背景下，对中高端芯片的需求集中爆发，半导体领域主要跨国公司需争先恐后储备芯片的"剧场效应"愈演愈烈，导致市场资源严重错配。但是，这个市场态势的背后则是更深层次的国际化生产格局的重大重组，疫情的多次反复、民粹主体的抬头、大国政局更替与不稳定，导致了产业界对于未来市场预期的悲观情绪。与此同时，国际政治经贸关系的动荡也加剧了欧美政策制定者对半导体行业过度集中于东亚（主要在日韩、中国台湾地区）的担忧。欧美大国近年来高度重视战略性新兴产业的产业政策，谋求从供应链安全、科技竞争力等方面考量，加大了对于芯片制造的中长期投入，考虑采用以往较少使用的巨额资金补贴的方式提振产业，并引导行业内先进企业从海外回迁本土，扩大在母国的产能与研发。

在强劲需求和政策牵引下，芯片制造业新一轮全球大扩产已经开启。据SEMI（国际半导体产业协会）预估，2020—2024年全球将新增至少38个12英寸晶圆厂,其中一半位于中国大陆和台湾。到 2024 年,全球 12 英寸晶圆月产能将达 720 万片,较 2019 年增长超过三成。从产品类型来看,2021—2023 年,逻辑和微处理器的投资支出将稳步提高;电源相关设备将成为 12 英寸厂投资中的佼佼者,2021 年预计增长 200% 以上,2022 年和 2023 年均将实现两位数增长。① 这轮扩产将对芯片未来产能格局产生深远影响。中国有望成为继中国台湾地区和韩国之后的第三大芯片类产品供给地。预计 2024 年中国 12 英寸晶圆产能将占全球 20%,日本和美国的比例则分别降至 12% 和 10%。

(二) 市场规模持续增加,强者恒强的局面显现

1. IC 设计行业

2010 年以来,全球 IC 设计产业规模呈现稳中上升的趋势,从 2010 年的 635 亿美元上升到 2020 年的 1 308 亿美元。其中七年的年增长率超过 5%,2020 年同比增长更是高达 22.0%。

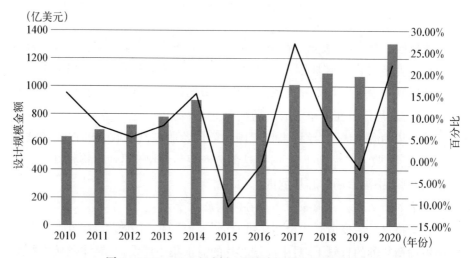

图 2 2010—2020 年全球 IC 设计行业营收规模变化

数据来源:上海市经济与信息化委员会、上海市科技情报研究所,《世界制造业重点行业发展动态 2020》(上海科学技术文献出版社 2020 年版)。

从企业角度来看,根据集邦科技拓扑产业研究院的最新数据,2020 年全球前十大 IC 设计公司中有 8 家保持增长,增长超两位数的有 7 家,联发科、英伟达、超威三家与 2019 年同期相比增长率甚至超过了 50%。其中英伟达因为收购 Mellanox,大幅强化在数据中心解决方案的完整度,其资料中心营收达近 64 亿美元,年成长达 121.2%。使得其 IC 设计产值同比上升 52.2%,是 TOP10 中增长率最高的厂商。

---

① 国际半导体产业协会:《12 英寸晶圆厂展望报告》。

表 1   2020 年全球前十大 IC 设计公司营收排名（单位：亿美元）

排名	公　　司	2020 年营收	2019 年营收	年增长率
1	美国高通	194.07	145.18	33.70%
2	美国博通	177.45	174.26	2.90%
3	美国英伟达	154.12	101.25	52.20%
4	中国台湾联发科	109.29	79.62	37.30%
5	中国超威	97.63	67.31	45.00%
6	美国赛灵思	30.53	32.34	−5.60%
7	美国美满	29.42	27.08	8.70%
8	中国台湾联咏科技	27.12	20.85	30.10%
9	中国台湾瑞昱半导体	26.35	19.65	34.10%
10	英国戴泺格半导体	13.76	14.21	−3.20%
合　　计		859.74	681.75	26.4%

注：此排名只统计公开财报，且博通只记入半导体部门营收，高通仅计算 QCT 部门营收，QTL 未计入。
数据来源：万德数据库，作者整理。

2. IC 制造行业

2020 年暴发的新冠肺炎疫情大流行，人类经济活动与社会交往模式的转型极大地刺激了互联网通信的应用，以在线经济为代表的新业态在远程教育、电子商务有了更加深入而广泛的应用，也由此对新业态相关的通信、互联网服务器等硬件产品、5G 手机等带来了更大的需求。

从全球市场看，5G 技术在工业制造领域的渗透率不断提高，在线经济发展所需要的电信基础设施建设需求在疫情后经济复苏中占有重要地位。全球市场上的芯片、5G 通信的中间品零件需求旺盛，半导体产业市场前景较为乐观。根据 TrendForce 最新调查研究，2020 年全球晶圆代工收入同比增长 23.8%，为十年来最高，其整体营收达到 4 625 亿元人民币。其中前十大专属晶圆代工企业整体营收较 2019 年增长了 25.60%。具体排名如表 10 所示。

表 2   2020 年全球晶圆代工行业规模最大的十家企业（单位：亿元）

公　司　名	总　部	2020 年营收	2020 年市占率	增长率
台积电（TSMC）	中国台湾	2 924	63.22%	31.40%
联电（UMC）	中国台湾	387	8.37%	24.91%
格芯（GlobalFoundries）	美国	360	7.78%	−3.45%
中芯国际（SMIC）	中国	251	5.43%	25.39%
华虹集团（HuaHong Group*）	中国	135	2.92%	19.47%
力积电（Powerchip）	中国台湾	102	2.20%	35.71%

公　司　名	总　部	2020 年营收	2020 年市占率	增长率
高塔(Tower Jazz)	以色列	79	1.71%	0.08%
世界先进(VIS)	中国台湾	71	1.53%	20.39%
东部高科(DB HiTek)	韩国	61	1.32%	36.99%
稳懋(WIN)	中国台湾	57	1.22%	26.98%
总　　计		4 427	95.68%	25.60%

数据来源：上海市经济与信息化委员会、上海市科技情报研究所，《世界制造业重点行业发展动态2020》(上海科学技术文献出版社 2020 年版)。

根据 IC Insights 最近发布的《2021—2025 年全球晶圆产能报告》，2020 年 12 月，前五大晶圆产能厂商(三星、台积电、美光、SK 海力士、铠侠)的当月产能至少为 150 万片，其总产能占全球晶圆产能的 54%，较 2019 年上升一个百分点。其中，三星的晶圆装机容量最大，每月有 310 万片 200 mm 当量的晶圆，这相当于全球总产能的 14.7%。排名第二的是台积电，月产能约 270 万片，占全球总产能的 13.1%。美光排名第三，月产能略多于 190 万片，占全球的 9.3%。排名第四的是 SK 海力士，月产能接近 190 万片，占全球 9%，其中八成以上用于 DRAM 和 NAND 芯片。排名第五的是铠侠，月产能 160 万片，占全球 7.7%，其中包括为西部数据提供的大量 NAND 芯片。而排在前五名之后的厂商晶圆产能迅速下滑。英特尔(8 884k 晶圆/月)、联华电子(7 772k 晶圆/月)、格芯、德州仪器和中芯国际后五名企业产能与前五名差距明显。从地域来看，前十名晶圆代工企业主要集中在东亚地区与美国本土，其中韩国 2 家、日本 1 家、美国 4 家、中国台湾地区 2 家、中国 1 家。日、韩、美国与中国台湾地区的优势地位依旧稳固。

3. 集成电路材料与设备制造行业

集成电路制造过程极其复杂，需要用到的设备包括硅片制造设备、晶圆制造设备、封装设备和辅助设备等。全球半导体设备核心装备集中于美国、荷兰、日本、韩国四个地区。根据 SEMI 发布的报告，全球半导体制造设备销售额从 2019 年的 598 亿美元猛增 19%，达到 2020 年的 712 亿美元，创下历史新高，全球半导体制造设备成为疫后经济复苏的重要驱动力。全球最具影响力的 58 家晶圆制造设备商中，日本企业最多，达到 21 家，占 36%；其次是欧洲的 13 家、北美 10 家、韩国 7 家、中国 4 家(盛美半导体、中微公司、屹唐半导体和北方华创，仅占不到 7%)。在设备制造细分领域，掌握光刻机技术的荷兰 ASML(阿斯麦尔)公司几乎垄断了高端领域的光刻机供应，市场份额高达 80%。在晶圆加工设备制造领域，2020 年全球晶圆加工设备的销售额增长了 19%，而其他前端细分市场的销售额增长了 4%。封装在所有地区均显示强劲增长，2020 年市场增长 34%，测试设备总销售额增长 20%。

表 3　半导体产业链内主要设备制造环节细分领域的价值占比
（估算）和代表性海外企业与本土及价值量占比

设备名称	价值占比	海外企业	本土企业	国内已量产制程
光刻机	24%	ASML、Nikon、Canon	上海微电子	90 nm
刻蚀设备	17%	LAM、TEL、AMAT	中微电子、北方华创	5 nm
量测	10%	KLA、AMAT、日立	睿励科学、精测电子	28 nm
CVD	8%	AMAT、LAM、TEL	沈阳拓荆、北方华创	28 nm
清洗	5%	DNS、TEL、LAM	盛美股份、至纯科技	28 nm
PVD	4%	ULVAC、AMAT	北方华创	28 nm
涂胶显影	4%	TEL、DNS	芯源微	I-line
离子注入	3%	AMAT、Axcelis	万业企业	28 nm
热处理设备	3%	科意 KE、TEL、AMAT	北方华创	28 nm
ALD	3%	ASMI、TEL、AMAT	沈阳拓荆、北方华创	28 nm
CMP	2%	AMAT、日本荏原	华海清科	28 nm
其他	3%			

数据来源：上海市经济与信息化委员会、上海市科技情报研究所；《世界制造业重点行业发展动态 2020》（上海科学技术文献出版社 2020 年版）。

　　根据 SEMI2021 年的报告，中国本土市场已经成为全球最大的半导体设备市场，销售额比上一年增长 39%，达到 187.2 亿美元。中国台湾地区是第二大设备市场，其销售额在 2019 年呈现强劲增长后，在 2020 年保持稳定，达到 171.5 亿美元。韩国保持 61% 的增长，达到 160.8 亿美元，居第三位。日本和欧洲分别增长了 −11% 和 16%，这两个地区都从 2019 年的经济衰退中恢复过来。在连续三年增长之后，2020 年北美市场的营收降低了 20%。各地区具体产值情况如下表所示。

表 4　全球各地区半导体设备销售额及增长率　（单位：亿美元）

区域	2020 年	2019 年	增长率
中国	187.2	134.5	39%
中国台湾地区	171.5	171.2	0%
韩国	160.8	99.7	61%
日本	55.8	62.7	−11%
北美	65.3	81.5	−20%
欧洲	26.4	22.8	16%
全球其他地区	24.8	25.2	−1%
合计	711.9	597.6	19%

在半导体材料行业中,通常来说,半导体材料是制作晶体管、集成电路、电力电子器件、光电子器件的重要材料。半导体材料市场可以分为前端晶圆制造材料和后端封装材料市场。而在价值上晶圆制造材料中硅片、电子气体与光刻胶又占主要的地位,其中信越集团在上述行业中又有着明显的优势。信越集团是 IC 电路板硅片的主导企业,最早研制成功了 300 mm 硅片及实现了 SOI 硅片的产品化,同时,一贯化生产发光二极管中的 GaP(磷化镓)、GaAs(砷化镓)、AlGaInP(磷化铝镓铟)系化合物半导体单晶与切片,2020 年,其在硅片行业产量占比达到 27.53%,排名全球首位。2021 年,该集团总市值已经接近 6 万亿日元(约合人民币 3 820 亿元)。除信越集团以外,日本胜高及中国台湾环球晶圆集团在硅片生产中也占有较大份额。

表5　半导体材料厂商及价值量占比

材　料　名　称	价值占比	主要国际企业
硅片	33%	信越、SUMCO、Siltronic
电子气体	14%	空气化工、法液空
光刻胶及配套	14%	信越、JSR
掩膜版	12%	Photronics、DNP
抛光液、抛光垫	10%	Dow、卡伯特
湿电子化学品	4%	BASF、Dow
靶材	3%	日矿金属、霍尼韦尔
其他	10%	

数据来源:上海市经济与信息化委员会、上海市科技情报研究所,《世界制造业重点行业发展动态2020》(上海科学技术文献出版社 2020 年版)。

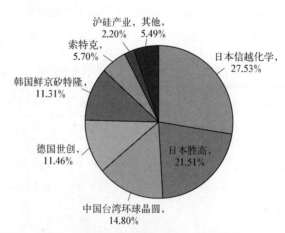

图3　2020 年全球硅片制造行业内主要大型供应企业的产出占比情况

数据来源:上海市经济与信息化委员会、上海市科技情报研究所,《世界制造业重点行业发展动态 2020》(上海科学技术文献出版社 2020 年版)。

二、2020—2021 年中国集成电路产业国际竞争力情况

集成电路产业是我国新型制造产业体系具有战略地位的上游行业,对于我国现阶段制造业升级与推进"新基建"大战略具有举足轻重的地位。集成电路产业是疫后产业复苏较快的行业之一,市场新增投入的增速总体维持疫情前的水平,产业规模进一步发展扩大,销售收入在疫后全球市场萎缩态势下成为逆势上扬的行业之一。

自 2017 年以来,中美经贸关系持续紧张,美国对华高技术的打压不断升级。2020 年美国拜登政府上台,美国针对高技术出口限制的总基调总体上没有逆转。美国对华在集成电路领域的跨国经贸规则和单方面的出口管制举措呈现一些新特点。过去一年来,美方通过修改《出口管理条例》、发布限制特定技术产品贸易的总统行政命令以及多次新增实体清单企业数量等方式加码对中美技术合作的限制。

(一)美全面加大对中国集成电路产业的战略性遏制

从集成电路的生产和应用市场来看,美国和中国各自约占全球消耗量的 1/4,在行业中占有举足轻重的分量。

随着中美局势的不断变化,以华为事件为代表,集成电路产业的全球合作受到了严重的政治干扰,一方面美国意欲"脱钩",制裁不断加码,禁售清单不断扩大;另一方面中国也有声音强调"替代",从芯片到设备,个别人甚至鼓吹全面国产替代,中美双方在集成电路产业界从合作走向分化。

1. 直接针对企业主体的限制

美方对华采取出口和经贸活动限制的"实体清单"主要列入两类企业:一是直接或间接与中国军事相关的企业,如中国电科、航天科技等航空航天、铁路船舶领域企业,美国出台的出口管制新规和行政命令以国家安全为理由将矛头直接指向该类企业;二是行业内拥有领先核心技术的高科技企业,如华为、科大讯飞、中芯国际等通信、人工智能、半导体领域企业,美方限制的理由是杜绝此类企业通过"军民融合"政策将技术从民用转为军用,威胁美方的国家安全。这些中国企业未经美国政府许可无法从美国进口相关的技术与设备,也被限制与美国企业开展投资项目等合作,甚至无法与使用美国技术的第三方企业做生意,这对于我国半导体产业链上游部分产品的供应链带来较大压力,打乱了中国企业贸易与跨国技术研发的预期,是新冠疫情后我国高技术制造业供应链安全的一个不利因素。

2. 更多采用政府单边行政命令

政府单方面行政命令是美国总统直接干预经贸活动的重要手段,在制度

上受的限制较少,不受《联邦行政程序法》约束,行政命令的出台无须履行通告、听证、公共评论等环节,且总统可以自由决定签发、公布方式和制定流程,大量行政命令均是突然发布,对于中国企业来说缓冲期较短。在美国特朗普政府执政期间,频繁发布高技术领域的行政命令导致对华出口一直处于受限和技术封锁的环境下。2020年4月29日美国出台的出口管制新规是该规则出台以来的一次重大修改,体现了美方对华采取长期性技术封锁的意图。

3. 遏制手段更加强硬

美国拜登政府上台以来,延续了上一任政府的对华政策总基调:一方面,从美方对华的出口管制扩大到军民融合企业,并将实体清单的主管部门交予美国国防部,以国家安全威胁列于经济利益之前,手段更为强硬;另一方面,拜登针对中美经贸关系的行政命令延续了特朗普政府总体指导思想,增加了列入实体清单的中国企业,进一步扩大禁令范围至监控技术公司,不排除未来实体清单和禁令范围继续扩大的可能,并将实体清单的主管部门由美国国防部移交至美国财政部,由处理经济制裁经验丰富的美国财政部主管从而弥补特朗普时期存在的法律漏洞。上述限制措施是未来中美之间高技术领域企业进出口活动和经贸关系面临的"规则锁定"的政治对抗,将中美经贸关系日趋推向高度政治敏感的层面。

美国对华限制出口限制对象主要针对的"军民融合企业",已经从狭义的军事直接或间接相关的军工企业扩展到拥有先进核心技术的科技企业。前者作为与涉及国防技术的军工企业,对外部的技术封锁有充分预期,长期以来极少涉及国际合作。对于后者,采取技术遏制的战略逻辑是人工智能、半导体、电子通信等先进技术企业,其限制的逻辑是企业可能通过"军民融合"政策将民用技术用于国防,从而威胁美国国家安全。

美国自2020年至2021年两年期间公布的对华经贸限制实体清单涉及中国实体共252家,基于美方判定的"可能参与采购未经授权的军事最终用途的原产于美国的物品"一批中国企业被列入实体名单,以达到限制获取美国商品和技术、保护美国国家安全的目的。列入实体名单的领域包括航空航天、铁路船舶等军工领域以及人工智能、电子通信、集成电路等领域(见表6)。

表6 2020年以来美国对华公布经贸限制实体清单

时间	主　要　领　域	实体数量	上　海　实　体
2020.5.22	支持采购用于中国军事最终用途的物品的企业	24家	上海新仪器有限公司
2020.5.23	针对中国科技公司及机构,是对BIS于2019年10月宣布的28家实体名单的补充	33家	上海银晨智能识别科技有限公司 上海诺瓦仪器有限公司

续表

时间	主 要 领 域	实体数量	上 海 实 体
2020.7.20	将涉及新疆人权问题的中国实体列入实体清单,使之无法购买美国商品和技术	11 家	—
2020.8.17	进一步升级了对华为及其在"实体清单"上的非美国分支机构使用美国技术和软件在国内外生产的产品的限制	38 家	华为云上海
2020.8.26	以"帮助中国军方在南海修建人工岛"为由,限制其获取美国技术	24 家	上海电缆海洋工程有限公司
2020.12.18	基于中国军民融合理论,以中芯国际与中国军工综合体中关注的实体之间活动为由进行限制,以保护美国的国家安全	77 家	中芯国际
2021.1.14	以威胁着美国的国家安全为由,将其列入军方拥有或控制的企业名单(MEU)清单	10 家	中国商飞 中微半导体
2021.4.8	认为中国超级计算实体从事与美国国家安全或外交政策利益相悖的活动	7 家	上海高性能集成电路设计中心
2021.6.24	列入所谓参加"中国新疆穆斯林强迫劳动运动"的实体名单	5 家	—
2021.7.9	以可能参与采购未经授权的军事最终用途的原产于美国的物品为由列入实体名单	23 家	—
合计		252 家	

资料来源:美国商务部工业和安全局(BIS),https://www.bis.doc.gov/。

(二)中国集成电路市场规模及进出口迅速扩大

我国集成电路积极应对国际新形势,在重大项目布局与头部企业国际合作策略上都主动加大投入和结构优化,在集成电路设计、制造、封测、设备、材料等各产业链环节增加投入与创新,通过国家专项扶持政策引导、专业人才队伍团队建设、金融资本市场支持、知识产权保护等,产业链整体水平得以提升,较快适应了新的外部环境。

1.市场规模再创新高

国内集成电路大发展已经成为必由之路,中美贸易摩擦背景下,各个环节的进口替代快速崛起,根据中国半导体行业协会数据,2020 年国内集成电路产业销售额 8 848 亿元人民币,同比增长 17%,其中设计、制造、封测环节的销售额分别为 3 778.4 亿元、2 560.1 亿元、2 509.5 亿元,分别同比增长 23.3%、19.1%、6.8%。

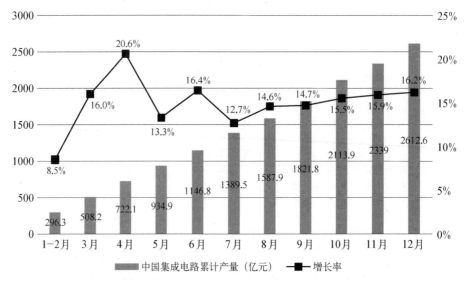

图 4　2020 年 1—12 月中国集成电路累计产量统计及增长情况

资料来源:国家统计局。

2014—2020 年,我国集成电路产品市场年均复合增长率(CAGR)达到 8.8%,2017 年产业增长率创历史新高,达到了 18.9%,此后 2020 年继续稳步增长,2020 年疫情年度增长率达到了 7.4%(图 5)。

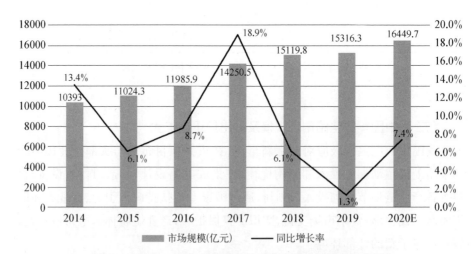

图 5　2014—2020 年中国集成电路产品市场规模发展态势

数据来源:上海市集成电路行业协会、上海微技术工业研究院:《国产集成电路设备应用白皮书》(2021 年 5 月第 2 版)。

　　根据中国半导体行业协会数据,2014年以来我国集成电路产业销售规模同比增长率一直保持在15%以上,由4 000亿元突破至8 000亿元仅用了4年的时间,每年平均突破额度达到了1 000亿元。2020年我国集成电路产业销售规模实现8 848亿元,较2019年(7 562.3亿元)增长17%。由此可见,我国集成电路产业销售规模发展速度之快。而具体到各地区而言,2020年,全国销售过亿元集成电路企业数量共有289家,其中长三角地区企业数量最多,共124家,具体从城市来看,北京拥有最多的亿元企业,共42家。

图6　2014—2020年各年我国集成电路产业销售规模及增长率

　　数据来源:上海市经济与信息化委员会、上海集成电路行业协会,《2020年上海集成电路产业发展研究报告》(《集成电路研究》杂志社,2020年版)。

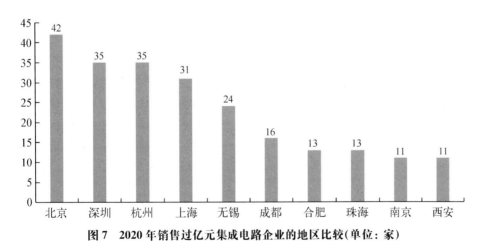

图7　2020年销售过亿元集成电路企业的地区比较(单位:家)

　　资料来源:中国集成电路设计业2020年会(ICCAD)。

　　2.进出口规模同步增长
　　据中国海关总署统计数据显示,2020年全年中国集成电路进口量累计突破 5 400 亿个,同比增长 24.6%,比 2019 年提高了 18%,进口金额累计达到 350 035 616 千美元(350 035.62 百万美元/3 500.36 亿美元),累计增长 14.6%。

截至 2020 年 12 月中国集成电路出口金额为 13 484.51 百万美元,同比增长 39.4%,累计出口金额达到 116 602.95 百万美元,累计增长 14.8%。

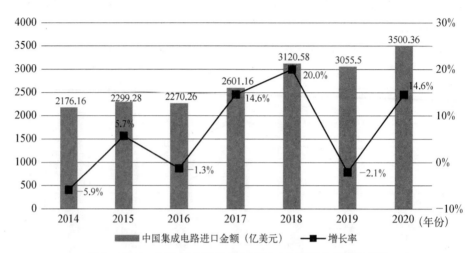

图 8　2014—2020 年中国集成电路进口金额统计及增长情况

资料来源:中国海关总署,转引自前瞻产业研究院行业报告。

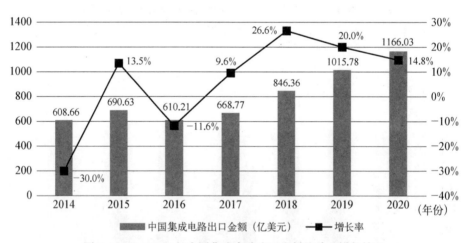

图 9　2014—2020 年中国集成电路出口金额统计及增长情况

资料来源:中国海关总署,转引自前瞻产业研究院行业报告。

3. 半导体设备增长迅猛

据中国电子专用设备工业协会对中国大陆 47 家主要半导体设备制造商(销售收入 500 万元以上)统计,2019 年我国半导体设备的销售收入为 161.82 亿元,同比增长 30%;半导体设备出口交货值为 16.35 亿元,同比增长 2.6%;

总利润为 27.13 亿元,同比增长 26.7%。2016—2019 年中国半导体设备增长迅猛,销售收入年均增长率高达 41.3%,半导体设备出口交货值的年均增长率 27.8%,总利润的年均增长率为 23.5%。

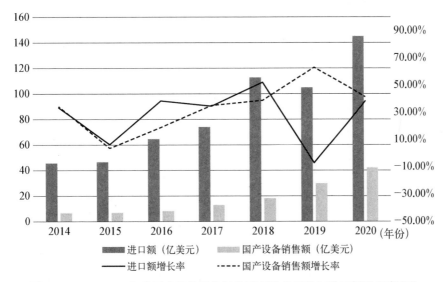

图 10　2014—2020 年我国半导体设备行业国产设备销售与进口额的年度变化

数据来源:万德数据库,世界半导体产业协会(SEMI),https://www.semi.org/zh,经作者整理。

　　进一步对集成电路产业的产品作大类区分,其中在产出贡献较大的大类是集成电路设备行业。2019 年集成电路设备销售收入为 71.29 亿元。同比增长 55.5%(近四年年均增长率为 36.3%),出口交货值为 12.95 亿元,同比增长 52.1%;在材料领域,2019 年硅晶太阳能电池片设备的销售收入为 72.99 亿元,同比增长 40.2%(近四年年均增长率为 49.1%),出口交货值为 3.31 亿元,同比下降 50.7%;2019 年发光二极管设备销售收入为 15.22 亿元,同比下降 37.6%(近四年年均增长率为 43%),出口交货值为 0.09 亿元,同比下降 84%;2019 年分立器件与其他半导体器件设备销售收入为 2.31 亿元,同比增长 2.9%,近四年年均增长率为 29.2%。[①]

(三)2020 中国集成电路产业链细分领域竞争力分析

1. IC 设计、晶圆制造、封装测试业

　　据中国集成电路设计业 2020 年会(ICCAD)数据,2020 年中国集成电路设计企业达到 2 218 家,同比增长 24.6%;2020 年集成电路设计行业的销售额达到 3 819.4 亿元,同比增长 23.8%,约占全球集成电路行业销售额的 13%。

_____
① 参考上海市集成电路行业协会:《上海微技术工业研究院研究年度报告》(2021 年)。

区域层面看,传统产业集聚区域长三角销售额占比在各个区域中最高,达到39%,为1 599.7亿元,同比增长46.3%。从城市层面看,深圳集成电路设计产业规模居全国第一,达到1 300亿元,占全国比重为24.9%;上海、北京排名第二、三位,分别达到950亿元、494亿元。

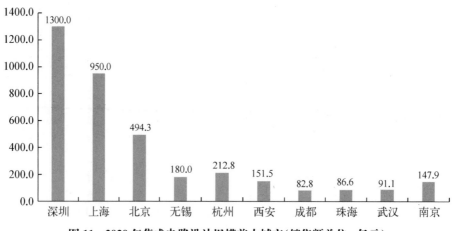

图11 2020年集成电路设计规模前十城市(销售额单位:亿元)

来源:上海市集成电路行业协会上海微技术工业研究院:《国产集成电路设备应用白皮书》(2021年5月第2版)。

从国内集成电路IC设计业销售情况来看,根据CSIA发布的数据,2020年全行业销售为3 778.4亿元,比2019年的3 063.5亿元增长23.3%,增速比上年的21.6%提升了1.7个百分点。2020年我国IC设计企业主要集中于深圳、上海、北京、杭州、无锡、西安、南京、武汉、珠海和苏州等地,2019—2020年我国IC产品结构及销售额分布如表7所示。

表7 2019—2020年中国集成电路产品结构及销售情况

产品领域	2020年			2019年			销售额增速
	企业数量(家)	产品销售总额(亿元)	销售额占比	企业数量(家)	产品销售总额(亿元)	销售额占比	
通 信	498	1 647.1	43.1%	403	1 128.2	36.6%	46.0%
智能卡	98	155.9	4.1%	102	172.1	5.6%	−9.4%
计算机	147	467.3	12.2%	140	420.3	13.6%	11.2%
多媒体	65	184.4	4.8%	55	156.3	5.1%	18.0%
导 航	55	21.7	0.6%	41	14.7	0.5%	47.6%
模 拟	270	163.8	4.3%	102	131.2	4.2%	24.8%

续表

产品领域	2020 年			2019 年			销售额增速
	企业数量(家)	产品销售总额(亿元)	销售额占比	企业数量(家)	产品销售总额(亿元)	销售额占比	
功 率	119	115.3	3.0%	89	97.8	3.2%	17.9%
消费类	966	1 063.9	27.9%	847	960.3	31.2%	10.8%
合 计	2 218	3 819.4	100.0%	1 780	3 080.9	100.0%	24.0%

资料来源:上海市集成电路行业协会、上海微技术工业研究院;《国产集成电路设备应用白皮书》(2021 年 5 月第 2 版)。

2. 晶圆制造

在晶圆制造方面,晶圆制造作为半导体国产化链条中的核心环节,具有重要战略地位,在中央与地方政府的支持下,我国的半导体设备已经呈现"三大三小"的产业基地。"三大基地"是北京、上海、沈阳,"三小基地"分别为长沙、浙江、江苏。在这些生产基地产能水平逐步提高,越来越多的本土芯片设计厂商改变原先与中国台湾企业的制造合作,而是转向与本土晶圆企业合作,本土企业合作完成代工已经成为业内的总体趋势。根据芯思想研究院发布的 2020 年中国大陆本土晶圆代工公司情况,2020 年中国大陆本土晶圆代工公司总体营收高达 463 亿元,较 2019 年 397 亿元年增加 66 亿元。2020 新入选的三家晶圆加工企业分别是绍兴中芯、粤芯半导体、宁波中芯。2020 年大量晶圆制造的新项目落地,其中有代表性的是:中芯京城 12 英寸厂落地北京,格科 CIS 芯片工厂和闻泰车规芯片制造厂落地上海,长鑫存储、粤芯盒晶合二期宣布开建,赛微 8 英寸 MEMS 生产线建成,积塔半导体工厂通线,燕东 8 英寸生产线产能爬坡等。其中,在晶圆工艺方面,中芯国际的先进逻辑制程已达到 14 nm/12 nm 量产,长鑫存储的 19 nm 8Gb DDR4 DRAM 芯片已形成销售。第三代半导体 SiC、GaN 材料和器件已形成初步布局,技术水平达到与国际"并跑"的水平。

表 8 2020 年中国晶圆代工行业代表性企业的营业收入

(单位:百万元)

行业排名	公司名称	总部所在地	2020 年	2019 年	年增长率
1	中芯国际	上海	24 000	22 017	9.01%
2	华虹集团	上海	13 520	11 313	19.51%
3	华润微电子	江苏无锡	2 616	3 192	−18.05%

行业排名	公司名称	总部所在地	2020年	2019年	年增长率
4	晶合集成	安徽合肥	1 600	531	201.32%
5	武汉新芯	湖北武汉	1 300	1 400	−7.14%
6	积塔半导体	上海	1 130	989	14.26%
7	绍兴中芯	浙江绍兴	960		
8	粤芯半导体	广东广州	550		
9	方正微电子	广东深圳	300	307	−2.28%
10	宁波中芯	浙江宁波	290		
前十家企业合计			46 266	39 749	16.40%

注：华虹集团营收包括华虹宏力和上海华力的营收，华润微电子和武汉新芯仅统计企业的代工业务营收，积塔半导体的营收包括了先进半导体ASMC的营收。

数据来源：上海市集成电路行业协会、上海微技术工业研究院：《国产集成电路设备应用白皮书》(2021年5月第2版)。

3. 封装测试

相比于集成电路设计与加工，集成电路封装测试是中国大陆发展综合竞争力较高的集成电路细分领域，2020年我国封装测试业销售额达到2 509.5亿元，同比增长6.8%。

表9 2019年中国半导体设备封装测试行业前十大企业业绩

(单位：亿元)

排序	企业名称	2019年销售收入	2018年销售收入	同比
1	浙江晶盛机电	28.86	22.17	30.2%
2	北方华创	28.42	22.54	26.1%
3	捷佳伟创	24.34	14.05	73.2%
4	中电科电子装备	15.71	14.49	8.4%
5	中微公司	15.7	14.06	11.7%
6	北京屹唐半导体	12.86	—	—
7	盛美半导体	7.15	5.11	40.0%
8	天通吉成机器	4.05	3.18	27.4%
9	上海微电子装备	3.83	4.32	−11.3%
10	杭州长川	2.51	2.04	23.0%
合计		143.43		

数据来源：中国电子专用设备工业协会官方网站，http://www.cepea.com/，经作者整理。

注：空格内数据不全。

在技术竞争力方面,该行业技术能力提升较快,接近国际先进水平。在 2020 年全球前十大封测厂包括三家中国大陆公司,分别是长电科技(营收列全球第 3 位)、通富微电(营收列全球第 5 位)、华天科技(营收列全球第 6 位),三者合计市占率达到 21%,中国企业在抢占中国台湾地区、美国、日韩等封测企业市场份额中规模不断扩大。

中国半导体设备制造业在近五年来获得了长足的发展,在市场规模、产业规模上是国民经济制造业领域的领头羊。5G 技术半导体设备作为国家"新基建"的主体行业,其产能与创新成果都呈现迅猛增长态势,为我国全面提升本土半导体产业自主创新能力打下了良好的基础。自从国家启动和落实集成电路专项资金支持项目以来,中国本土 IC 设计与晶圆制造水平的国际竞争力提升显著,生产关键制造设备的技术能力也有很大发展,与全球前沿水平的差距不断缩小,为扩大本土企业国产半导体设备企业的国际影响力发挥了关键作用。

三、2020—2021 年上海集成电路产业国际竞争力指数及分析

集成电路在上海"十四五"规划中占据重要地位,是上海战略性新兴产业的核心领域,上海致力于打造具有国际影响力的集成电路产业集群和创新源。上海集成电路产业的基础雄厚,在全国具有举足轻重地位。目前已经成为国内集成电路产业综合水平高、产业链完整、产业生态环境好的集聚地之一。经过 60 多年的发展,上海集成电路产业已形成了集设计、制造、封测、材料、装备及其他配套、服务于一体的完整集成电路产业链,是国内集成电路产业链相对最为完整,也是产业结构最均衡的城市。根据芯思想研究院发布的"2021 年中国大陆城市集成电路竞争力排行榜"显示,上海名列排行榜第一。该排行榜包含大陆 40 座城市,涵盖产业规模、产业链支撑、市场需求、政策支持、创新能力、产业活力共 6 个指标,每个指标最高为 5 分,根据相关权重测算出总得分。在排行榜前 15 中,长三角占据 6 席,为上海、无锡、合肥、南京、苏州、杭州,上海在其中具有领先地位。

(一)上海集成电路国际竞争力总体情况

1. 2020 上海集成电路国际竞争力提升显著,位列全国第二

上海集成电路产业国际竞争力综合指数五年来呈上升态势,2020 年的竞争力一级指数为 110,相比 2019 年的 103 有了较大幅度的提升。在全国排名比 2019 年向前提高了一位,仅次于排名第一的广东省。上海集成电路产业从 2016 年以来产业国际竞争力总指数持续提高,从年度变化看,2020 年比 2019 年的指数提高幅度为最大。

表 10   全国各省 2016—2020 年产业国际竞争力一级指数

2016 年		2017 年		2018 年		2019 年		2020 年	
北京	95.37	四川	106.53	四川	100.87	广东	108.74	广东	115.49
天津	93.60	北京	95.44	广东	99.52	四川	103.99	上海	110.05
上海	93.48	广东	95.32	上海	97.51	上海	103.89	北京	106.77
河南	89.30	上海	95.00	北京	94.04	北京	101.77	四川	104.45
吉林	88.60	江苏	88.30	江苏	93.19	江苏	97.01	江苏	100.12
山东	88.12	云南	85.92	天津	85.63	天津	86.59	浙江	89.11
广东	84.08	天津	85.34	湖北	83.69	浙江	83.53	天津	86.91
四川	81.29	湖北	82.21	浙江	82.13	湖北	83.00	湖北	86.20
贵州	80.88	河北	79.81	河北	81.44	河北	79.77	云南	84.48
云南	78.45	浙江	78.61	山东	78.64	云南	79.50	山东	82.09
江西	78.45	山东	77.84	安徽	75.91	贵州	78.95	安徽	79.31
安徽	78.42	湖南	76.61	福建	75.46	山东	78.83	福建	78.98
湖北	77.92	安徽	75.84	云南	75.25	湖南	77.47	湖南	77.36
湖南	77.60	河南	74.26	湖南	74.73	安徽	76.46	贵州	76.83
浙江	77.09	福建	73.35	河南	74.00	福建	75.89	河北	76.74
江苏	75.21	贵州	73.00	贵州	72.66	河南	73.23	河南	75.07
河北	73.10	吉林	71.58	吉林	72.63	江西	72.89	江西	73.94
福建	70.69	江西	71.29	江西	71.97	吉林	72.12	吉林	73.68

数据来源:本课题组选择该行业的公开数据,根据指数测算方法(见报告附件)测算的竞争力指数。

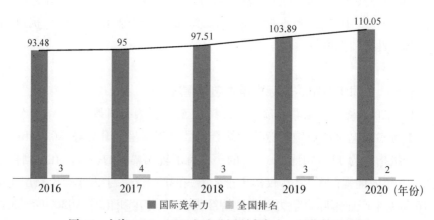

图 12   上海 2016—2020 年产业国际竞争力一级指数及排名

二级指标中,"贸易国际表现"与"行业增长驱动""价值链提升"分别刻画了来自贸易、投入与创新三个方面对产业综合国际竞争优势力构成的动力(见图13、14)。

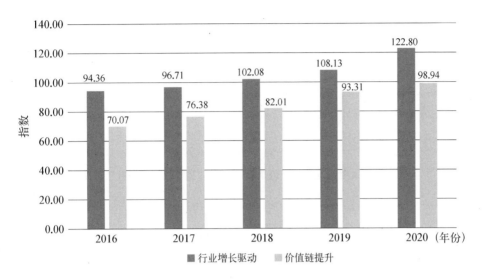

图13 上海2016年—2020年集成电路产业竞争力二级指数

数据来源:本课题组选择该行业的公开数据,根据指数测算方法(见报告附件)测算的竞争力指数。

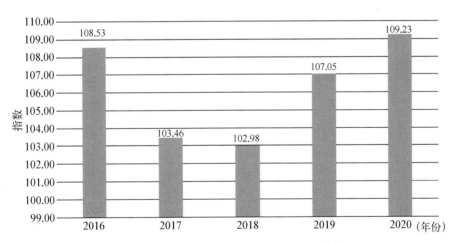

图14 上海2016—2020年产业国际表现指数

数据来源:GTT数据库,经作者加工处理计算。

2. 贸易国际表现呈"U"字形,产品进出口结构分化明显

五年来,上海集成电路产业的国际贸易表现竞争力指数在整体保持稳定的基础上,呈现从降到升的态势(见图14),尤其是在2020年新冠疫情之前,国际贸易表现竞争力达到了五年来的新高,指数达到109.23,在全国排名第二。

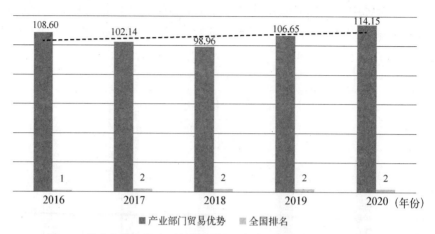

图 15　集成电路竞争力三级指标"产业部门贸易优势"指数年度变化

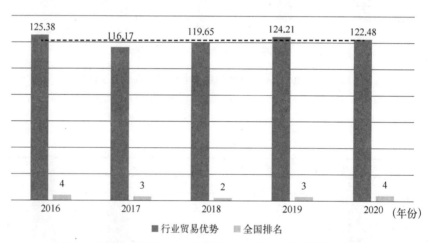

图 16　集成电路竞争力三级指标"行业贸易优势"指数年度变化

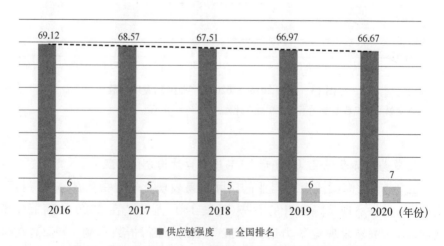

图 17　集成电路竞争力三级指标"供应链强度"指数年度变化

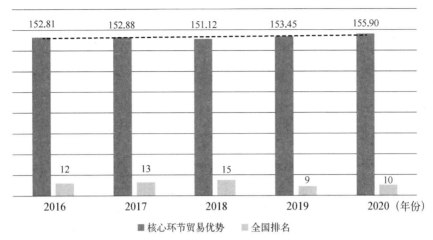

图 18　集成电路竞争力三级指标"核心环节贸易优势"指数年度变化

进一步将产业国际贸易指数加以分解为四个次级指标,即产业部门贸易优势、行业贸易优势、供应链强度和核心环节贸易优势,以描述国际市场份额视角的贸易竞争力、产品贸易受益总体水平、供应链安全程度和高附加值中间品进口替代水平。通过指数变化及其全国排名情况(见图 15—18),可以发现,上海在产业部分贸易优势和行业贸易优势上处于全国领先地位,且保持稳定态势,而在供应链强度指数上略为逊色,过去五年来略有下降,在核心环节贸易优势上,上海竞争力指数在全国排名为第二梯队,2020 年在全国排名第十,比前几年有所提高。相比贸易竞争优势,该指标更多地体现行业中间投入品生产增长情况,而我国中部以湖北、江西为代表的工业大省,近年来在硅材料和设备的高投入表现上佳,为本行业中间品国产化进程推进作了较大贡献,相关省份的排名提升较快,而上海以"软实力"为代表的设计竞争优势建设中,生产基地为形态的投入有所萎缩,导致在这个指数上的排名有所下降。

我们进一步选择本土企业进口依赖度较高的五类代表性集成电路中间品,考察其进出口的年度变化,发现核心产品之间贸易规模的差异性比较突出,其中进口增速较快的产品包括处理器与控制、转换器、逻辑电路、放大器类产品,其贸易金额远高于其他几种产品;在年度变化趋势上,为制造半导体器件或电子集成电路的机器及装置及零件及附件、电子集成电路类等产品的贸易金额逐年稳步增长;用作放大器的电子集成电路、部分二极管晶体管制造及类似半导体器件,光敏半导体器件,发光二极管与 NES 等在过去五年呈现下跌趋势。

3. 产业增长驱动强劲,产业链环节发展均衡

根据上海集成电路行业协会数据,2020 年上海集成电路产业规模达到

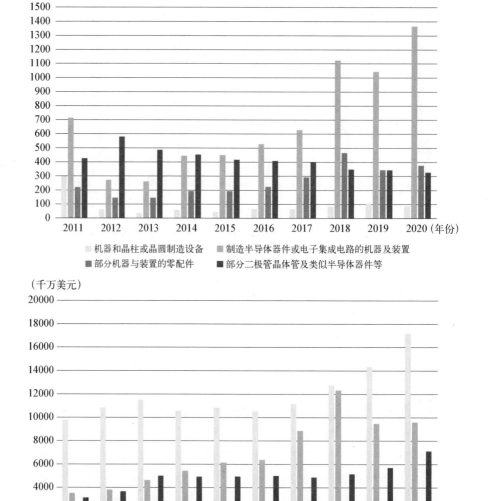

（千万美元）

图中（上图）年份轴标注：2011 2012 2013 2014 2015 2016 2017 2018 2019 2020（年份）

图例（上图）：
■ 机器和晶柱或晶圆制造设备　　■ 制造半导体器件或电子集成电路的机器及装置
■ 部分机器与装置的零配件　　■ 部分二极管晶体管及类似半导体器件等

图例（下图）：
■ 处理器与控制器、转换器逻辑电路放大器等　　■ 记忆功能的电子集成电路
■ 放大器功能的电子集成电路　　■ 其他电子集成电路

图 19　集成电路核心产品进口贸易规模年度变化(2011—2020 年)

注：各项产品在海关商品税则号的全称与对应的 HS 编码如下：机器和晶柱或晶圆制造设备
848610;制造半导体器件或电子集成电路的机器及装置 848620;部分机器与装置的零配件 848640;
部分二极管晶体管及类似半导体器件等 854190;处理器与控制器、转换器逻辑电路放大器等
854231;记忆功能的电子集成电路 854232;放大器功能的电子集成电路 854233;其他电子集成电
路 854239。

资料来源：GTT 数据库,经作者整理。

2 071 亿元,其中设计业 954 亿元、制造业 467 亿元、封测业 431 亿元。据公
开资料,上海主要的集成电路企业共有 40 家,几乎覆盖集成电路全产业链,
其中设计企业 17 家,制造企业 3 家,材料和设备企业 20 家。部分企业在其

所处的环节和领域达到国内领先水平,如设计领域的中芯国际研发能力达到 7 nm,制造领域的中芯国际和华虹集团销售额居国内前 2,材料和设备领域的中微、上海微电子的刻蚀机、光刻机接近世界领先水平。而从产业链的各个环节上来看,上海在 IC 设计、IC 制造、IC 材料等各方面也拥有先进技术和优秀企业。

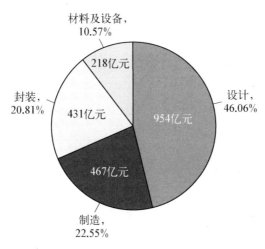

图 20   2020 年上海集成电路产业规模

来源:上海市经济与信息化委员会、上海集成电路行业协会,《2020 年上海集成电路产业发展研究报告》(《集成电路研究》杂志社,2020 年)。

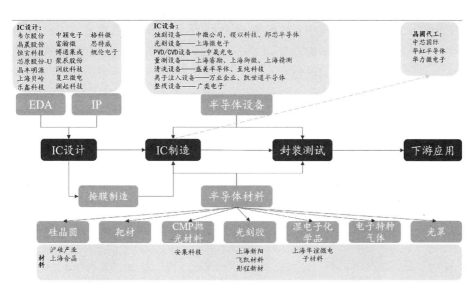

图 21   我国集成电路分产业链主要环节的代表性企业

来源:万德、公开资料整理。

4. 研发投入和专利成果突出,研发强度保持高位但增速放缓

在"价值链提升"指数表现上,指数逐年提升,上海集成电路类产品的专利成果突出。体现了行业高强度的研发投入和领先全国的创新产出。

上海集成电路产业过去五年来的研发投入居全国领先地位。2018年至2020年间,上海集成电路产业的平均研发强度为12.70%,在五个省市中排名第一。其次,广东的平均研发强度为7.32%,仅次于上海。而四川、湖北、江苏的平均研发强度分别为6.62%、4.72%和4.51%,分别排在第三、第四、第五名(图22)。

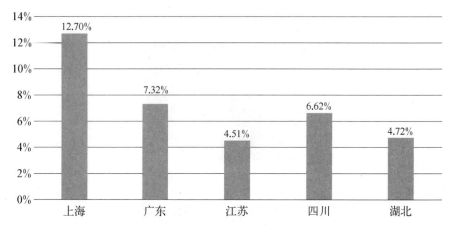

图22 2018—2020年全国集成电路产业发展领先地区平均研发强度

数据来源:万德数据库。

上海集成电路产业的研发强度在2018年至2020年间波动较大,在三年内表现为先升后降。其中,上海集成电路产业的研发强度在2018年为12.55%,而后在2019年提高了0.79%,达到13.34%,在2020年又下降至12.29%,为三年内最低(图23)。

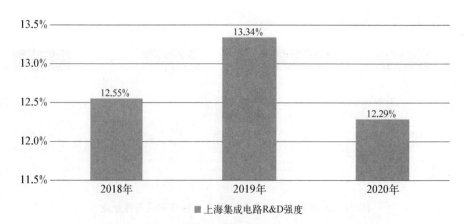

图23 2018—2020年上海集成电路产业研发投入强度

数据来源:上海市经济与信息化委员会、上海集成电路行业协会:《2020年上海集成电路产业发展研究报告》《集成电路研究》,2020年)。

（二）上海集成电路产业竞争能力的优势与不足

1. 芯片设计领域极具竞争力

在 IC 设计领域,根据中国集成电路设计业 2020 年会(ICCAD)的数据,2020 年上海集成电路设计产业规模达到了 950 亿元人民币,占到全国产业的 24.87%,在集成电路的设计规模上仅次于深圳,排名全国第二。企业层面上,2020 年上海集成电路行业销售过亿元企业数量 31 家,仅次于北京、深圳与杭州,排名全国第四。且上海市集成电路企业较为集中,主要集中在中心地带。其中芯片设计和芯片制造企业均超过 30 家,上海在设计领域部分企业研发能力已达 7 纳米,紫光展锐手机基带芯片市场份额位居世界第三。根据 2020 年 10 亿元以上营收排序的集成电路设计上市企业来看,上海在前 16 名中占据 8 席,分别为韦尔股份、格科微、晶晨股份、澜起科技、艾为电子、上海贝岭、晶丰明源、中颖电子。受益于下游终端应用市场的需求增长和国家政策扶持,这些公司在集成电路设计的各个细分领域中均是名列前茅。

表 11　上海集成电路设计行业领先企业营业收入(单位：亿元)

公司名称	营业收入
韦尔股份	198.24
格科微	64.42
晶晨股份	27.35
澜起科技	18.22
艾为电子	14.33
上海贝岭	13.23
晶丰明源	11.01
中颖电子	10.09

数据来源：万德数据库。

韦尔股份与格科微两家公司是 A 股仅有的 CIS 标的、可生产 CIS 芯片相关的企业。韦尔股份成立于 2007 年,是国内唯一跻身 CIS 中高端领域的厂商。根据 Frost&Sullivan 统计,2019 年 CMOS 图像传感器出货量全球排名第四,销售额全球排名第三。公司融资 20 亿元发展晶圆测试及晶圆重构生产线项目、CMOS 图像传感器研发升级、晶圆彩色滤光片和微镜头封装项目等。格科微 2003 年成立于浦东张江,主要从事 CMOS 图像传感器和显示驱动芯片研发设计和销售,是中芯国际在国内最大的客户。根据 Frost&Sullivan 统计,按出货量口径计算,2020 年格科微 CMOS 图像传感器出货量达到 20.4 亿颗,占据全球29.7%的市场份额,位居行业第一;2020年销售收入为58.6亿元,全球排名第四。2019年LCD驱动芯片出货量达到4.2亿颗,占据中国9.6%的市场份额,位列行业第二,打破中国台湾地区企业在该市场的垄断。据悉,公司目前主要采用Fabless经营模式,未来将通过自建12英寸BSI晶圆后道产线、12英寸晶圆制造中试线、部分OCF制造及背磨切割产线的方式,实现向Fab-Lite模式的转变。

手机是CMOS图像传感器主要应用领域,其他领域包括汽车电子、安防监控、医疗影像等,随着智能手机多摄趋势不断发展、新兴领域应用不断扩展,CMOS图像传感器的市场需求不断提高。作为Fabless厂商,只设计而不生产芯片,主要是依靠三星、中芯国际、华虹等厂商进行代工。面对终端市场需求日益增长和中美关系紧张的局面,龙头设计厂商也进一步加大产业链生产环节的布局,从而缓解产能紧缺、减少对外依赖。其他IC设计类企业及其相关业务如下所示。

表12 上海IC设计行业上市企业主要情况分析

企业名称	优势产品	优势地位	海外对标
韦尔股份	CMOS图像传感器	国内中高阶CIS第一	ADI、Infineon、SK海力士、索尼、三星
格科微	CMOS图像传感器、LCD显示驱动芯片	国内低阶CIS第一;LCD显示驱动芯片中国第二大供应商	ADI、Infineon、SK海力士、索尼、三星
晶晨股份	多媒体智能终端SoC芯片	智能机顶盒芯片国内第一	博通
澜起科技	内存接口、津逮服务器CPU以及混合安全内存模组	内存接口芯片全球前二	瑞萨(收购IDT)、Rambus
艾为电子	音频功放、电源管理、射频前端和马达驱动芯片	音频功放芯片国内第一	TI、ADI
上海贝岭	智能计量及SoC、电源管理、通用模拟、非挥发存储器、高速高精度ADC	双通道、四通道ADC国内领先水平	Infineon、ADI
晶丰明源	LED照明驱动芯片、电机驱动芯片等电源管理驱动类芯片	LED照明驱动芯片国内领先水平	TI、Fairchild、ADl
中颖电子	家电、电脑数码、电源管理MCU	小家电国产MCU龙头	家电:瑞萨 电脑数码:飞思卡尔 节能应用:TI

来源:根据万德上市公司数据库内企业年报整理。

2. 半导体设备全链布局均衡

"十三五"期间,中国本土设备厂商基本实现了半导体生产设备全链条的覆盖。上海在光刻机、刻蚀设备、量测、清洗、离子注入设备中均有领先企业。光刻机在半导体设备中价值占比最大,是芯片制造最为关键的设备,全球光刻机出货量99%集中在ASML、尼康和佳能,且ASML的制程节点已达到5 nm,上海微电子目前已经实现了90 nm制程的光刻机量产,与国外领先技术差距仍较大。中微公司是半导体设备国产替代先锋,是国内刻蚀设备龙头,刻蚀是前道工艺的核心环节,公司截至2020年,CCP设备已累计出货1 700余台,且已切入台积电5 nm产线,技术达到世界领先水平。

表13　2020年集成电路设备代表企业营业收入(单位:亿元)

主要企业	所在行业	营业收入
中微公司	半导体刻蚀设备、MOCVD	22.73
盛美股份	半导体清洗设备	10.07
至纯科技	半导体清洗设备	13.97
万业企业	离子注入机	9.31

资料来源:根据万德上市公司数据库企业年报整理。

通过对上市公司的资料整理,我们对该领域的代表性上海企业进行初步的分析(表14)。第一家企业是沪硅产业公司,该公司是国内硅片产业的龙头,产品涵盖300 mm抛光片及外延片、200 mm及以下抛光片、外延片及SOI硅片。从规模上看,是中国规模最大的硅片企业,2020年产能已达20万片/月,预计2021年实现30万片/月,至2024年底可实现产能60万片/月;从技术上看,已基本实现了14 nm及以上工艺节点的技术全覆盖和国内300 mm客户全覆盖,打破了我国300 mm半导体硅片国产化率接近0%的局面。[①]

第二家企业的业务领域是光刻胶生产,该领域是集成电路设备制造领域内处于金字塔尖地位的细分领域,其附加值在价值链内占比高、生产工艺和技术条件复杂。全球市场上,荷兰ASML和日本信越公司占据极高的垄断地位,该领域的代表性上海企业是上海彤程新材企业,该企业是华东地区具有半导体光刻胶、平板显示用光刻胶等多种光刻胶产品生产能力的企业,产品设备配置居国内领先水平。第三家代表性企业是上海新阳公司,作为研发型企业,该企业近年研发投入力度高,重点攻关中高端的光刻胶生产,产品的市场目前是以国内市场为主,出口占比很小。由于光刻机技术属于我国集成电路"卡脖子"领域,2020年日本信越化学公司开始限供中国光刻胶以来,国内替代能力

---

① 参见沪硅产业集团官方网站,http://www.nsig.com,经作者整理。

建设的紧迫性日趋提高,这对本土光刻胶生产企业而言,是一个重大的技术突破与发展契机,现阶段技术能力与国外的差距仍然较大。

表 14　半导体行业主要材料价值量占比和行业内代表性企业

材料名称	价值占比	代表性企业(上海)	国内已量产制程
硅片	33%	沪硅股份公司	14 nm
光刻胶及配套	14%	上海新阳公司、彤程新材公司	65 nm
抛光液、抛光垫	10%	安集科技公司	28 nm
湿电子化学品	4%	晶瑞股份公司、上海新阳公司、飞凯材料公司	28 nm

来源:根据万德上市公司数据库企业年报整理。

3. 晶圆制造加工能力不足、企业体量较小

2020 年全球晶圆代工整体营收达到 4 625 亿元,前十大晶圆代工企业营收达到 4 425 亿元,占全球份额的 95.68%。其中两家中国企业是分别是中芯国际和华虹集团,总部均在上海,2020 年营收为 251 亿元、135 亿元,在前十大企业中排名位于第四、第五,市场占有率分别为 5.43%、2.92%,在国内位居前两位。但同时,晶圆制造加工行业是我国半导体产业链内国际竞争相对薄弱的行业,制造水平和供应链管理的综合能力决定了芯片制造环节的核心能力,现有国产晶圆厂的体量在国际范围内属于中小企业,与目前国内芯片设计国产化率达到 20% 的水平相比,本土芯片制造的国产化率仅为 7%。

在 IC 制造行业,代表性企业有中芯国际与华虹集团,是行业内最大规模的企业,占据了绝大多数市场份额。其中中芯国际可以提供 0.35 微米到 14 纳米制程工艺设计和制造服务,包括逻辑电路、混合信号/CMOS 射频电路、高压电路、系统级芯片、闪存内存、EEPROM、影像传感器,以及硅上液晶微显示技术,能够满足全球客户的不同需求。其中,中芯国际的 28 nm、14 nm、12 nm 及 N+1 等技术均已进入规模量产,7 nm 技术的开发已经完成,5 nm 和 3 nm 的最关键、也是最艰巨的 8 大项技术也已经有序展开。根据 2020 年年报,中芯国际 14/28 mm 先进制程营收占比 9.2%,28 nm 以上成熟制程占比 90.8%;2021 年扩产路线将以成熟制程为主,计划成熟 12 英寸产线扩产 1 万片,成熟 8 英寸产线扩产不少于 4.5 万片。华虹集团则专注于成熟制程特色工艺晶圆代工,拥有功率分立器件、嵌入式非易失性存储器、模拟与电源管理、逻辑与射频、独立非易失性存储器五大代工平台。2020 年 12 英寸产能已经超越 50%,营收占比首度超越 8 英寸业务。目前拥有三座 8 寸晶圆厂和一座 12 寸晶圆厂,三座 8 寸晶圆厂(华虹一厂、华虹二厂、华虹三厂)均位于上海,一座 12 寸晶圆厂(华虹七厂)位于无锡。华虹半导体立足于现有的 8 英寸成熟产线,将

成熟制程技术平台延伸转移至 12 英寸产线,8 英寸产线总产能约 18 万片/月,12 英寸月产能处于爬坡阶段,到 2021 年第二季度已超过 4 万片,计划到 2021 年底达 6.5 万片。目前全球 8 英寸产能扩展动力不足,各晶圆厂倾向于投资 12 英寸产线。在先进制程竞争激烈且受美国禁令不确定影响较大的情况下,半导体一直专注于成熟制程特色工艺代工产线,随着国内集成电路设计企业数量不断增长,与华虹半导体的合作将越来越紧密,将不断扩大营收。

中芯国际与华虹集团作为行业龙头企业,国际竞争优势培育进程存在的问题包括:首先,中芯国际主要材料及设备供应商多数为境外公司,分别来自日本、韩国、荷兰、美国等国家,如果美国与中国的贸易摩擦持续升级,限制进出口或提高关税,公司可能面临设备、原材料短缺和客户流失等风险,进而导致公司生产受限、订单减少、成本增加。其次,中国大陆的晶圆代工在先进制程上仍存在一定差距,单片利润偏低。与全球六家先进的晶圆代工厂相比,在 8 英寸等效晶圆制造上,中芯国际和华虹宏力的单片平均收入分别为 4 404 元、2 830 元,位列第二、第五,而台积电公司在 2020 年为 10 484 元。台积电是全球晶圆代工公司中技术最先进的,5 nm 和 7 nm 制程营收占 49%,单价昂贵,对行业有指导意义。相比之下,中芯国际在先进制程 14/28 nm 营收占比 9.2%,成熟制程 28/65 nm 营收占比 55.3%,2020 年 8 英寸扩产 3 万片,12 英寸扩产 2 万片。

4. 芯片核心材料技术突破显著,但差距仍较大

芯片价值链内材料与设备生产是最重要的上游环节,根据投入中间品和生产工艺流程的专业化分工,业内的细分领域行业包括硅片制造、电子气体材料领域,硅片在半导体材料中价值占比最高,根据行业经验,这一环节的附加值达到整个芯片价值的 33% 以上,是芯片制造环节的核心环节,企业投资量产的技术门槛和资金门槛都非常高。由于起步较早,上海在芯片材料与生产设备领域的总体技术能力较强,在整个华东地区形成了综合技术水平高、配套完整的产业基地,中微、上微处于国内领先水平,刻蚀机、光刻机等战略产品已达到或接近国际先进水平。

上海一批本土企业借助长三角先进制造集群的专业化与协同优势,形成技术链、创新链,以及物流、仓储与贸易服务等相关服务供应商高度完整的竞争优势,在全国范围内具备领先性与示范性。

在全球晶圆代工厂近年来持续扩张产能的背景下,上游原材料和设备的市场需求日益高涨。上海在芯片材料多个细分领域多年来走过了从外资企业为主体的外向型发展道路向本土制造与本土创新转型升级的道路。目前,一批上海企业的综合竞争力不断提升,代表了中国企业国际竞争力。上海本土材料企业的营业收入投入规模和产品线丰富程度总体处于全国领先。对比不同细分领域的企业综合竞争力,上海硅片生产企业创新能力较强,上市企业处于全国领先地位;在电子气体、掩膜版、靶材生产领域,上海企业相对薄弱,上

市企业较少。

表 15　2020 年主要集成电路材料企业营业收入　（单位：亿元）

企业名称	所在行业	营业收入
沪硅产业	硅片	18.11
上海新阳	光刻胶	6.94
彤程新材	光刻胶	20.46
飞凯材料	湿电子化学品	18.64
安集科技	抛光液	4.22

数据来源：根据万德上市公司数据库企业年报整理。

　　在众多的 IC 材料与设备代表企业之中,沪硅产业与彤程新材两家企业是具有较高代表性的企业,企业产值均位居行业前列。沪硅产业公司拥有全国领先的硅片制造技术,公司产品主要是大硅片,具体包括抛光片、外延片和SOI 等,其客户包含意法半导体、长江存储、格罗方德等全球知名半导体企业。该公司及控股子公司拥有已获授权的专利 300 项,其中中国大陆 105项、台湾地区及国外 195 项;该公司及控股子公司拥有已获授权的发明专利273 项。其曾荣获国家科学技术进步一等奖、中国科学院杰出科技成就奖等国家级科技类重要奖项。[①] 根据其 2021 年上半年财报显示,沪硅产业子公司上海新昇 300 mm 半导体硅片产能已达到 25 万片/月,距离其设定的 2021年底实现 30 万片/月的产能目标十分接近。此外,沪硅产业子公司新傲科技和 Okmetic 200 mm 及以下抛光片、外延片合计产能超过 40 万片/月;子公司新傲科技和 Okmetic 200 mm 及以下 SOI 硅片合计产能超过 5 万片/月,是中国大陆规模最大的硅片企业。在未来发展中,公司将募集资金持续加码300 mm产能,预计 2 年内新增 15 万片/月 300 mm 半导体硅片的产能,持续保持产能领先地位。作为彤程集团的子公司,彤程新材主要从事新材料的研发、生产、销售和相关贸易业务,是全球领先的新材料综合服务商。目前,彤程新材以电子板块作为业务发展重中之重。在半导体光刻胶领域,彤程新材旗下半导体光刻胶生产企业——北京科华,是国内领先的半导体光刻胶龙头生产商,也是拥有自主知识产权 KrF 光刻胶的本土量产供应商,产品应用领域涵盖集成电路(IC)、发光二极管(LED)、分立器件、先进封装、微机电系统(MEMS)等,产品覆盖 KrF(248 nm)、G/I 线(含宽谱)、Lift-off 工艺使用的负胶,用于分立器件的 BN、BP 系列正负性胶等类型。其中 G 线光刻胶市场占有率超过60%。在显示面板光刻胶方面,彤程新材旗下显示面板光刻胶生产企业——

---

① 详见新浪网, http://vip.stock.finance.sina.com.cn/q/go.php/vReport_Show/kind/search/rptid/4586574/index.phtml,经作者整理。

北旭电子是中国大陆第一家 TFT-LCD Array 光刻胶本土生产商,也是国内最大的液晶正性光刻胶本土供应商,主要业务是显示面板行业 Array 用正性光刻胶的生产与销售,现有产品满足 A-Si、IGZO、OLED 等主流面板技术使用要求,同时在 G4.5—G10.5 所有产线均实现量产销售实绩。2021 年 5 月,彤程新材旗下子公司彤程电子在上海化工区投资建设年产 1.1 万吨半导体、平板显示用光刻胶及 2 万吨相关配套试剂项目,并拟在此基础上投资建设 ArF 高端光刻胶研发平台建设项目,以推进国产替代的进一步发展。

表 16 IC 材料与设备厂商及优势产品

企 业 名 称	优 势 产 品
金安国纪	覆铜板
上海新阳	光刻胶
飞凯材料	光刻胶
沪硅产业	硅片
彤程新材	光刻胶及配套
安集科技	CMP 抛光液、抛光垫
上海合晶	硅片
上海华谊微电子材料	湿电子化学品
中微公司	干法刻蚀(等离子体刻蚀)设备
盛美股份	镀铜、清洗
至纯科技	清洗
万业企业	离子注入
广奕电子	芯片生产线设备
上海微电子	光刻机
上海睿励	量测、光学检测(OCD、薄膜)
中晟光电	MOCVD(金属有机化学气相沉积)设备
稷以科技	等离子体刻蚀、等离子体去胶设备
邦芯半导体	介质刻蚀设备和去胶设备
凯世通半导体	离子注入机台
上海精测	膜厚量测机、电子束晶圆生产制程控制设备
上海御微	光罩检测机、defect 检测机及套刻量测机

数据来源:根据万德上市公司数据库企业年报整理。

(三) 影响上海企业竞争优势的积极因素与消极因素

上海是中国集成电路产业的领头羊,通过资金、技术、人才聚集,整体上实现了国内领先、产业结构均衡和产业链较为完整的产业集群,通过竞争力指数与分解,上海作为全国集成电路产业第一梯队的地位是凸显的,在新的国际形势下,本土集成电路产业投入进一步受重视,对下一阶段发展是积极的因素,但是,我们也需要看到存在于产业链、区位特征与宏观政策上的因素对上海集成电路产业国际竞争优势构成的挑战。

1. 积极因素:长三角区域的"总部经济"

张江是上海集成电路产业的"心脏",集中着一批长三角区域发展基础好、人才队伍强大、创新最为活跃的企业,园区的专业化分工深度高,配套完整。自 1992 后开园以来,经过 30 年的发展,张江已成为国内集成电路产业最集中、综合技术水平最高、产业链最为完整的产业集聚区,汇集 200 余家芯片设计、晶圆制造、封装测试、专用装备、核心零部件及关键材料等领域的企业;芯片设计有紫光展锐、海思、格科、豪威、概伦电子等 250 多家;晶圆制造包括中芯国际、华虹集团(华虹宏力、上海华力)等 10 家;封装测试有日月光、安靠等 40 多家;装备材料有上海微电子装备(光刻机)、中微半导体(刻蚀设备)、凯世通(离子注入)、安集科技(抛光液)等 100 多家。伴随着一批制造加工企业逐步从上海迁移至江苏、安徽等劳动力成本较低的城市,张江在集成电路研发、运营管理、投资管理、新产品展示与场景试验基地等环节上的知识密集型价值链环节上的优势地愈加凸显,大量企业的业务集中于高端集成电路设计、应用开发、结合客户需求的创新集成以及与上海高校的产学研合作项目等,一批研发型和平台型企业高度集聚逐步构成了集成电路的"总部经济"功能,借助上海五个中心功能升级,通过一批海内外人才队伍的合作和与国际前沿接轨的产业创新链,发挥着长三角地区集成电路链的"链主"作用。继张江之后集成电路产业的第二增长点是临港新片区的先进制造基地。2019 年 10 月 18 日,中国(上海)自由贸易试验区临港新片区发布了集聚发展集成电路产业若干措施,其中提出了 10 项支持条款。作为对接国际高标准对外开放规则的开放高地,临港新片区也成为上海对接全球高标准对外开放规则,同时也呼应上海"三大硬核"产业中长期发展规划的新园区。该园区下一阶段将呈现更快的发展势头,成为集成电路发展的又一重要集聚地。目前集聚集成电路亿元以上规模企业 40 余家,包括上海新昇、国微思尔芯、格科、闻泰、积塔半导体、新微半导体。2020 年 10 月 27 日,上海自贸区临港新片区"东方芯港"集成电路综合性产业基地正式启动,目标是打造国内第一的芯片制造高地。张江和临港将成为长三角产业链内跨区域布局大企业最重要的总部机构布局空间。

2. 积极因素:政府的强投入

首先,产业基金推动集成电路建立自主可控产业链,一期和二期的基金项目下,上海有多家头部企业受益。2014 年 6 月,国务院印发《国家集成电路产业发展推进纲要》,成立国家集成电路产业投资基金(大基金一期),基金规模 1 300 多亿元,带动社会投资基金 5 100 亿元。2018—2020 年,中美贸易摩擦延伸至科技领域,国家对集成电路更加关注,产业链自主可控、国产替代迫在眉睫。2019 年 10 月,大基金二期成立,基金规模 2 000 多亿,预计拉动社会投资近万亿元。和大基金一期主要投资芯片制造和设计领域不同,二期大基金将补齐上游材料和设备方面的短板。其中,上海本土集成电路企业如华虹集团、中微公司等都是该基金的受益企业。

表 17　国家集成电路大基金投资项目与受益的主要企业

中标公司	细分领域	投资金额(亿元)	中标公司	细分领域	投资金额(亿元)	中标公司	细分领域	投资金额(亿元)
大基金一期			盛科网络	设计	1.9	世纪金光	材料	0.3
中芯国际	制造	27/10.71	深圳国微	设计	—	中微半导体	设备	4.8
三安光电	制造	48.39/16	兆易创新	设计	14.5	长川科技	设备	0.4
士兰微	制造	6	汇顶科技	设计	28.3	沈阳拓荆	设备	1.65
长江存储	制造	—	景嘉微	设计	11.7	七星华创	设备	6
中芯北方	制造	43	万盛股份	设计	—	睿励	设备	—
上海华力	制造	116	国芯科技	设计	—	盛美	设备	—
耐威科技	制造	14	华大九天	设计	—	大基金二期		
纳微硒磊	制造	6	瑞芯微	设计	—	长川智能	制造	3
中芯北方	制造	60	芯原微	设计	—	中芯国际	制造	—
中芯南方	制造	60	长电科技	封测	20.31/29	中芯京城	制造	12.25(美元)
华虹	制造	26	华天科技	封测	5	中芯南方	制造	15(美元)
华虹无锡	制造	33.94	中芯长电	封测	10.83	艾派克	制造	0.07
中芯宁波	制造	5	通富微电	封测	18/9.69/6.4	睿力集成	制造	4.76
燕东微	制造	10	晶方半导体	封测	6.8	思特成	设计	0.3
紫光集团	设计	100	太极实业	材料	9.49	智芯微	设计	4.61
纳思达	设计	5	鑫华半导体	材料	5	紫光展睿	设计	1.89
国科微	设计	4/1.5	新昇半导体	材料	3.09	沛顿存储	封测	9.5
北斗星通	设计	15	安集微电子	材料	0.05			
中兴微	设计	24	德邦科技	材料	0.22			
硅谷数模	设计	—	雅克科技	材料	5.5			

来源:根据万德上市公司数据库企业年报整理。

3.积极因素：园区建设日益完备

上海依托不同层级和不同特色园区,呼应国家大战略的同时,发挥自身基础,夯实上海集成电路的研发创新竞争力,谋求进一步提示长三角集成电路产业链内的"头脑"环节的竞争优势。目前,上海有四大集成电路特色园区,覆盖产业链重点环节。张江产业园区是中国领先芯片设计企业的集聚地,同时该园区拥有全国最完善的集成电路产业链,园区将围绕人工智能、5G 等重点应用领域的核心"卡脖子"技术进行重点布局。临港东方芯港是集成电路关键材料与设备的重要基地,已在大硅片、光刻胶、新型存储等领域实现突破。除了张江作为国家级园区,依托国家集成电路技术重大项目提升关键领域的技术创新水平,上海还有不少市级园区,结合当地企业优势和基础,在集成电路产业链上部分重点环节,形成了自身的特色。例如,上海嘉定智能传感器产业园着眼于弥补智能传感器短板;再如,松江 G60 电子信息国际创新产业园,该园区成立时间不长,但高度重视目前"卡脖子"领域内的技术的难点,依托长三角产学研合作网络,集中攻关光刻胶材料的技术、开发与生产,弥补了上海集成电路光刻胶材料的空白,利用综合优势降低长三角地区高端制造、汽车芯片等集成电路领域内本土需求较大产品的生产成本,成为上海未来提升竞争力的重点发力点。

4.不足：核心产品国产化率低

集成电路产品作为中间产品,供应对象几乎覆盖现代工业绝大部分领域,包括汽车制造、工业装备、手机与智能家电、互联网通信内在产品升级都离不开集成电路产品。高精度和高性能的集成电路产品的市场需求在过去五年来呈现高速增长,对于行业的原材料供应链建设、技术升级和人才投入都构成了挑战。

将集成电路产业链各个环节加以分解,可以看到,集成电路制造上游的关键材料和生产设备的总体国产化率低,进口依赖度比较高,在市场"缺芯"加剧的大背景下,集成电路材料供应链内芯片制造的材料和设备的国产化率低于10%,其中高性能晶圆片生产尚不能做到自主供应,其产能的供需缺口较大,芯片封装测试设备的总体国产化率目前为 20%左右,仍有大量材料和设备对外依赖度高。从供应链细分领域来看,不同环节的供应在全球市场的垄断竞争格局,也有较大差距,突破技术壁垒的难度以及一旦受贸易限制的潜在损失也不完全一致,其中在知识产权高密集的环节和主要供应商高度垄断市场的光刻机与配套的光刻胶,以及 EDA 技术设备等产品供应,从现有市场格局看,是风险最为集中的领域,对本土企业而言,也最不容易突破技术壁垒。

在长三角的集成电路产业领域,本土企业总体技术能力处于全国主要制造强省的前列,但是在关键材料供应能力建设上尚存短板,其中的重点领域是光刻胶材料供应,本地企业一直面临被海外市场"卡脖子"的风险。高性能硅片、光刻胶等关键原材料的国产化率较低,过去五年来国产化率总体在 5% 左右。上海新阳半导体公司生产的一类高性能半导体光刻胶,ArF 干法光刻胶的材料供应链过程中,将各类材料与投入品的价值链加以分解,综合的国产化率水平为 1%;在设备细分领域来看,光刻机、量测等核心设备总体国产化率低于 10%。在上海本土集成电路制造行业内,主要生产芯片清洗设备的盛美半导体公司的原材料本土自给率为 3.9%,生产刻蚀设备为主的中微半导体公司自给率为 1.4%。

根据集成电路制造上游供应链存在的短板,在产业技术升级引导政策中需要高度重视对关键材料和设备的研发与人才建设,2020 年以来长三角集成电路产业高度重视对于光刻胶研发生产的引导政策(见表 18)。

表 18　截至 2021 年国家层面有关光刻胶行业的政策

发布时间	发布部门	政策名称	重点内容解读	政策性质
2014.06	国务院	《国家集成电路产业发展推进纲要》	加强集成电路装备、材料与工艺结合,研发光刻机、刻蚀机、离子注入机等关键设备,开发光刻胶、大尺英寸硅片等关键材料,加强集成电路制造企业和装备、材料企业的协作,加快产业化进程,增强产业配套能力	战略部署类
2015.10	—	《国家重点支持的高新技术领域(2015)》	将高分辨率光刻胶及配套化学品列入"精细化学品"大类的"电子化学品"项	战略部署类
2015.10	国家制造强国建设战略咨询委员会	《〈中国制造2025〉重点领域技术创新绿皮书——技术路线图(2017)》	将光刻技术中两次曝光、多次曝光、EUV(极紫外光刻)、电子束曝光、193 nm 光刻胶、EUV 光刻胶列入"新一代信息技术产业"大类的"集成电路与专用设备"项	研发支持类
2016.09	工信部	《石化和化学工业发展规划(2016—2020 年)》	发展集成电路用电子化学品,重点发展 248 nm 和 193 nm 级光刻胶、PPT 级高纯试剂和气体、聚酰亚胺和液体环氧封装材料	战略部署类
2017.02	发改委	《战略性新兴产业重点产品和服务指导目录(2016版)》	将光刻胶列入"电子核心产业"的"集成电路"项	战略部署类
2017.05	科技部	《"十三五"先进制造技术领域科技创新专项规划》	将深紫外光刻胶列为极大规模集成电路制造装备及成套工艺的关键材料	研发支持类
2017.12	发改委	《新材料关键技术产业化实施方案》	发展高端专用化学品,包括 KrF(248 nm)光刻胶和 ArF 光刻胶(193 nm),为大型和超大型集成电路提供配套。单套装置规模达到 10 吨/年	研发支持类

续表

发布时间	发布部门	政策名称	重点内容解读	政策性质
2019.12	工信部	《重点新材料首批次应用示范指导目录（2019版)》	推荐材料：集成电路用光刻胶及其关键原材料和配套试剂、ArF 光刻胶用脂环族环氧树脂、LCD 用正性光刻胶和 g/i 线正性光刻胶用酚醛树脂	研发支持类

5. 产业链基础性板块的实力有待提升

芯片设计企业不可能从头设计,而是大量采购、复用第三方设计、具有一定功能的电路模块,同时加入自己开发的 IP,进行设计和综合仿真。这种电路模块就是 IP 核,有点像建筑行业的预制件。IP 核领域内的细分类型较多,包含数字电路、模拟电路、接口电路 IP 核等大类,多达 16 000 种细分类型。近年来,全球 IP 核年销售总额约为 40 亿美元,ARM、新思、铿腾排名前三,这三家欧美企业的全球市场占有率达到 65%。中国本土 IP 核供应商目前有 50 家左右,实力差距不大,具有国际竞争力的头部企业有限,例如总部在上海的芯原,市场占有率已跻身全球前 10,但与 ARM、新思、铿腾"三巨头"企业相比还有很大差距。国内集成电路设计企业所需的 IP 核大多来自境外供应商,每年进口金额 10 亿美元以上,占全球市场的 1/3—1/2。其中,ARM 与新思在中国大陆获得的授权许可费都达到 3 亿美元左右。该领域作为集成电路领域的基础性板块缺少有实力的本土企业,制约了我国集成电路产业的创新发展。

在集成电路 IP 为代表的该产业核心知识产权体系建设进程中,除了加强本土人才建设之外,通过海外并购高效率布局海外知识产权建设也是非常重要的发展路径。上海韦尔半导体股份有限公司是为数不多的通过跨国并购布局推进海外知识产权战略的本土企业,该公司通过收购美国公司豪威科技股份有限公司,拓展了国际市场,在美国的专利总数高于中国专利总数,是本土企业国际化知识产权战略布局的成功案例。

四、2022 年全球集成电路产业国际竞争力走向及建议

（一）深刻认识美国遏制中国集成电路产业技术升级的长期性和复杂性

2016 年中美贸易战以来,美国在高技术产业国际市场对华的政治干预全面公开化,重要产品的国际贸易、中国企业在美投资以及跨国科技合作等领域都陷入具备政治化色彩的"规则干扰",国际经贸关系的政治化无疑将成为长三角领域产业竞争中长期性的外部环境。

由于长三角集中了我国半导体领域技术与综合竞争力最强的一批企业,

也因此成为美国重点打击的对象,特朗普政权时期,有十多家中国本土企业被列入实体清单。拜登政权上台后,实体清单内部分企业被移出名单,中微半导体经历了从被列入清单到被删除,苏州的威微电子公司则已经被列入美国政府出口限制的目标,两家企业分别是长三角本土半导体设备与芯片技术开发的优质企业,代表了长三角在集成电路领域具有领先全国竞争水平的环节,作为曾经与现有清单内的企业,未来的国际化经营必然受到限制。对此,我们一方面需要更加重视未来长三角集成电路产业集群中更多企业被美方限制出口的可能性预判;另一方面需要重视拓展在对外经贸的合作伙伴范围,在加大自主研发投入的同时,发展美国之外的跨国技术与经贸合作,并探索贸易、投资和与合作项目等多元合作模式,对美方在关键零部件供应的断流提前做好预案。

2020年下半年开始的"芯片荒"是多种因素共同作用的结果,其中疫后跨国物流供给不足、大企业战略性囤积仍然处于进一步加剧的趋势。相比处于技术垄断地位的中国台湾和韩国,美国在尖端晶圆技术领域存在一定的竞争弱势。从2017年以来,美国积极部署,与中国台湾、韩国开展合作,建设晶圆厂,谋求以资本纽带扩大供应链控制权,保障高性能芯片的供应链,采用了激励性的产业政策举措吸引中国台湾和韩国在美国投资,台积电公司和韩国三星公司已经启动在美国建厂项目,这是新冠疫情后集成电路行业中间品全球供应链呈现区域间网络重组背景下,美国进一步阻挠中国的海外经贸纽带发展的体现,这对中国大企业与台积电等境外企业的合作纽带构成了更大的威胁。与此同时,美国政府无视全球多边贸易规则,仍运用"实体清单"等行政举措,对华施加在技术脱钩,试图排斥中国在集成电路全球产业链内的参与和跨国合作纽带,推进供应链关键产品上的自主控制力。

欧洲在该领域同样也积极谋求在集成电路产业自主供应能力上的建设。以德国为代表的欧洲核心国家近年来一直高度重视集成电路跨国供应链的长期性危机,从两年前启动了以本土化生产能力建设为目标的大型投资项目。2020年6月德国博世集团的12英寸新晶圆厂提前完工并开始生产芯片,从7月开始对外供应芯片,产品首先用于博世公司自己生产的电动工具,以此降低对芯片的对外依赖。这代表了现阶段欧洲在战略性产业领域加大自主控制力的努力,未来全球在相关领域的跨国经贸合作将进一步收缩。

(二)上海集成电路产业还需进一步加大开放,拓展多元伙伴关系

上海应积极拓展多元伙伴关系,特别是围绕下游应用优势加强国际合作。美国市场是中国集成电路产业国际经营网络内重要的组成部分,但不是全部。美国之外的欧洲部分经济体、日本、韩国和中国台湾地区具有各自的优势,比如韩国的存储器、日本的设备和材料、中国台湾的制造能力,而中国大陆庞大

的市场和配套能力,使得这些地区的企业也有着与中国大陆集成电路产业合作的强烈驱动力。

我们需要更加重视未来长三角集成电路产业集群中更多企业被美方限制出口的可能性预判,在对外经贸合作伙伴上积极拓展市场,在加大自主研发投入的同时,在贸易合作上需要在美国之外有所拓展,并探索多元形式的合作,对供应断流与受限提前做好预案。

(三)利用"五个中心"和总部经济优势,推进人才队伍建设

集成电路产业是一个高度国际化的产业,其创新能力的建设充分体现了"十三五"期间上海以科创中心为先导的五个中心建设的成果。借助贸易中心的服务贸易与技术贸易的促进制度和国际高标准的贸易便利化功能,上海的技术交易会、服务贸易都成为支撑高端制造技术的技术服务、知识产权交易和国际化人才流动的重要平台。通过与高标准经贸规则对接、自贸区的高水平治理机制以及类型齐全的人才储备,上海的全球城市和地区首位城市的要素集聚功能与国际化大都市的综合环境优势充分结合,形成了一个联通国际市场和本土大市场的"总部经济"平台。这个平台对于下一阶段集成电路产业的产业链、价值链与创新链的"三链"融合发展将发挥重要作用。借助长三角特有的制造业集群的分工优势与本土大市场优势,上海在集成电路产业链中将进一步提升其"链长"地位,依托张江高科技园区的研发要素优势,借助 G60 科创走廊的区域优势,提升产业综合国际竞争力。

不仅如此,上海作为长三角集成电路产业的"研发高地",需要进一步巩固在知识产权交易和管理上的先发优势,提升产业"知识库"的能级。2003 年成立的上海硅知识产权交易中心(SSIPEX),作为国内第一家从事硅知识产权开发、保护、授权、交易以及提供功能验证等业务的服务商,是目前国内最大、最专业的 IP 库、国内唯一的国家级 IC 行业专利数据库。该机构旨在将 IP 供应商、芯片设计公司、半导体制造商撮合到一起,通过这一规范交易平台,尽快开发出满足市场需求的芯片产品,发挥在产业链中的纽带作用。

这一硅产业知识产权交易中心平台不仅是全国领先的 IP 规范管理示范平台,也是上海大胆探索半导体产业高端人才队伍建设新模式的重要支撑。2021 年年初,上海硅产业知识产权交易中心平台上多套 IP 核产品以近百万元成交价授权给中山大学微电子学院,用作本科生"教材"。这些 IP 核产品包括多套模拟电路 IP 核和一套接口电路 IP 核,前者用于模拟信号和数字信号之间的转换,后者用于 USB 数据传输接口。它们都来自上海硅知识产权交易中心在市经信委支持下建立的"基于国产工艺的国产数模混合 IP 库"知识产权库。上海此次授权给中山大学的交易属于软核授权,即授予 IP 核源代码的源代码之外,还交付项还包括应用手册、测试报告、版图文件等文件,预计将有效

地推进学生了解集成电路设计全流程,对大学集成电路设计专业学生的实践能力培养发挥积极的作用,这一开创性的人才培养资源成为借助产业界"标准参考教材"的产学研合作创新举措。

不仅如此,相关政策决策部分还需要积极探索产业创新专项资金。芯片IP核的高价格是业界不争的事实,芯片工艺制程进入 28 纳米以下阶段后,一整套工艺单元库 IP 核的许可费高达 200 万—800 万美元。支持 IP 核自主开发,优先开发国内企业急需的一批重点 IP 核是上海提升集成电路创新链的关键。产业基金的建设可以参考国家工信部"电子信息领域高价值知识产权财政资金"的发展基金,用于收购境内外各种 IP 核,建设一个存储公共产品的集成电路知识产权库。知识产权库里的 IP 核的交易机制需要体现一定的公共产品属性,以合理的价格许可给上海集成电路设计企业,尤其是中小企业使用,降低企业创新成本,从而打造更好的城市数字经济软环境,加速上海集成电路设计领域的创新链建设迈上新台阶。

(四)加大对中小技术型企业的投入,提升上下游企业间的协同能力

长三角作为集成电路产业链的区域集群,是建立在大企业与中小企业在价值链内专业化深度分工基础上的供应网络上的。作为"十四五"产业规划的重点领域,集成电路无论是大企业和中小企业都受到来自美方的进一步打压,越来越多的本土企业将被纳入威胁美国国家安全的对象。本土企业尽快提升自主控制力,发展国内替代品技术攻关是首要任务。在"国家集成电路产业投资基金"支持下,长三角领域半导体企业需要进一步聚焦尖端芯片技术开发与晶圆制造。

对大企业而言,需要在国家整体战略下,专攻有长期战略地位以及跨领域市场应用前景的重大基础性前沿技术,国家专项产业投资基金将重点扶持一批骨干性企业进行科技研发攻坚,帮助本土企业在前沿科技的国际标准制定上获取更多的话语权。

对中小企业而言,从行业实践经验看,集成电路晶圆厂依赖大约 50 种不同类型的高度专业化的制造设备,在沉积、光刻、清洁或过程控制的环节上,一个过程节点是依托来自不同供应商的设备。在诸多环节上的供应高度专攻细分领域的一到两种产品,以技术专业性为核心竞争力,与大企业之间形成深度合作,从海外经验看,即诸多"小而美"的企业通过在行业内的高覆盖市场份额发展为隐形冠军企业。长三角内的宁波和常熟等地的仪表元器件和微电子制造集群,是长三角集成电路产业链内细分领域中小供应商高度集中的地区,疫情暴发以来经历了国内疫情对产能的冲击与目前海外疫情的需求冲击,面临近半年来原材料全面上涨的不利环境,外贸型企业的转型仍面临很大困难,亟待地方产业基金与集成电路产业大基金的倾斜。一方面需要高度重视企业转

型期的生存问题,帮助企业在长期客户关系重组转轨过程中顺利过渡,保留企业的技术骨干队伍,在短期内订单衔接不上的情况下解决生存问题。另一方面,依托集成电路专项基金扶持企业加大研发投入,与大型晶圆厂等具备价值链链主地位大企业在大项目框架下开展协同创新,同时与研究机构加大合作力度,培育产业鼓励研发和创新宽容的生态环境。

执笔:

    黄烨菁   上海社会科学院世界经济研究所研究员

    张智博   上海社会科学院世界经济研究所硕士研究生

    李锦明   上海社会科学院世界经济研究所博士研究生

    孔 依   上海社会科学院世界经济研究所硕士研究生

    孙 迪   上海社会科学院世界经济研究所博士研究生

2020—2021 年上海生物医药产业国际竞争力报告

一、生物医药产业发展趋势研判

（一）政策引导下的产业自身发展惯性

1. 集中带量采购促成医药产业强者恒强

在仿制药领域，国家集中带量采购范围不断扩大，市场准入门槛逐渐提高。整体来看，随着仿制药一致性评价稳步推进，带量采购覆盖的品种范围、参与企业数量快速扩大，竞争不断加剧。从量来看，头部制药企业成为最大受益者（图1），这主要得益于头部制药企业本身具有丰富的仿制药产品梯队和原料药制剂一体化优势。带量采购一方面加速了进口替代，国内仿制药企业通过成本优势快速抢占市场；另一方面也加速了国内仿制药的行业集中度，头部药企通过带量采购快速抢占市场，未通过一致性评价的仿制药将被快速清出市场。

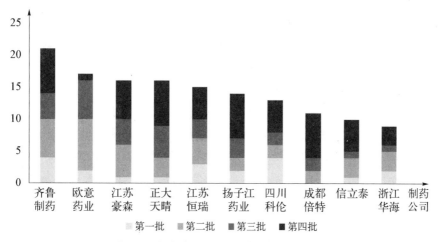

图 1　国家带量采购企业中标药品数量（种）

数据来源：作者根据历次中标结果整理。

2."三医"联动改革持续深化

从医药行业政策来看,医保、医疗、医药"三医"政策的联动愈加紧密。医药方面,完善药品注册审批,强化药品质量管理、鼓励创新、促进中医药产业发展;医保方面,深化支付方式改革,推进 DRG 和 DIP 试点,降价控费;医疗方面,除了 2020 年上半年密集出台的抗疫防疫政策外,持续推动落实分级诊疗、提升医疗服务水平。

(二)叠加技术与市场的产业发展重点预判

1.人工智能赋能医药研发

随着人工智能技术不断突破,数据及智能技术在生物医药产业发展过程中的重要性日益凸显。深度学习与传统算法结合,为蛋白质结构预测提供了有效技术手段。2020 年 12 月,谷歌 AI 团队 DeepMind 研究的 AlphaFold 2.0 算法在生物学领域取得了重要突破:通过蛋白质氨基酸序列高精度地确定其 3D 结构。

具体而言,人工智能在医药研发领域已形成三种商业模式。一是开放和反馈模式;二是虚拟筛选团队外包验证模式,包括与利益相关者合作与非利益相关者合作(CRO)两种合作形式;三是独立的药物研发团队和虚拟筛选团队合作模式。

2.基因技术成为企业扩张的主要方向

资本市场对基因技术保持持续热情。在基因检测领域,鹍远基因 2020 年 12 月 B 轮融资 10 亿元,创下基因检测领域单笔融资金额新高;在基因疗法领域,罗氏斥资 18 亿美元与 Dyno Therapeutics 达成合作,使用其 CapsidMap 平台开发下一代腺相关病毒(AAV)载体,用于中枢神经系统疾病和肝脏定向治疗的基因治疗;在基因编辑领域,CRISPR 技术成为市场热点,Business Research Company 于 2020 年 11 月发布的市场报告预测,全球 CRISPR 技术市场将从 2020 年的 16.5 亿美元增长到 2023 年的 25.7 亿美元,到 2030 年将跃升至 67 亿美元。

3.合成生物学新兴领域快速成长

合成生物学与传统生物学研究方向完全相反,基于工程学中"自下而上"的理念,从系统表征自然界具有催化调控等功能的生物大分子,使其成为标准化"元件",到创建"模块""线路"等全新生物部件与细胞"底盘",构建有各类用途的人造生命系统。与基因编辑针对生命体遗传物质的局部修改不同的是,合成生物学通常指针对生命体进行全局的理性设计与系统重构。

合成生物学已进入快速成长期(图2),全球市场规模不断扩大。根据前瞻产业研究院预测,以年复合增长率28.8%增速计算,到 2025 年,全球合成生物

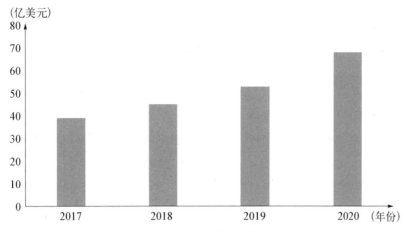

图 2　全球合成生物学市场规模

数据来源：根据 CB Insights 相关资料整理。

学市场规模将达到 208 亿美元。伴随合成生物技术的不断改进,合成生物学技术将在医药健康、食品饮料、工业化学品、农业、消费品等领域具有重要应用。

（三）叠加国际政经局势的产业发展重点预判

1. 我国政府提供全方位政策支持

在国际疫情形势持续的大背景下,我国政府部门从税收优惠、金融支持、开放外资、外汇结算、自贸区建设、货物运输、出口转内销、产业导向及创新发展等 9 个方面,为外资和外贸提供全方位政策保障(表 1)。相比过去,2020 年税收优惠力度持续加大,金融支持更加精准,外资企业营商环境得到优化,外汇结算更加便利,自贸区建设力度更大,创新式发展成效突出。

表 1　2020 年我国稳外资、稳外贸政策汇总

支持 方面	具 体 措 施
税收	大力支持外贸出口。用足用好出口退税工具,允许已放弃退税权的企业选择恢复退税权。积极推动扩大出口退税无纸化申报范围,进一步压缩出口退税办理时间,将全国正常出口退税的平均办理时间在 2019 年 10 个工作日的基础上再提速 20%。在已实施离境退税政策的地区,积极推行离境退税便捷支付、"即买即退"等便利化措施。
	积极服务外资发展。落实好境外投资者以分配利润再投资递延纳税等优惠政策,落实非居民企业享受协定待遇资料备案改备查办法,增强对外支付税务备案便利度,进一步提升投资者信心,支持鼓励境外资本参与国内经济建设。利用税收大数据,跟踪分析外资企业生产经营、投资、利润分配等情况,研究提出政策建议。
	将瓷制卫生器具等 1 084 项产品出口退税率提高至 13%。

支持方面	具 体 措 施
金融支持	及时摸排企业金融需求。增进与当地重点外贸/外资企业、商贸流通企业、供应链核心企业、中小微企业等的沟通对接。了解企业在金融服务方面的主要需求和迫切问题,及时向金融机构反映,推动优化金融服务,协调解决企业困难。
	加强与金融机构信息共享。在符合相关规定的前提下,推动供需两端精准对接。
	努力为金融支持稳外贸、稳外资促消费创造良好环境和条件。
	更好发挥出口信用保险作用。
	支持有条件的地方复制或扩大"信保＋担保"的融资模式。
	以多种方式为外贸企业融资提供增信支持。
	进一步扩大对中小微外贸企业出口信贷投放。
外资企业	提高外籍商务人员来华便利度。
	给予重点外资企业金融支持。
	加大重点外资项目支持服务力度。
	降低外资研发中心享受优惠政策门槛。
	针对全国及各省市制定鼓励外商投资产业目录。
外汇	紧紧围绕实体经济需求,推动更高水平贸易投资人民币结算便利化。
	进一步简化跨境人民币结算流程。
	进一步优化跨境人民币投融资管理。
	便利个人经常项目下跨境人民币收付。
	便利境外机构人民币银行结算账户使用。
自贸区建设	推进自贸试验区、自由贸易港建设。
	加快自贸试验区开放高地建设,推动出台进一步扩大开放和创新发展的政策措施。
	进一步压减自贸试验区外资准入负面清单,更好地发挥扩大开放先行先试作用。
	推进海南自由贸易港建设。
货物运输	畅通外贸运输通道:确保国际海运保障有力;加强航空货运运力配置;推动中欧班列高质量发展;畅通国际邮件快件寄递渠道;确保国际道路货运畅通;积极发展集装箱铁水联运。
	促进外贸运输便利化:深化国际贸易"单一窗口"建设;推动港口直装直提作业模式试点;提升港口能力和效率;提升国际道路运输便利化水平。
	降低进出口环节物流成本:降低进出口环节收费;加强港口航运市场监管;鼓励港航企业与进出口企业深化互助合作。
出口转内销	支持出口产品进入国内市场:加快转内销市场准入;促进"同线同标同质"发展;加强知识产权保障。

续表

支持方面	具 体 措 施
出口转内销	多渠道支持转内销;搭建转内销平台;发挥有效投资带动作用;精准对接消费需求。
	加大支持力度;提升转内销便利化水平;做好融资服务和支持;加大保险支持力度;加强资金支持。
产业导向	支持贸易新业态发展。
	加大对劳动密集型企业支持力度。
	鼓励外资更多投向高新技术产业。
创新发展	创新开拓方式,优化国际市场布局。
	发挥比较优势,优化国内区域布局。
	加强分类指导,优化经营主体。
	创新要素投入,优化商品结构。
	创新发展模式,优化贸易方式。
	创新运营方式,推进国家外贸转型升级基地建设。
	创新服务模式,推进贸易促进平台建设。
	创新服务渠道,推进国际营销体系建设。
	创新业态模式,培育外贸新动能。
	优化发展环境,完善保障体系。

2. 新冠疫情加速生物医药产业链由全球化向区域化转变

2020年,新冠疫情让各国政府认识到了医药产业对于国家安全的重要性。一方面,疫情期间各国封锁边境导致国际航运中断,全球生物医药产业链受到冲击,医药企业生产经营被迫中断。另一方面,发达国家将部分制造业环节转移至海外,国家安全受到大规模公共卫生事件冲击。在此背景下,全球生物医药产业链向两方向转变:一是为确保医药产业链安全,发达国家积极筹建区域性医药产业链。控制产业链核心环节的发达国家通过对产业链纵向整合以缩短供应链,并在本土及周边国家配置预备产能或加大库存,以备不时之需。二是部分环节向社会治理能力突出的国家转移。疫情期间,中国、越南等具有高水平社会治理能力的国家优势凸显,在全球率先实现复产复工和经济重启,凸显了社会治理能力对于实现稳定的生产经营的重要意义。

3. 针对中国医药及医疗器械产品的技术性贸易壁垒不断加高

美国、欧盟、日本等发达国家具有明显技术优势,对我国药品出口给出严格限制标准,导致我国80%的药品出口贸易壁垒来自技术、法规以及评判程序

（表2）。同时，随着我国医药产业不断升级，我国遭遇贸易壁垒的医药产品出口商品范围由过去的原料药扩展至深加工产品和医疗器械等高附加值产品。

表2　2020年我国主要出口目的技术法规政策变化

地区或组织	时间	主　要　内　容
美国	2020.6	美国纺织化学家和印染师协会（AATCC）与多家专业机构发布《通用纺织口罩指南草案》，为制造商有效设计和生产通用（非医疗）口罩提供建议。该《指南草案》的关键部分是洗涤和干燥说明，因为制造商必须明确保养说明以及使用寿命（应更换口罩之前的最大清洗次数）。《指南草案》中还建议口罩的防护性能标准：口罩应保持所选方法规定的最小70%（3微米）颗粒过滤和最小呼吸阻力。
秘鲁	2020.7	秘鲁卫生部对医疗器械的产品质量、安全性、使用性能等方面做了严格规定，范围包括手术器械、治疗器械、外科纱布和绷带等。技术法规草案旨在保护人类生命健康，防止意外发生。
欧亚经济联盟	2020.8	自2021年1月1日起，欧亚经济联盟各成员国药品需依照联盟规则进行注册，申请者将不再拥有依据本国法律提交注册申请的可能性。
欧盟	2020.9	欧洲药品管理局（EMA）安全委员会（PRAC）证实，用于治疗子宫肌瘤的醋酸乌利司他（商品名：Esmya）会导致肝损伤，因此建议撤销这些药物的销售授权。
美国	2020.9	美国食品药品监督管理局（FDA）发布《人类药物中亚硝胺杂质控制指南》，以检测和防止亚硝胺杂质含量超出可接受水平。《指南》针对原料药和制剂生产商应采取的措施提出了建议，以减少或防止亚硝胺杂质在药品中的存在。
韩国	2020.10	韩国食品药品安全部（MFDS）修订并颁布《药品安全条例》，此举旨在提高药品质量安全管理标准，放宽临床试验方案变更流程。具体内容如下：将标准适用评审制度、试验方法、生物等效性试验、GMPs等提升到国际水平，与美国和欧盟的标准和试验方法相平行；对于所有处方药的上市许可申请，要求申请人提交《标准与评价方法》《生物等效性试验》等相关文件，加强质量管理；对于在建立时以原始设备制造商为基础生产的处方药，以及通过与先前批准的产品相同的生产工艺生产的处方药，仍需要提交3批GMP文件。此外，MFDS改进并补充了程序法规。
日本厚生省	2020.11	日本厚生省对医疗器械和体外诊断药物产品制造控制及质量控制等方面做了严格规定，要求其与相关国际标准保持一致。技术法规草案的制定旨在提高医疗器械产品质量，建立新的医疗器械管理机制。
韩国	2020.11	韩国发布G/TBT/N/KOR/934号通报，公布医疗设备生产管理规范标准，负责机构为韩国食品药品管理部。草案对于仅需进行文件审查的GMP审计，另要求还需要提交另外两份文件。 韩国发布G/TBT/N/KOR/935号通报，公布体外诊断医疗设备生产管理规范标准，负责机构为韩国食品药品管理部。草案对于仅需进行文件审查的IVD GMP审计，规定还需要提交另外两份文件。

4. 针对中国医药产品及医疗器械的反倾销调查形成联动趋势

美国对我国药品出口实施贸易保护,为防止我国进行出口转移,其他国家效仿美国连续对华药品出口设置贸易壁垒(表3)。针对我国的反倾销调查联动趋势一是反映在国际战略伙伴之间。2020年,印度超越美国,成为对华发起反倾销调查次数最多的国家。二是反映在反倾销国与邻国之间。在巴西针对我国发起一次性注射器反倾销日落调查后,为避免我国进行出口转移,巴西邻国阿根廷也随即对我国一次性注射器发起反倾销调查。

表3　2020年国外针对中国医药产品及医疗器械的反倾销调查

国家或地区	时间	主　要　内　容
巴西	2020.4	外贸秘书处在《联邦政府公报》上发布公告,决定对原产自中国的采血管发起反倾销日落复审调查。
印度	2020.6	对原产于或进口自中国的盐酸环丙沙星作出反倾销初裁,建议对中国涉案产品征收临时反倾销税。
巴西	2020.7	外贸秘书处在《联邦政府公报》上发布公告,决定对原产自中国的一次性注射器发起反倾销日落复审调查。
印度	2020.9	应印度企业 Nectar Life Sciences 和 Sterile India 提交的申请,对原产于或进口自中国的头孢三嗪钠启动反倾销调查。
印度	2020.9	商工部公告决定对原产自中国的维生素C产品发起反倾销调查。

5. 原料药外贸形势机遇和危机并存

印度市场为我国原料药出口带来巨大挑战。印度是我国原料药第一大出口目的国,占据我国原料药出口总额的17%。印度市场对我国原料药出口造成冲击主要有三点原因:一是印度民间助推政府对华态度逐渐强硬,印度业界对从中国进口原料药有或多或少的抵触情绪。二是退货或不清关案件频发,对印外贸风险增大导致部分企业选择暂停或推迟对印原料药发货。三是印度新冠疫情持续恶化,药品生产活动不能正常进行,导致其对中国原料药需求减少。

区域全面经济伙伴协定(RCEP)正式签订为我国原料药出口带来机遇。一是东盟10国及日本、韩国、澳大利亚、新西兰等RCEP协议成员国均是我国重要的原料药贸易伙伴。二是东盟国家正在积极推进药品本土化生产,所需原料药主要依赖进口,对我国原料药需求旺盛。日本政府重点推进仿制药研发生产,为我国原料药进入日本市场带来长期机遇。三是RCEP各成员国关税承诺表中均覆盖大多数原料药,在一定程度上降低了我国原料药的生产、通关、境外注册成本。

6. 第三国转口或成为规避部分对华贸易壁垒的重要手段

第三国转口是一种特殊的转口贸易运输方式,在国际政治、经济形势变化导致的贸易壁垒高筑的大背景下应运而生,其存在意义是为了突破贸易壁垒。但并非所有货物都适合转口贸易,适合转口贸易的货物应具备以下特征:一是出口目的国对该品种货物征收反倾销税;二是出口货量较大,第三国转口贸易收益大于成本;三是出口货物并非只有中国能够生产;四是产品包装采用中性包装。

7. 发达国家通过优惠原产地规则重构后新冠疫情时代全球医药产业链

发达国家制定的高标准国际贸易规则中的优惠原产地规则提高了非成员方商品或投资的市场准入成本。原产地的确认存在较大不确定性,为规避不确定性,成员方会更加倾向于采用本地生产的原材料或零部件,构建区域供应链体系。原产地的确认依据两种原则,一是"完全获得"原则,二是"实质性转变"原则。"实质性转变"原则在操作过程中依据名称改变、特征改变、用途改变以及辅助因素等予以确认。但实质性转变的实施存在相当大的不确定性(表4),且美国海关和边境保护署(CBP)明确指出任何一项因素都不起决定性作用。

表4 "实质性转变"原则实施的不确定性

实质性 转变	商品	CBP 确认 的原产地	原　　因
特征 转变	单色激光打印机	日本	单色激光打印机内含有在日本组装的印刷电路板组件,且该打印机在美国组装完成。CBP认为印刷电路板组件和固件"构成了打印机的本质特征",所以在美国的组装过程不足以构成实质性改变。
	将病人监护系统和传感器相连的电缆组件	中国	一款将病人监护系统和传感器相连的电缆组件内含有在墨西哥生产的印刷电路板组件和在中国生产的导线,CBP认为,原产于中国的导线赋予了该最终电缆组件以本质。
用途 改变	制动盘	中国	一款高性能的制动盘从加拿大进口到美国,制动盘的原始铸件在中国生产,在加拿大加工。CBP认为,制动盘的铸件原产于中国,而该铸件的最终用途已经预先设定了。
	螺栓切割机	中国	一款原产于韩国的刀片在进口到中国进行进一步加工及手柄组装时,有其预先设定的用途。该手柄在中国生产。但是,刀片"无法被明确识别将作为螺栓切割机的刀片",而"有可能被误认为是其他工具的刀片,比如修枝剪的刀片",此外,因为切割机是以杠杆作用为基础的,所以"螺栓切割机的手柄与刀片具有同等重要的功能"。基于"全部证据综合考量",螺栓切割机的原产地是中国。

二、生物医药产业的国际竞争力解析

（一）化学药国际竞争力解析

1. 全球原料药市场规模持续扩大

随着生产技术改进,心血管疾病、癌症等慢性疾病发病率提升,各国优惠政策及地缘政治形势变化,全球原料药市场不断增长。根据美国 Grand View Research 发布报告,2020 年全球原料药市场规模达到 1 877.6 亿美元(图 3)。预计 2021—2028 年,原料药市场将以 6.6％的复合增长率持续扩张。届时该市场规模将达到 3 125.6 亿美元。

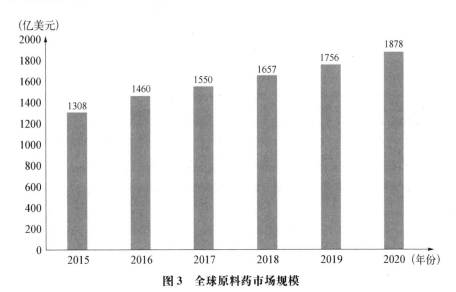

(亿美元)

图 3　全球原料药市场规模

数据来源:中商产业研究院。

2. 绿色化生产要求推动化学药市场竞争加剧

国外原料药生产企业重视"绿色化学"生产理念,通过对生产工艺进行改进,加强过程控制,从源头减少和消除药品生产过程中对环境的污染,减少污染物排放。举例来说,瑞士政府和制药企业在原料药绿色生产制造领域的发展水平、监管理念和管理经验全球领先。瑞士诺华在药品研发初始阶段便将绿色生产考虑在内,通过引入 PMI(过程质量强度)指标来量化评估工艺的绿色程度,将药品生产全过程涉及的原材料、溶剂按照最终燃烧产生的二氧化碳当量来衡量,从而选择最优生产设计方案。

3. 全球原料药供应市场向亚太地区转移

以意大利为代表的西欧地区曾是全球原料药供应的主要区域。随着欧洲对于环保的重视和用工成本日益提高,全球原料药供应逐渐向亚太地区转移。目前集中在中国(28％)、意大利(20％)和印度(19％)等国家(图 4)。

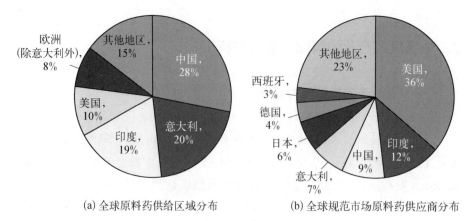

(a) 全球原料药供给区域分布　　　(b) 全球规范市场原料药供应商分布

图4　全球原料药市场划分

数据来源：招商银行研究院。

美国、日本、欧洲等发达国家和地区对于药品的研发、生产和销售管制较为严格，属于规范市场。从全球原料药市场份额来看，规范市场占据了全球75％以上的份额，而向规范市场供应原料药的供应商主要分布在美国(36％)、印度(12％)和中国(9％)。由此可见，中国原料药在规范市场的竞争力仍有待提升。

4. 中国原料药国际竞争力逐渐赶超印度

短期来看，中国原料药的出口增长受益于疫情刺激。疫情推高了全球对抗疫相关原料药的需求，也导致印度、欧盟等其他原料药主产地生产受到影响，国际市场对中国原料药的转移订单增多。

长期来看，随着全球原料药供应向亚太地区转移，中国企业在全球原料药市场中的竞争力逐渐提升，并将赶超印度。主要体现在三个方面：一是中国拥有全球数量最多的API生产基地。根据科睿唯安数据，中国拥有原料药生产基地1 482个，印度为624个。二是在过去10年间，中国每年获得的DMF和CEP数量迅速增长，全球范围内每年新获批数量仅次于印度。三是规范市场的供应占比稳步提升。根据全球知名原料药数据库科睿唯安的分类，中国的潜力型企业数量远多于印度，一旦中国的潜力型企业成长为较成熟型/成熟型企业，中国可供应全球规范市场的原料药企业数将远超印度。

（二）生物产业国际竞争力解析

1. 全球生物药市场规模增速逐年提升

相比于传统小分子化学药物，生物药具有药理活性高、治疗针对性强、毒副作用小等优势。由于其具有结构多样性，能够与靶标选择性结合及与蛋白质和其他分子进行更好的相互作用，生物药可用于治疗多种缺乏可用疗法的医学病症。

在此优势带动下，全球生物药市场规模持续增长且增速逐年提高(图5)。据Evaluate Pharma预测，随着生物药适应症的扩展、上市新药数量的增长，以

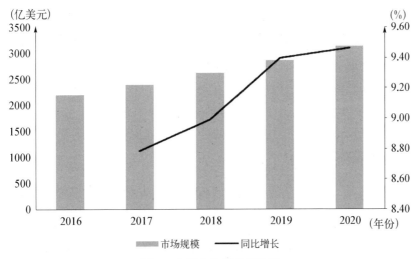

图 5 全球生物药市场规模

数据来源:中商产业研究院。

及重磅生物药专利到期后生物类似药的上市,全球生物药市场规模在 2024 年将达到 3 830 亿美元。

2. CRO 及 CDMO 行业竞争不断加剧

药物外包服务可分为 CRO 和 CDMO 两类,CRO 主要负责药物的研究、发现、临床前实验及临床试验阶段,CDMO 则专注于药物的生产及包装服务(图 6)。

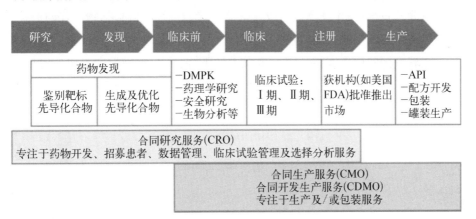

图 6 CRO 和 CDMO 的主要内容及区别

数据来源:药明康德招股说明书。

2020 年,全球 CDMO 行业规模达到 820 亿美元,预计 2021 年将达到 920 亿美元。主要原因有以下四点:一是全球药企研发投入力度不断加大,药品创新竞争加剧;二是近几年 FDA 批准新药规模不断扩增,更多新药获批上市促进医药市场扩容;三是孤儿药市场持续扩容,但目标人群狭窄,CRO 和 CDMO 可降低企业研发及生产成本;四是仿制药上市后价格大幅降低,更多企业选择将整个 API 业务外包给 CDMO 公司来降低生产成本。

3. 合成生物学技术进入快速成长期

合成生物学涉及生物学、生物信息学、计算机科学、化学、材料学等多学科的交叉融合,推动了生物学的工程化从模块化、定量化、标准化、通用性等角度系统展开,具有微型化、可循环、更安全的特点。与传统生产方式相比,生物合成在制造复杂分子、降低生产成本、降低生产过程废弃物排放等方面具有明显优势。据 McKinsey 统计,生物制造的产品可以覆盖 70%化学制造的产品,并在继续拓展边界(表5)。

表5 合成生物学在生物医药领域的应用展望

现阶段(2020 年前)	短期(2020—2030 年)	中期(2030—2040 年)	长期(2040—2050 年)
病原体筛选	液态肿瘤的 CAR-T 细胞疗法	基因用以预防媒介传染疾病	干细胞产生的可移植器官
无创产检	液体活检	实体瘤的 CAR-T 细胞疗法	用于医学的胚胎编辑(如利用 CRISP 技术)

数据来源:华安证券研究所。

合成生物学的主要工具包括微生物细胞工厂构建技术、微生物高效合成化学品的代谢调控机制、无细胞合成技术。微生物细胞工厂构建技术主要包括基因组编辑技术、多基因同时调控技术、蛋白骨架技术、基因动态调控技术、高通量筛选技术;微生物高效合成化学品的代谢调控机制包括物质代谢调控、能量代谢调控及细胞代谢调控。

随着基因测序成本和基因编辑成本的下降,合成生物学进入快速发展时期。从图7可以看出,美国合成生物学论文发表数量及企业融资额已经进入

图7 美国合成生物学科研及产业化现状

数据来源:华安证券研究所。

快速成长期,专利申请数量即将进入快速增长期。未来,合成生物学的重点研究方向及产业化趋势将集中在基因回路的走向应用、人工基因的设计及合成、细胞工厂的设计及构建、人工多细胞体系的构建以及与其他学科领域的融合。

(三) 医疗器械产业国际竞争力解析

1. 体外诊断是医疗器械行业市场占比最大的细分领域

体外诊断(IVD)主要分为生化诊断、免疫诊断、分子诊断、POCT 四大类,是医疗器械行业规模最大的细分领域(图 8),2019 年该领域全球市场规模约为 588 亿美元。其次为心血管领域,2019 年市场规模约为 524 亿美元。影像、骨科、眼科市场紧随其后,分别为 442、408、310 亿美元。从体外诊断细分领域来看,免疫诊断占据细分领域最大市场份额,占比约为 32%。且受疫情冲击,核酸检测需求持续增长,免疫诊断市场规模将会持续提升。

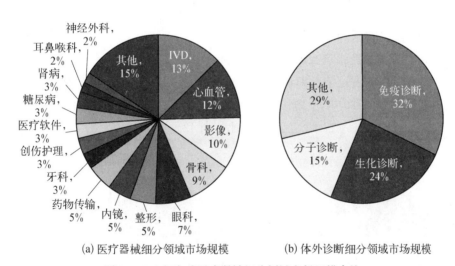

(a) 医疗器械细分领域市场规模　　　(b) 体外诊断细分领域市场规模

图 8　2019 年全球医疗器械细分领域市场规模占比

数据来源:前瞻产业研究院。

2. 数字医疗及远程医疗成为前沿发展方向

数字医疗及远程医疗的雏形可追溯至 20 世纪 50 年代,近年来呈现出快速发展的趋势。2020 年受疫情影响,各国政府希望民众尽量减少诊所和医院就诊,在此情况下,为了维持高标准的医护水平,远程医疗得到各国政府的推崇。麦肯锡研究显示,美国医疗保健消费者对远程医疗服务的使用比例从 2019 年的 10% 上升到 2020 年的 50%。

目前,远程医疗的快速增长多以电话或在线咨询形式为支撑。随着连接设备的发展,会有更多设备包含将结果反馈给医生的功能,使得对方对信息进行解读,如生命体征监测、药物治疗依从性以及胰岛素和糖尿病监测等。

3. 可穿戴医疗设备成为未来拓展新方向

可穿戴医疗设备由最初的健身跟踪器等健康类穿戴设备演变而来。近年来,全球头部智能设备生产企业纷纷聚焦于智能可穿戴医疗器械。从可穿戴设备出货量来看,苹果公司(31.7%)、小米(12.4%)、三星(9.2%)、华为(8.3%)、Fitbit(4.7%)是该领域的五大头部企业。目前,苹果、Fitbit等公司正在寻求FDA的批准,以便将这些产品作为可穿戴医疗器械进行市场投放。

可穿戴医疗设备技术呈现出两种趋势。一是隐形或植入式可穿戴设备将变得普遍。此类设备采用生物传感器技术,将会产生持续的数据流,实现持续的健康跟踪。二是可穿戴器械制造商利用合作关系构建医疗健康数据,可穿戴医疗器械制造商越来越多地参与数据收集来支持产品的开发和应用。

三、上海生物医药产业国际竞争力分析

(一) 生物医药产业国际竞争力分析

1. 医疗器械是上海生物医药产业进出口的重要组成部分

从进出口额占比情况来看(图9),医疗器械是上海生物医药产业进出口的重要组成部分,2020年,上海医疗器械进口78.38亿美元,占生物医药行业进口总额的35%;出口17.82亿美元,占比达到42%。

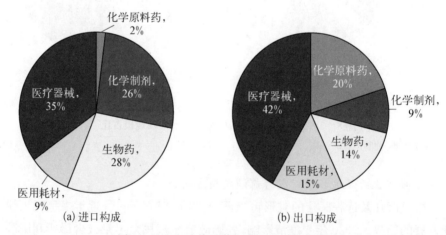

图9 2020年上海生物医药产业进出口构成

从医疗器械细分品种来看(图10),医疗检测设备在医疗器械进出口中均占有最高比重。2020年上海医疗检测设备进口37.64亿美元,在医疗器械进口额中占比48%;出口6.38亿美元,在医疗器械出口额中占比36%。

从医疗诊断设备细分领域来看(图11),眼科设备是进口的重要构成,占比33%;电气诊断设备是出口的重要构成,占比45%;紫外线或红外线射线仪器在进出口中均占比最低。

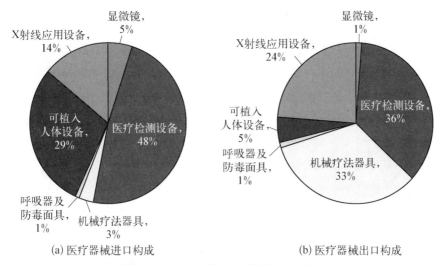

(a) 医疗器械进口构成　　　　(b) 医疗器械出口构成

图 10　2020 年上海医疗器械进出口构成

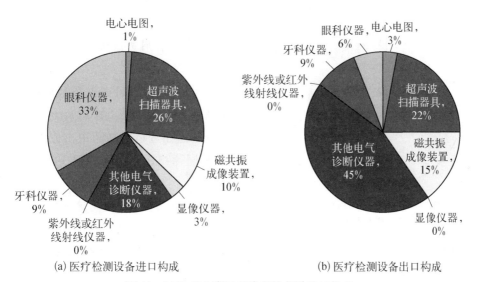

(a) 医疗检测设备进口构成　　　　(b) 医疗检测设备出口构成

图 11　2020 年上海医疗诊断设备进出口构成

2. 化学原料药依旧占据药品出口最大比重

化学原料药在药品出口领域占比最大,达到48%(图 12)。从细分领域来看(图 13),维生素及矿物质类原料药(33%)、氨基酸及其盐类原料药(27%)、镇痛及退烧类原料药(21%)是原料药出口的重要组成部分。由于新冠病毒感染的主要症状为发热,且我国是扑热息痛、布洛芬、安乃近等解热镇痛类原料药的主要出口国。在国外疫情持续蔓延的大背景下,2020 年上海镇痛及

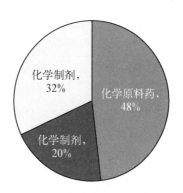

图 12　2020 年上海医药产品出口构成

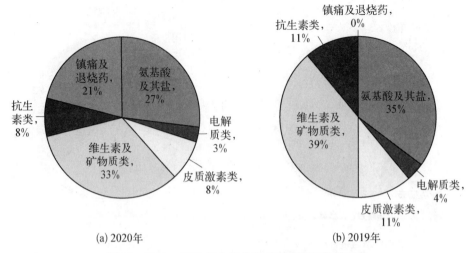

<table>
</table>

(a) 2020年   (b) 2019年

图13　2019—2020年上海化学原料药出口构成对比

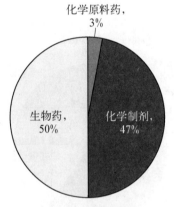

图14　2020年上海医药产品进口构成

退烧类原料药相比 2019 年出口明显提升,增速达到 5 572%。

3. 生物药及化学制剂是医药产品进口的重要领域

2020 年,上海生物药进口占据医药产品的 50%,化学制剂进口占比 47%(图 14)。从细分领域来看,免疫制品在进口生物药中占比最大,约为 82%;抗肿瘤药物在化学药制剂中占比最大,达到 67%。

4. 医药产品细分领域进出口增速分化显著

整体而言,受新冠疫情影响以及印度对部分原料药施行出口限制政策,2020 年上海生物医药行业出口额持续增加,进口额出现小幅回落(表 6)。

表6　2020年上海生物医药行业进出口额增长率

	出口额同比增长率(%)	进口额同比增长率(%)
合计	17.55	−2.02
化学原料药	34.02	−22.08
化学制剂	46.04	−6.20
生物药	20.25	−0.35
医用耗材	−0.18	−3.92
医疗器械	12.64	2.04

化学原料药进口锐减拉低行业整体进口额。从细分领域来看,抗生素类原料药较上年减少74.3%,是拉低化学原料药进口的主要因素。

化学制剂出口带动上海生物医药行业出口额持续增长。在2020年上海生物医药行业细分领域中,化学药制剂出口额增速最快,较上年增长46.04%。从出口目的地来看,支撑化学试剂出口额提升的主要国家或地区是肯尼亚(同比增长676.7%)、新加坡(581.1%)、尼日利亚(110.37%)、澳大利亚(96.6%)、瑞士(89.5%)。从出口药物品种来看,支撑化学试剂出口额提升的是抗菌药(321.9%)及抗肿瘤药物(37.3%)。

(二)生物医药产业竞争力的重点企业识别

截至2020年末,上海共有27家生物医药类上市企业,业务领域涉及从原材料生产、生物医药产品研发与制造、医药产品流通等多个环节。从研发方面来看,上海生物医药企业在创新药、仿制药领域投入大量研发资源(表7),并取得了显著成效(表8)。

表7 2020年上海市生物医药企业研发投入

公司简称	主营产品类型	研发费用同比增长(%)	研发强度(%)	研发人员数量占比(%)	本科及以上学历员工占比(%)
君实生物	抗肿瘤制剂、调节免疫功能制剂、专业咨询服务	87.93	111.48	27.19	75.05
三生国健	抗肿瘤制剂	22.00	51.94	22.80	56.55
复旦张江	原料药	8.95	16.70	17.99	51.91
心脉医疗	医用辅助设备	47.07	15.52	31.27	42.23
复星医药	基因制品、营养补充类制剂、原料药、诊断用制剂、植物类中药制剂	36.94	9.22	7.00	47.59

数据来源:各公司2020年财务报告。

表8 2020年末上海市主要生物医药企业在研药物进展

公司简称	药物品种	临床前	临床前Ⅰ期	临床前Ⅱ期	临床前Ⅲ期	上市申请	合计
上海医药	小分子药物	5	3	5	1	—	14
	生物药	3	4	2	—	1	10
	中药	—	—	1	—	—	1

公司简称	药物品种	临床前	临床前Ⅰ期	临床前Ⅱ期	临床前Ⅲ期	上市申请	合计
君实生物	小分子药物	3	—	1	1	—	5
	生物药	4	8	4	14	5	35
三生国健	生物制剂	3	3	3	1	5	15
复星医药	小分子药物	5	6	2	—	5	18
	生物药	3	5	5	6	6	25
	生物类似药	3	3	—	3	5	14
昊海生科	医疗器械	5	2	4	11		22
	小分子药物	11	2	5	18		36

数据来源:各公司 2020 年财务报告。

1. 化学药

化学药是生物医药产业重要组成部分,可分为化学原料药和化学制剂两个门类。上海市化学药企业集中原料药的生产环节。上海医药、国药现代、复旦张江均为上海市原料药大型生产企业。

上海医药在化学药领域积淀深厚,常年生产约 700 个中药和化药品种,其中 2020 年销售额过亿品种 42 个,覆盖心血管、消化系统、免疫代谢、全身抗感染、精神神经和抗肿瘤等领域。

2. 生物药

与化学药的工艺开发相比,生物药工艺开发的总耗时更长,投入资金更大,结果的不确定性更多,带来更高的难度和挑战。生物药通常具有较大而复杂的分子结构,其生产流程的细节可影响所生产的生物药分子结构,结构略有不同均可能导致其疗效及安全性方面存在明显差异。在生物药的生产工艺开发中,由于细胞的高敏感性和蛋白质的复杂性以及不稳定性,工艺流程有诸多因素(例如:pH 值、温度、溶氧等)要进行严格控制和调整。

(1) 单克隆抗体类

上海单克隆抗体类药物集中在抗肿瘤领域,且毛利率高于全国 58.93% 的平均水平(表 9)。上海市多数抗肿瘤药物研发企业研发实力雄厚。以君实生物为例,截至 2020 年末,君实生物已拥有 30 项在研药品,包括 28 项创新药和 2 项生物类似药,分别处于不同的研发阶段,项目储备丰富,其中含多个"源头创新"类靶点药物,体现了该公司卓越的创新药物研发能力,是国内少数具备开发全球首创药物潜力的公司。

表 9　上海生物医药企业抗肿瘤药物产品经营情况对比

公司	营业收入（万元）	营业成本（万元）	毛利率（%）	营业收入增长率（%）	营业成本增长率（%）	毛利率增长率（%）
上海医药	149 508.00	27 590.00	81.55	20.14	19.86	0.04
复星医药	147 800	30 800	79.16	138.39	59.59	10.29
君实生物	100 318.02	11 224.04	88.81	29.59	25.08	0.4
三生国健	64 451.23	10 098.30	84.33	88.420 16	−45.8	—

（2）血液制品

上海莱士是目前国内少数可从血浆中提取六种组分的血液制品生产企业之一，也是国内同行业中凝血因子类产品种类最为齐全的生产企业之一。上海莱士在夯实血液制品研发的同时，开辟了生物医药其他领域的研发，但近年来在血液制品领域的市场占有率逐渐被北京天坛生物赶超。在血液采集方面，截至 2020 年年末，上海莱士单采血浆站数为 41 家，采血量为 1 200 余吨；而天坛生物单采血浆站数为 55 家，采血量 1 712.51 吨，均高于上海莱士。在血液制品销售方面，上海莱士主营业务收入在 2018 年被天坛生物赶超，但盈利能力仍保持领先（图 15）。

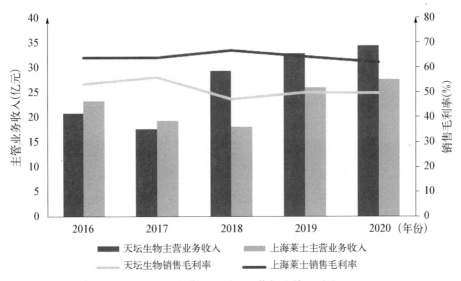

图 15　上海莱士与天坛生物经营情况对比

数据来源：各公司年度财务报告。

2020 年，上海莱士与世界血液制品龙头企业基立福公司成功重组，在生产质量规范、知识产权、技术研发、管理经验、销售渠道、工程和协作服务等多个领域展开具有行业开创性和实践意义的战略合作，开拓了在血液核酸检测领域的新业务，扩大了公司在血液制品产业链上的覆盖。

3. 医疗器械及耗材

(1) 医用耗材

康莱德主要医用耗材产品为医用穿刺针和医用穿刺器,产品线囊括注射针、静脉留置针、胰岛素注射针、各类花式针等各类穿刺针型,产业链生产环节涵盖从钢带焊接、减壁、退火、减径、校直到裁切、磨刃、清洗、检测、注塑、组装、包装、灭菌等各个环节。

经过 30 多年的市场积累,康莱德构建了覆盖海内外的销售网络。一方面,在国内长三角、京津冀、粤港澳等经济发达地区与配送商、经销商建立了长期合关系;另一方面积极开拓国际市场,通过设立海外公司加强海外市场的自主品牌营销体系建设,与欧美流通领域巨头开展深度合作。

(2) 介入医疗器械

心脉医疗成立于 2012 年,是微创医疗的子公司,专注于主动脉与周围血管介入医疗器械领域,是全球主动脉介入器械产品线最为齐全的企业。目前,心脉医疗拥有五款自主研发产品获批国家"创新医疗器械特色审批程序",且拥有多款首创系产品。例如,在主动脉介入领域,成功开发出第一个国产腹主动脉覆膜支架 Aegis、国内唯一获批的术中支架系统 CRONUS,以及全球首个上市的分支型主动脉支架 Castor。在外周血管介入领域,推出 Reewarm PTX 药物球囊扩张导管,是国产第二个应用于外周血管的药物球囊。

心脉医疗在介入器械领域是国内龙头企业,主要竞争对手为先健科技。与竞争对手相比,心脉医疗无论是在主动脉弓分支支架领域还是胸主动脉支架领域,抑或是腹主动脉支架领域,研发周期更短、产品线更为丰富,具有显著竞争优势(图 16)。

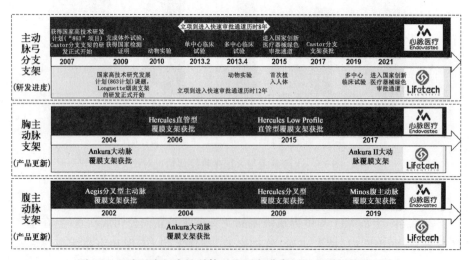

图 16　心脉医疗与先健科技对比研发进度与产品更新情况对比

数据来源:国研证券研究所。

（三）重点环节与重点企业的国际竞争力评价

1. 模型构建与计算

本报告采用的指标体系如表 10 所示：

表 10　指 标 体 系

二 级 指 标	三 级 指 标	指 标 构 造
产业国际表现	产业部门贸易优势	行业 RCA 指数
	行业贸易优势	行业 TC 指数
	供应链强度	对外贸易依存度
	核心环节贸易优势	贸易强度
行业增长驱动	投资持续性	投资驱动
	产业效率	劳动生产率
	产业强度	利润率
	产业集聚	赫芬达尔-赫希曼指数
价值链提升	服务集聚	总部企业数量
	研发强度	R&D 投入/产业产出
	知识产权	发明专利数

在对具体指标的数据处理上，使用标准差标准化法（又称 Z-score 方法）对数据做规范化处理，采用变异系数法和主观赋权法相结合的方法确定权重并逐级加权平均得到生物医药产业国际竞争力综合指数。

2. 模型分析

（1）产业国际竞争力持续增强

2018—2020 年，上海生物医药国际竞争力持续增强（图 17），由 90.37 分提高至 97.17 分。从排名看，上海生物医药产业国际竞争力在重点观测区域排名

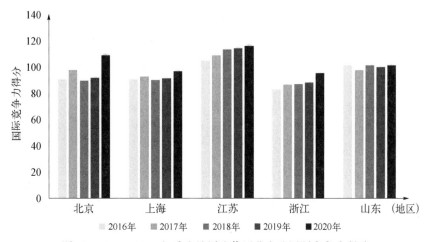

图 17　2016—2020 年重点地区生物医药产业国际竞争力得分

由第三位下降至第四位,被北京市赶超。从分指标得分情况来看,北京生物医药产业短期内已经全面赶超上海。上海生物医药产业竞争力排名下滑的原因集中在产业国际表现方面,不及北京提升迅速。

(2)受疫苗出口影响,产业国际表现不突出

2018—2020年上海生物医药产业国际表现保持较高水平(图18),但排名没有明显提升。

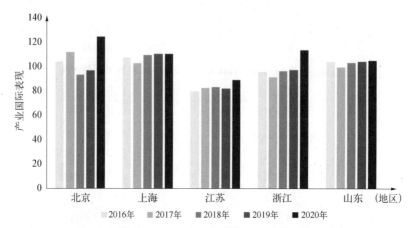

图18 2016—2020年重点地区生物医药产业国际表现得分

一方面,上海生物医药产业国际表现较为稳定。2018—2020年上海生物医药产业国际表现得分在109—111之间波动。受疫情影响,多数国家生物医药产业的正常生产经营受到冲击,我国疫情扩散形势迅速得到控制,在全球范围内率先实现复工复产,从而出现出口额提升进口额下降的情况。2020年,上海生物医药产业出口额较上年增长17.55%,部门贸易优势得到明显提升;进口额较上年减少2.02%,对外依存度下降。

另一方面,北京2020年产业国际表现得分大幅提升并超越上海。主要原因在于受疫情影响,北京疫苗产品大批量出口,而上海没有抓住新冠疫苗出口的机遇。直至2021年上半年,北京疫苗出口几乎占据我国疫苗出口的全部份额。2021年1—6月,北京疫苗出口额达到275.81亿美元,占到我国疫苗同期出口额的91.8%。

(3)行业增长驱动显著提升

2020年上海生物医药行业增长驱动显著提升(图19),由2019年的80.61分提高至92.23分,增幅为14.41%。

上海生物医药产业行业增长驱动提升主要表现在两个方面。一是产业盈利能力得到增强,行业利润率由2019年的7.90%提升至9.41%,在五个观测地区中增幅最大。主要原因是上海重点关注附加值较高的CRO、CDMO等生物医药服务外包环节,持续推进了价值链提升。二是在政策扶持下,产业集中

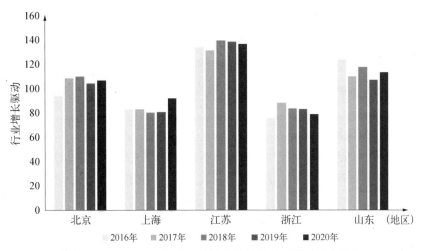

图 19 2016—2020 年重点地区生物医药行业增长驱动得分

度持续提高。上海市政府发布《促进上海市生物医药产业高质量发展行动方案(2018—2020 年)》,提出到 2020 年上海生物医药产业规模达到 4 000 亿元。在政策目标引导下,自 2017 年起,上海生物医药行业总产值持续增长,由 2017 年的 963.73 万元增长至 2020 年的 1 339.8 万元,年复合增长率达到 11.61%,较全国平均增长水平高出 2.85%。

(4)价值链持续向高端攀升

2020 年上海生物医药产业价值链提升效果明显(图 20),由 2019 年的 64.83 分提高至 76.22 分,涨幅为 17.57%,在终点观测地区中涨幅最大。

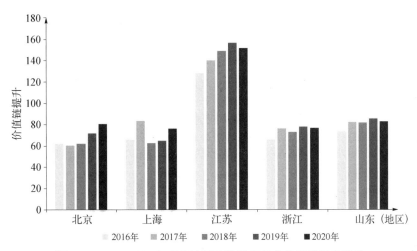

图 20 2016—2020 年重点地区生物医药产业价值链提升得分

上海生物医药产业价值链提升主要表现在四个方面。一是在环保压力下,高耗能、高污染、低附加值的低端原料药生产企业被逐步淘汰,而仿制药、创新药及医药研发服务占比不断提高。二是企业研发投入强度加大。2016—

2020年,上海生物医药行业R&D投入由30.57万元增长至49.44万元,年复合增长率为12.77%,高出全国平均水平4.37%。三是专利创新活跃。2020年上海生物医药行业专利申请数量为620件,较2019年增长48.32%。四是外资企业依托雄厚的资本实力以及先进的技术工艺,核心竞争力不断提升。

(四)典型案例

1. 复星医药聚焦mRNA疫苗,积极拓展新业务

新冠疫苗的研发可分为五大技术路线,分别为减毒疫苗、灭活疫苗、核酸疫苗(mRNA疫苗和DNA疫苗)、重组蛋白疫苗和腺病毒载体疫苗。目前,我国共研发出五款疫苗,包括三款灭活疫苗、一款腺病毒载体疫苗和一款重组蛋白疫苗。

相比于目前主流的灭活疫苗,mRNA疫苗抗原呈递的过程是可短暂持续的,保护效力更高,在应对病毒突变和生产流程上更具优势。作为抵抗病毒效果最好的方式之一,mRNA疫苗在疫情反复背景下成为各大疫苗生产企业展开激烈竞争的新领域。

目前,全球mRNA疫苗三巨头为BioNTech、CureVac、Moderna,其中CureVac在2021年6月分析结果中有效性不足50%,BioNTech和Moderna整体效果相当,预防率均超90%。

中国大陆地区mRNA疫苗于2021年底上市(表11)。根据公开信息,目前有三家医药公司研发的mRNA疫苗获得临床批件,其中复星医药与BioNTech合作研发的mRNA疫苗在大陆地区的Ⅱ期临床试验正在稳步推进,有望成为第一支在中国大陆地区上市的mRNA疫苗。不止于mRNA新冠疫苗,复星医药还在积极布局mRNA肿瘤疫苗的研发,以期为肿瘤患者提供新新选择。

表11 国内疫苗企业mRNA疫苗研发进展

公 司	产品名	大陆地区研发进展	非大陆地区研发进展
复星医药	復必泰©	Ⅱ期临床试验	已被中国香港地区授权紧急使用,实现收入5亿余元
沃森生物/艾博生物	ARCoV	Ⅱ期临床试验	在墨西哥开展Ⅲ期临床试验
斯微生物/同济大学附属东方医院		Ⅰ期临床试验已经结束	即将开展海外临床试验

数据来源:各公司官网(截至2021年6月30日)。

2. 君实生物在研管线庞大,凸显创新活力

君实生物成立于2012年,是一家专注于创新靶点发现与研发的生物科技公司。君实生物以特瑞普利单抗(PD-1单抗)为基础,经过八年潜心经营,在肿瘤、自身免疫、代谢、神经系统和新冠病毒感染多个领域建立起丰富的管线。通过在未盈利的状态下登陆创业板,公司实现了全要素资源配置的前移,并于

2021 年第一季度扭亏为盈。

肿瘤免疫疗法为当下肿瘤治疗策略带来一场变革。据 Frost & Sullivan 分析,2020 年全球肿瘤免疫疗法市场规模达到 390 亿美元,预计到 2030 年将达到 1 832 亿美元。目前,肿瘤免疫疗法开发主要集中在六个方面,而 PD-1 单抗药物在肿瘤治疗中逐渐成为基石药物。截至 2021 年 3 月,全球共有 12 款 PD-1、PD-L1 单抗药物获批。据 Frost & Sullivan 分析,2020 年全球 PD-1 单抗市场规模达到 325 亿美元,预计将于 2027 年达到顶峰 773 亿美元 (图 21)。

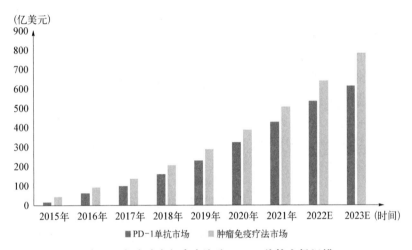

图 21 全球肿瘤免疫疗法及 PD-1 单抗市场规模

数据来源: Frost & Sullivan。

据君实生物 2021 年半年报,其通过自主开发已经拥有涵盖药物研发到生产整个生命周期的技术体系,涵盖七个技术平台、两大生产基地。其 PD-1 产品特瑞普利单抗正在进行十余项联合用药的临床试验(图 22),多为与化疗联合,也包括部分靶向药与生物药,并且多为一线治疗。

药物编号	靶 点	适 应 症	临床前	IND	Ⅰ期	Ⅱ期	Ⅲ期	NDA	上市
JS001	PD-1	多种肿瘤							
JS003	PD-L1	多种实体瘤		中国,美国					
JS004	BTLA	黑色素瘤、肺癌、淋巴癌等		中国,美国					
JS006	TIGIT	晚期实体瘤							
JS007	CTLA-4	肺癌、黑色素瘤							
JS101	Pan-CDK	乳腺癌							
JS108	TROP-2	三阴性乳腺癌、胰腺癌、肺癌							
JS109	PARP	卵巢癌一线维持 BRCA 突变卵巢癌三线							
JS110	XPO1	晚期恶性实生瘤							
JS111	EGFR exon20	非小细胞肺癌							
JS201	PD-1/TGF-β	晚期恶性肿瘤							
JS501	VEGF	非小细胞肺癌、肠癌							
JS014	IL-21	肿瘤							

图 22 君实生物肿瘤领域临床阶段产品梯队

数据来源:天风证券研究所。

(五) 生物医药产业国际竞争力提升路径

1. 持续关注 mRNA 药物技术趋势

mRNA 于 20 世纪 60 年代被发现,现已成为热门基础学科和研究领域。理论上,mRNA 拥有能够合成任意一种蛋白质的潜力。由于其具有经济、安全、快速、灵活等特点,mRNA 药物在预防传染病,以及癌症和罕见病等疾病治疗领域具有巨大的应用潜力。

欧美等发达国家针对 mRNA 药物的研究已经进入爆发式增长的阶段,而中国才刚刚起步。从科研成果来看,中国目前在基因 DNA 层面的转录调控研究占全球发表论文总量的近五分之一,但对 RNA 层面的翻译调控研究几乎为空白,而欧美在这一领域近十年来每年均有超过 1 500 篇论文发表。

中国 mRNA 药物研发企业数量少且成立时间短。据统计,中国 mRNA 药物研发企业仅有 9 家(表 12),其中 5 家位于长三角地区,2 家为上海本土企业。多数企业发展年限不足 5 年。随着 mRNA 技术的不断成熟,mRNA 药物研发企业将进一步吸引资本市场的追捧和更多企业的布局。上海要紧跟前沿技术发展趋势,努力扶持一批 mRNA 药物研发企业,争取在 mRNA 药物领域走在国内前列。

表 12　中国聚焦 mRNA 药物研发的企业名单

企业名称	总部所在城市	成立时间
艾博生物	苏州	2019 年
丽凡达生物	珠海	2019 年
蓝鹊生物	上海	2019 年
深信生物	深圳	2019 年
嘉晨西海	杭州	2019 年
瑞吉生物	深圳	2019 年
厚存纳米	深圳	2018 年
斯微生物	上海	2016 年
美诺恒康	太仓	2013 年

数据来源:作者整理。

2. 大力培育合成生物学领域领军企业

全球多家研究机构预测合成生物学领域将迎来快速成长期。McKinsey 数据显示,到 2025 年,合成生物学与生物制造的经济影响将达到 1 000 亿美元。据 Data Bridge Market Research 预测,到 2027 年合成生物学市场规模将达到 303 亿美元;而 Transparency Market Research 对此的态度更为乐观,预计到 2027 年将超过 400 亿美元。

从产业链布局的角度来看,目前合成生物学的公司可以分为两类:一类是既有合成生物学技术储备,又有市场化产品落地的,可以实现从基因编辑到产品落地的全产业链公司;另一类是提供基因编辑和细胞工厂的研发型公司,这类公司以提供合成生物学技术支持为主,产品以代工厂生产为主的。

目前,合成生物学产业层结构主要分为三层(表13),国内企业基本上集中在工具层和应用层,而国外多家公司,如 Ginkgo Bioworks、Zymergen 等已经贯穿三层。未来,上海应重点关注基因回路、人工基因设计合成、细胞工厂的设计构建、人工多细胞体系的构建与应用以及与其他学科的融合(表14),以工具层为起点,重点关注软硬件层,努力做到全产业链层级布局。

表 13　合成生物学层级划分

层　级	主　要　内　容
工具层(必要基础原料及工具)	DNA/RNA 合成
	DNA 测序
	DNA 元件库
	工具酶
	基因编辑服务
软件/硬件层(数据标准及相应的软件与硬件)	DNA 元件设计软件
	云端生物铸造工厂
	高通量、自动化实验室设备
应用层	新药开发
	基因治疗
	精细化学品
	生物基化学品
	食品饮料
	生物农药

数据来源:华安证券研究所。

表 14　合成生物学未来关注重点领域

细　分　领　域	方　　向
基因回路	基因回路走向应用
	基因间的调控逻辑与基因回路调谐
	标准化的基因元件库

续表

细 分 领 域	方　　向
人工基因设计合成	DNA 片段高效组装和迭代替换
	基因组精简与密码子扩展
	遗传系统进化和演化
细胞工厂的设计构建	鲁棒性
	正交性
	模块化
人工多细胞体系的构建与应用	人工多细胞体系的应用
	人工多细胞体系的设计构建
合成生物学与其他学科交叉融合	DNA 信息存储
	DNA 折纸
	非天然氨基酸
	非天然核酸
	无细胞蛋白合成
	生物与材料耦合系统

数据来源：华安证券研究所。

四、提升上海生物医药产业国际竞争力的对策建议

（一）重点扶持特色优势领域，推动生物医药产业竞争力提升

目前，上海市生物医药产业规模已经达到 4 000 亿元，但距离建成具有国际影响力的生物医药产业集群仍有较大差距。上海生物医药产业优势集中在化学原料药生产、药品研发、医疗器械及医疗服务领域，要从以下方面促进优势领域竞争力的提升。

1. 提高原料药产业国际地位

一是扩大维生素类、抗生素类、解热镇痛类等大宗原料药生产规模。鉴于大宗原料药技术壁垒低的特点，可通过降低产能扩建审批门槛等手段，加快其产能扩建速度，强化大宗原料药全球供应链源头地位。二是在易受原材料价格波动影响的降血压、降血脂、降血糖、抗凝血类特色原料药领域确立一批领军企业，通过财政补贴、土地供应等手段，鼓励其生产业务沿产业链向上延伸至化工领域，增强原材料供应的稳定性。三是向下游化学制剂类产品延伸。加强与苏州博瑞医药、泰州扬子江药业等长三角地区实力雄厚的仿制药研发、生产企业的合作，聚焦心血管类药物、抗肿瘤药物领域，打造更为完整的化学

制剂区域产业链,摆脱单纯生产并大宗出口原料药的初级模式。

2. 因地制宜做好招商引资,推动生物医药产业集群结构合理化发展

一是抓住五大新城建设机遇,梳理各新城现有龙头骨干企业和上下游关联企业,通过招商引资填补产业链缺口,引导五大新城分别构建生物医药特色集聚区,强化嘉定高性能医疗设备制造、青浦现代中药、松江成果转化、奉贤医美、南汇化学制剂研发的发展格局。二是巩固张江生物医药园区在价值链高端环节的核心地位,重点推动数字医学影像、诊断检测仪器与试剂等高附加值领域的产品研发生产,扩大新型抗体、疫苗、核酸、多肽等生物技术药物产品的展示及销售。

3. 完善制度环境,鼓励外资医药研发部门与本土企业展开合作

增加对外资研发中心政策的宣传力度和普及性,增强信息及时互通机制,消除"内外有别"的认知偏差,鼓励其与本土医药企业合作,共同承担更多、更高精的研发创新项目。以优惠实验室租借、研发场地地租减免等手段激励外资企业与本土医药企业在新药研发的核心技术环节开展合作,对与本土医药企业共同申报新药审批的外资企业设立绿色审批通道。

(二) 完善新药上市审批流程

新修订《药品管理法》确立的上市许可持有人(MAH)制度允许没有生产能力的科研机构和科研人员申请和持有药品,对更多科研主体的研发积极性起到激励作用。为充分发挥 MAH 制度的激励作用,要从以下方面完善新药上市审批流程。

1. 加强第三方服务机构与平台建设

一是增设与新药上市审批相关的第三方服务机构,包括第三方临床研究机构、第三方检测机构、第三方合规服务机构、中介组织等,拓展服务内容,提升服务能力。二是要通过签订双方协议明确责任范围,避免出现技术秘密泄露等问题。

2. 加强评审人才队伍建设

第一,持续加强评审人才队伍的专业化水平。评审人员执业过程中仍要保证其参与学术研讨和临床治疗的频次与质量,确保其接受继续教育的质量,不断提升评审队伍的评审和临床能力。同时要落实专家咨询制度,提升评审的科学性和公正性。

第二,加强对评审队伍中新手的培训。一是在团队内部开展一对一帮扶行动,通过新老员工之间结对子,对新手展开针对性业务培训。二是在节假日开展药物评审专题讲座,扩充新手知识面。三是为新手制定课程修读计划,允许新手到上海交通大学、同济大学等高等院校旁听相关课程,增强新手培训的系统性。

（三）积极布局新兴赛道，培育本土企业

重点关注 mRNA 药物、合成生物学以及人工智能与生物医药产业的融合，挖掘本土公司。对市场趋势以及本土企业的人才、技术进行评估，引导和支持本土新兴领域企业的健康发展。一是在高校增设合成生物学专业，培养专业化人才。二是通过提供落户、安家、亲属随迁等便利服务，吸引相关人才来上海就业创业。三是积极引进合成生物项目，为前景良好的项目提供 100—500 万元金额不等的资金支持和 2—3 年的办公场地免费使用权，规定一定年限后对项目进行重新评估，以确定是否继续扶持。

（四）改善创新环境，助力生物医药产业高端化发展

1. 创新财政支持方式

结合生物医药细分领域所处不同成长阶段给予财政补贴。一是适当提高原料药领域生产企业的财政补贴门槛，对其销售收入设定更高要求。二是对于细胞治疗、基因治疗、单抗、智能器械等处于快速成长期的生物医药研发生产企业的制定考评标准(如利润额、销售收入等)，考评合格的企业可获得政府财政资金奖励。三是加大对 mRNA、合成生物等尚未形成规模且与国外发达水平具有较大差距的领域的财政支持力度。

2. 引导社会资本对具有高成长性的生物医药企业的早期投资

一是鼓励社会资本针对生物医药企业的早期投资。生物医药产业具有更新快、培育慢、风险高的特点，社会资本针对该领域的投资一般相对谨慎。应加大政策性担保、贴息、风险补偿等方面对于生物医药初创型企业的支持力度，对于提供知识产权质押服务的科技银行，可适当放宽其准备金率，降低小型科技企业信贷资金获得门槛，切实落实好各项投融资政策。二是政府部门可提供公益性法律咨询及上市辅导业务，帮助初创型生物医药企业对接科创板，以资本为手段，帮助初创型生物医药企业谋求生存空间。

3. 解决创新成果产业化过程中的产能不足问题

伴随研发成果陆续进入收获期，原本以研发为主的创新型企业将逐步跨入生产制造阶段，生物制剂产品对专业化生产条件要求更高，高端生产设备、高级技术工人供给不足问题将会凸显。

一是要完善仪器、试剂、检测设备、生产设备、控制元器件等配套产业，梳理并填补生物医药制造与高端医疗器械领域的空白，防范"卡脖子"现象出现在医药领域。二是要联合上海医药职工大学、上海市医药学校等专科学校，通过校企合作办学加强对医药生产技术人员的技能培训，通过组织职业能力测试规范一线工人的技能鉴定，通过开展职业技能大赛选拔更为优秀的技能型人才。

执笔：

林　兰　上海社会科学院城市与人口发展研究所研究员

王嘉炜　上海社会科学院城市与人口发展研究所硕士研究生

2020—2021年上海化工和新材料产业国际竞争力报告

一、化工和新材料产业的发展趋势研判

（一）终端消费下滑沿产业链传递至上游化工行业

化工行业作为基础性行业，由于产业链长、衍生品多、生产惯性大等特点，行业本身不存在明显的周期性特征。但受宏观经济影响，会随着整体经济状况变化而呈现一定的波动，行业周期和宏观经济运行周期具有较大的一致性。受新冠疫情影响，全球经济形势持续受到冲击，伴随下游终端产品需求减少，化工产业链各环节发展态势呈现出不同特征。

疫情初期，国际对石油、天然气等能源的需求下降导致油价下行，一方面造成石化能源公司利润收缩，另一方面降低了化工产业链中下游企业的原材料成本。中期，随着疫情的全球蔓延形成对医疗资源的挤兑，同时又受到相关医药物资、医疗器械及防护用品需求激增和国际航运管制影响，医药化工产品全球供应短缺。后期，终端消费产品下滑沿产业链传递至中上游化工行业。例如，在汽车需求下降和原产地疫情形势严峻双重因素影响下，国际天然橡胶价格出现剧烈波动。为维持橡胶价格稳定，一些国家的橡胶库存都在低位运行。半导体材料生产企业受疫情和极端天气双重影响进入紧急状态，向上冲击电子化学领域，向下影响代工和封测环节。目前，中国已进入常态化疫情防控阶段，但国际疫情形势并出现根本性好转，一些终端需求较大的化工材料，如聚丙烯（PP）、丁苯橡胶（SBR）和聚碳酸酯（PC）的需求将持续受到抑制。

（二）原材料和物流价格上涨挤压化工企业利润空间

化工企业利润空间遭受冲击。一是原材料价格上涨提高了企业生产制造成本。从2020年11月开始，国内市场上化工原材料价格节节攀升，至2021年上半年，其价格已经高得离谱，大部分原材料价格的涨幅都在30%以上，部

分甚至超过了 50％。二是物流成本急剧攀升。国外疫情蔓延,各国关闭海关、封锁港口,阻断交通,大量集装箱积压在港口、码头,运输停滞导致集装箱一箱难求,由此引发物流费用飞涨,有些企业甚至出现了运输费用高于产品价格的现象。

(三)"双碳"目标促进行业供给侧改革

为应对全球气候变化,中国承诺 2030 年前实现碳达峰,2060 年前实现碳中和。在"双碳"目标引导下,2030 年前中国单位国内生产总值二氧化碳排放量将比 2005 年下降 65％以上,非化石能源占一次能源消费比重将达到 25％左右。石油化工行业是碳排放的重头,为实现"双碳"目标,各地政府均开始制定本地配套减排政策(表 1)。

表 1　中国各地区发布的碳中和政策目标

时间	发布主体	主要内容或政策文件
2021.1	浙江省人民政府	《2021 政府工作报告》:2021 年全省非化石能源占一次能源比重提高到 20.8％,煤电装机占比下降 2 个百分点;加快淘汰落后和过剩产能,腾出用能空间 180 万吨标煤;加快推进碳排放权交易试点。
2021.2	新疆维吾尔自治区人民政府	《2021 政府工作报告》:2021 年实施新一轮传统产业重大技术改造升级工程,稳步发展石油石化、煤炭煤化工、电力、有色金属等资源密集型产业;推进碳基能源国家重点实验室建设,积极创建新材料、化工国家级制造业创新中心。
2021.2	陕西省人民政府	《2021 政府工作报告》:将在 2030 年前实现碳达峰,推动能化产业高端化发展,加快建设 1 500 万吨煤炭分质利用、80 万吨乙烷氧化裂解制乙烯等项目,支持光伏、风电等清洁能源发展。
2021.2	浙江省发改委	《浙江省绿色循环低碳发展"十四五"规划(征求意见稿)》:到 2025 年,坚决遏制地方新上石化、化纤等高耗能行业项目;万元国内生产总值能耗持续下降,非化石能源占一次能源消费比重达到 24％。
2021.3	内蒙古自治区	《关于确保完成"十四五"能耗双控目标任务若干保障措施》:从 2021 年起,不再审批焦炭、电石、聚氯乙烯(PVC)、合成氨(尿素)、甲醇、乙二醇、烧碱、纯碱等新增产能项目;"十四五"期间原则上不再审批新的现代煤化工项目。

1. 双碳目标促进化工行业能源结构调整

化工行业是传统的高耗能行业。基于中国化学制造业固定资产投资额不断加大的事实,化工行业的能源消耗在短期内仍会持续上升。但在"双碳"背景及"零碳"背景下,化工行业的能源消费结构将面临重大调整。现阶段,国际化工龙头企业已经开始布局能源转型战略(表 2)。中国各省市也开始积极布局生物质能、氢能等清洁能源发展战略。未来,化工行业生产过程用能将由煤电为主转向天然气、生物质能和氢能为主。

表2　国际化工巨头能源转型战略安排

公　司	减　排　目　标
英国石油公司	为在2050年前实现"净零排放"目标,到2030年,年低碳投资将增至2019年的10倍,石油和天然气的产量将比2019年缩减至少40%。
壳牌公司	至2030年,每年减少1%—2%的石油产量,并计划于2030年前停止常规燃烧天然气;同时,还致力于研发年储量2 500万吨的二氧化碳捕获和封存技术。
埃克森美孚	承诺在2025年前实现运营温室气体排放"净零增长",至2030年将不再常规燃烧甲烷。
巴斯夫	早已将节能减排纳入企业战略,正在推动可再生能源逐步替代化石燃料,以实现2030年之前二氧化碳"净零排放"的目标。

2. 减排目标将促进化工行业能源技术变革

目前,国际化工龙头企业已在能源技术领域有所突破。巴斯夫与合作伙伴已开发出将天然气直接分解为氢和碳组分、从天然气中生产氢气的新工艺技术;除此之外,巴斯夫在实验室成功利用乙烯和二氧化碳生产丙烯酸钠,与目前基于丙烯的超吸收剂生产方法相比,此项新工艺中以二氧化碳为生产原料可取代约30%的化石燃料原料。中国高校及科研院所也紧盯能源技术变革,在储氢技术领域获得重要突破。西安交通大学开发了石墨烯界面纳米阀固态储氢材料,克服了氢气低温释放的行业性难题,实现了石墨烯界面纳米阀固态储氢材料在−40—85℃宽温度范围稳定工作,并成功在50 W、200 W和1 000 W燃料电池系统上进行了不同载荷验证。

（四）基础有机化工行业遵循"五化"协同发展方针

受国家相关产业政策影响,中国基础有机化工行业向炼化一体化、装置大型化、生产清洁化、产品高端化和产业园区化发展。"五化"发展方针有望统筹调配市场优势资源、整合产业链上下游、减少中间环节,在帮助中国本土企业留存利润的同时,推动行业快速、可持续发展(表3)。

表3　"五化"生产方针内涵

领　域	内　涵
炼化一体化	将产业链前端油气及煤炭资源开采及炼制环节与中游石化生产相结合,其优点主要体现于长流程、高一体化程度的产业园区。
装置大型化	新建石化项目要求其周边产业园区原油加工能力可达到4 000万吨以上。新建"炼化一体化"项目的大型化要求是对整个石化产业的一次大升级。随着落后技术、产能被逐步淘汰,基础有机化工行业将逐渐进入技术与生产相互促进的良性循环。

续表

领　域	内　　涵
生产清洁化	新建"炼化一体化"项目的设计和生产过程中,要求针对 COD、氮氧化物、二氧化硫和细颗粒物等有害物质实现达标排放或近零排放。
产品高端化	中国乙烯、PX 和 MDI(二苯基甲烷二异氰酸酯)等中高端石化产品严重短缺,对进口依赖度要求极高。
产业园区化	新增石化产业园区要求不小于 40 平方公里。经由产业园区整体规划,炼化园区内通过 EPR 系统、CIMS 系统及电子商务系统,实现园区内信息一体化,大幅提升园区内物料、人员和产能的使用效率。

(五) 工业互联网平台服务化工园区,行业自动化、智能化、安全化生产进程提速

随着国内对工业互联网平台建设关注度的日益提升,部分面向化工园区的工业互联网平台已投入实际生产环节。一是针对化工园区经营过程中单一问题的解决方案。如以"工业互联网＋安全生产"为切入点,从园区的角度向下往企业、向上往产业协作推进的工业互联网平台、工业大数据平台、工业人工智能平台、工业应用服务平台。二是针对化工园区经营过程全方位的智能化平台。例如,泰兴经济开发区、昆山精细材料产业园等化工园区率先引进工业互联网平台,实现了园区企业安全管理全要素数据汇聚、高效智能的监控预警和全方位的业务应用融合。

(六) 人工智能与新材料技术互为促进,新材料研发"井喷"

传统的新材料研发过程主要是依赖科学直觉与实验判断,再加上大量的重复性实验来完成验证,研发过程艰辛。随着人工智能技术的注入,新材料的研发和应用周期都将缩短一半以上,其研发技术突破将在很大程度上使材料产品实现智能化,拥有传感功能、反馈功能、信息识别和积累功能、响应功能、自诊断能力、自修复能力以及自调解能力;智能材料反过来又可以满足人工智能发展的要求,形成正向反馈。

(七) 新材料产业上下游进一步融合,整合重组趋势加快

高新技术的发展使得新材料与信息、能源、医疗卫生、交通、建筑等产业结合越来越紧密,而激烈的市场竞争、优胜劣汰的自然规则、经济效益的强烈驱动又加剧新材料产业整合重组,产业结构呈现出横向扩散和互相包容的特点。元器件微型化、集成化的趋势使得新材料与器件的制造一体化趋势日益明显,新材料产业与上下游产业相互合作与融合更加紧密,产业结构出现垂直扩散趋势。

随着新材料产业不断的整合和重组,跨国公司及其分支机构在新材料产

业的发展中将发挥出更大作用。这些企业规模大、研发能力强、产业链完善，其通过战略联盟和大量的研发投入在竞争中处于优势甚至垄断地位。

(八)"一带一路"沿线国家政局动荡冲击化工企业海外并购

自 2016 年起，中国对外直接投资活跃度明显下降，但针对"一带一路"国家的并购加快。2017 年，中国石化联合会曾提出中国化学工业实施"一带一路"国际产能合作的战略构想，以建设中东、东南亚、中亚和俄罗斯石油化工、化肥、轮胎、煤化工、氯碱等化工园区为抓手，构建多条国际产业链。然而近年来，"一带一路"沿线国家政局动荡，恐怖袭击事件频发，加之疫情影响，国内化工企业"走出去"不是很顺利，针对"一带一路"沿线国家的海外并购成功率也因此降低。

(九)中国化工产业与东亚地区的融合不断加深

疫情加速了发达国家产业链"去中国化"的进程，但该目标短期内难以实现。世界银行发布的《2020 年世界发展报告：全球价值链，以贸易促发展》显示，当前世界贸易的 50% 以上涉及全球价值链。其中以东亚/太平洋、欧洲/中亚和北美三大区域为重心，且相互交织。英国智库 Henry Jackson Society 发布的《五眼联盟如何摆脱中国产业链》报告也显示，澳大利亚、新西兰、美国、加拿大和英国对中国供应链的依赖度依然很高。这充分说明了中国在全球供应链和产业链中的枢纽地位，这一地位很难在短期内被改变。近年来，中国产业链格局的变化体现在与东亚地区的融合一直在不断加深。

二、上海化工和新材料产业国际竞争力分析

(一)化工产业国际竞争力分析

1. 化工产业竞争力的重点环节识别

(1)化工外贸整体承压，细分领域表现不一

在新冠肺炎疫情全球蔓延、国际市场需求大幅下降、贸易下行压力加大的背景下，2020 年上海化工行业进出口持续承压(表 4)。出口额为 2 188 965.76 万美元，较 2019 年减少 8.91%；进口额为 7 857 996.18 万美元，较 2019 年减少 2.7%。

表 4　2020 年化工产品进出口情况

产业链	产 品 种 类	出口额（万美元）	出口额增长率（%）	进口额（万美元）	进口额增长率（%）
上游	盐	742.03	−22.31	8 511.02	19.55
	硫磺、泥土及石料	1 588.63	−44.72	23 144.95	−16.15
	石膏料、石灰及水泥	6 428.09	−55.51	54 358.04	28.16

续表

产业链	产 品 种 类	出口额 (万美元)	出口额增 长率(%)	进口额 (万美元)	进口额增 长率(%)
上游	矿砂、矿渣及矿灰	981.48	−60.94	1 469 646.24	−12.48
	矿物燃料、矿物油及其蒸馏产品	7 846.02	−48.88	123 869.85	−21.13
	沥青物质	73 453.86	−50.26	438 947.00	−19.86
	矿物蜡	516.42	−5.32	5 554.07	7.01
中间 产物	无机化学品	29 719.54	−26.39	84 129.02	−16.90
	贵金属、稀有金属、放射性元素及其同位素的有机或无机化合物	36 997.17	−43.44	77 877.65	28.40
	有机化学品	544 896.09	−3.69	738 539.72	−10.87
下游	药品和医药化工	144 222.36	−1.94	1 258 600.39	−3.04
	农业化工	8 615.95	−58.03	270.29	198.48
	鞣料浸膏及染料浸膏;鞣酸及其衍生物;染料、颜料及其他着色料;油漆及清漆;油灰及其他胶黏剂;墨水、油墨	74 628.08	−9.47	159 024.52	−3.21
	精油及香膏;芳香料制品及化妆盥洗品	77 518.73	−8.24	754 340.00	10.90
	肥皂、有机表面活性剂、洗涤剂、润滑剂、人造蜡、调制蜡、光洁剂、蜡烛及类似品、塑型用膏、"牙科用蜡"及牙科用熟石膏制剂	64 029.38	26.89	182 938.95	15.08
	蛋白类物质;改性淀粉;胶;酶	34 553.91	9.52	104 436.01	17.08
	炸药;烟火制品;火柴;引火合金;易燃材料制品	77.27	−21.29	76 774.89	88 033.14
	照相及电影用品	9 544.19	−29.82	35 067.10	7.84
	杂项化学产品	198 352.45	9.65	498 531.80	11.37
	塑料及其制品	621 330.97	−4.61	1 430 800.22	0.22
	橡胶及其制品	77 782.88	5.03	248 525.78	16.85
	化学纤维长丝	106 955.10	−14.25	39 661.71	−10.52
	化学纤维短纤	68 185.16	−20.58	44 446.98	−29.67
合 计		2 188 965.76	−8.91	7 857 996.18	−2.70

精细化工进出口整体表现出一定的抗压能力,但细分领域外贸表现不一(图1、图2)。从精细化工细分领域来看,肥皂及表面活性剂、蛋白类物质、改

性淀粉和橡胶及其制品出口额较上年进出口额均有所提高;医药和制药化工产品、塑料制品、化学纤维长丝及化学纤维短纤出口额较上年明显下降。

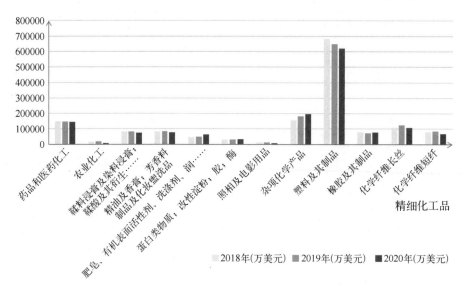

图1 2018—2020 年上海精细化工产品出口情况

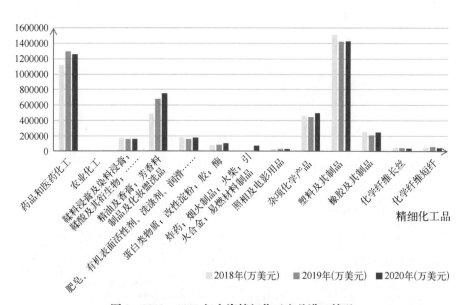

图2 2018—2020 年上海精细化工产品进口情况

(2) 发达国家及新兴市场是上海化工产品主要外贸地

从出口目的地来看(表5),美国依然是上海化工产品出口重要目的地,接收了上海市 14.94% 的化工出口产品。出口美国的化工产品主要是有机化学品、塑料及其制品以及药品和医药化工产品,占比分别为 30.16%、27.44% 和19.73%。其次为日本、印度、韩国、越南、中国台湾等亚洲国家和地区。

表 5　2020 年上海化工产品出口目的地排名前十的国家/地区

出口目的地	出口额（美元）	占比（%）
美　国	3 270 511 950	14.94%
日　本	2 056 195 808	9.39%
印　度	1 261 746 648	5.76%
韩　国	1 157 859 541	5.29%
越　南	1 134 333 281	5.18%
中国台湾	846 782 044	3.87%
泰　国	637 072 688	2.91%
印度尼西亚	609 996 097	2.79%
英　国	583 003 703	2.66%
德　国	572 575 606	2.62%
合　计	12 130 077 366	55.41%

各国和地区接收化工产品均以有机化学品和塑料及其制品为主（表 6），两项合计占比多在 50% 以上。塑料及其制品、药品和医药化工、化学纤维长丝同样是出口到这些国家或地区的主要产品。

表 6　2020 年上海化工产品主要出口目的地主要产品种类

出口目的地	主要接收产品 1		主要接收产品 2		主要接收产品 3	
	产品种类	占比（%）	产品种类	占比（%）	产品种类	占比（%）
美　国	有机化学品	30.16	塑料及其制品	27.44	药品和医药化工	19.73
日　本	塑料及其制品	36.62	有机化学品	28.72	塑料及其制品	4.44
印　度	有机化学品	66.36	塑料及其制品	12.99	药品和医药化工	4.22
韩　国	有机化学品	26.77	塑料及其制品	29.55	化学纤维长丝	3.90
越　南	塑料及其制品	24.11	化学纤维长丝	17.33	有机化学品	9.01
中国台湾	塑料及其制品	38.55	有机化学品	17.12	染料、油漆、胶黏剂、墨水、油墨等	4.69
泰　国	塑料及其制品	38.54	有机化学品	19.25	橡胶及其制品	6.19
印度尼西亚	塑料及其制品	25.04	有机化学品	20.23	化学纤维长丝	5.95
英　国	塑料及其制品	37.74	有机化学品	21.37	橡胶及其制品	5.99
德　国	有机化学品	32.47	塑料及其制品	28.45	橡胶及其制品	5.55

从进口情况来看(表7),发达国家或地区是上海化工产品主要来源地,且进口产品以塑料及其制品、药品和医药化工为主。

表7 2020年上海化工进口商品主要来源地

国家或地区	进口额(美元)	主要进口产品	
		产品品种	进口额(美元)
澳大利亚	10 187 860 057	矿砂、矿渣及矿灰	8 878 792 781
日 本	9 339 446 202	塑料及其制品	2 442 828 089
美 国	8 425 239 755	药品和医药化工	2 005 019 988
德 国	8 098 476 565	药品和医药化工	4 427 526 976
韩 国	5 284 422 545	塑料及其制品	1 763 138 025
法 国	4 089 863 974	精油及香膏;芳香料制品及化妆盥洗品	2 250 245 906
马来西亚	2 862 316 447	沥青物质	1 790 188 579
巴 西	2 135 684 971	塑料及其制品	22 180 084
中国台湾	1 873 601 722	塑料及其制品	808 232 969
新加坡	1 870 004 113	塑料及其制品	818 265 638

(3) 精细化工产品进出口份额占比突出

由于化工行业下游的精细化工产品种类丰富,品种多样,精细化工产品在进出口中占据重要份额。从2020年上海化工产业链上中下游产品出口情况对比来看(图3),化工行业下游精细化工产品出口占比达到68%,进口占比达到62%。

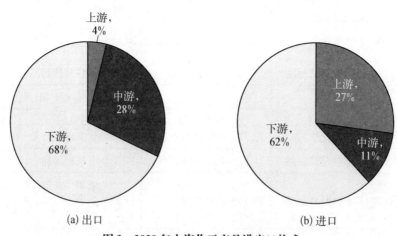

(a) 出口   (b) 进口

图3 2020年上海化工产品进出口构成

(4) 精细化工进出口重要环节涉及塑料制品、医药化工产品及化学纤维

上海精细化工出口的重要环节涉及塑料制品(42%)、化学纤维(12%)与药品和医药化工(10%);进口的重要环节包括塑料及其制品(30%)、药品和医药化

工（26%）以及芳香料制品及化妆盥洗品（16%）（图4、图5）。精细化工产品的进出口的结构具有较大同构性，差别主要体现在产品内部结构上和进出国别上。2020年，上海化学药领域进口产品以化学制剂为主，主要进口化学制剂品种为抗肿瘤药物，进口额占比达到67%；化学药领域出口产品以化学原料药为主，一方面表现为维生素及矿物质类原料药长期占据上海原料药出口最大比重，另一方面表现为镇痛及退烧类原料药出口额增长较快，较2019年增长5 572%。

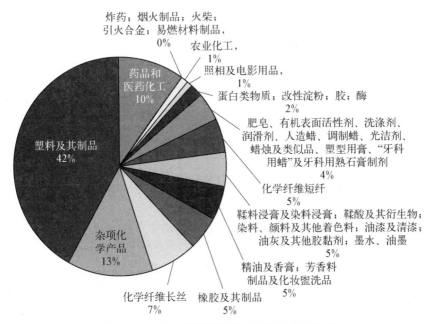

图4　2020年上海精细化工产品出口占比构成

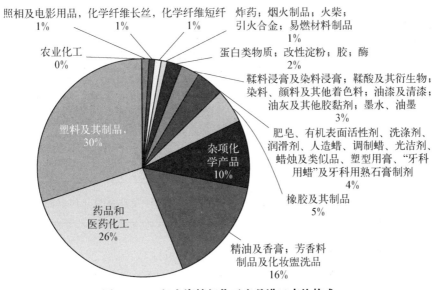

图5　2020年上海精细化工产品进口占比构成

(5) 塑料制品进出口侧重于不同制造环节

塑料及其制品在上海精细化工进出口中均占有重要比重,但进口产品及出口产品侧重不同制造环节(表8)。进口产品以初级形态基础材料为主,出口产品以制成品为主,生产主要集中在原材料的进口再加工环节。从出口地区看,还未形成对主要发达国家或地区的供应路径。

表8 2020年上海塑料制品进出口情况对比

主要进口产品			主要出口产品		
产品	进口额(万美元)	进口地	产品	出口额(万美元)	出口地
初级形状的乙烯聚合物	350 003.94	伊朗	供运输或包装货物用的塑料制品;塑料制的塞子、盖子及类似品	77 551.80	日本
初级形状的聚缩醛、其他聚醚及环氧树脂;初级形状的聚碳酸酯、醇酸树脂、聚烯丙基酯及其他聚酯	228 225.38	日本	初级形状的聚缩醛、其他聚醚及环氧树脂;初级形状的聚碳酸酯、醇酸树脂、聚烯丙基酯及其他聚酯	69 695.19	韩国
初级形状的丙烯或其他烯烃聚合物	103 430.49	韩国	其他非泡沫塑料的板、片、膜、箔及扁条	49 760.40	日本
其他非泡沫塑料的板、片、膜、箔及扁条	101 547.58	日本	自粘的塑料板、片、膜、箔、带、扁条及其他扁平形状材料	41 973.21	印度
自粘的塑料板、片、膜、箔、带、扁条及其他扁平形状材料	85 539.88	美国	初级形状的氨基树脂、酚醛树脂及聚氨酯类	31 626.11	印度
初级形状的丙烯酸聚合物	68 851.48	日本	初级形状的聚酰胺	23 636.39	中国香港
初级形状的聚酰胺	55 336.88	韩国	塑料铺地制品及塑料糊墙品	22 877.66	中国香港
初级形状的苯乙烯聚合物	53 725.01	美国	塑料制的餐具、厨房用具、其他家庭用具及卫生或盥洗用具	22 873.76	中国台湾
初级形状的氨基树脂、酚醛树脂及聚氨酯类	50 194.18	韩国	其他塑料板、片、膜、箔、扁条	19 369.93	韩国
塑料制的管子及其附件	34 464.22	德国	塑料制的管子及其附件	19 208.18	中国香港

2. 化工产业竞争力的重点企业识别

(1) 化工原料领域

上海氯碱化工是华东地区烧碱、液氯和特种树脂最大的供应商之一,以制造和销售烧碱、氯及氯制品,以及聚氯乙烯塑料树脂与制品为主(表9)。截至2020年末,上海氯碱主要产品烧碱年生产能力达到72万吨、二氯乙烷72万吨、液氯60万吨、特种聚氯乙烯树脂2.4万吨。氯碱化工在研发创新方面贡献突出,主要表现为:针对下游客户的反馈,对高聚合度PVC树脂的核心技术进行了持续改进,开发了低气味医用树脂和高白度制品用树脂;对消光PVC树脂进行进一步提升,开发了高塑化性能技术和高效聚合技术;针对新项目需求,开发了适用医用树脂的新型聚合技术。

表9　2020年上海氯碱化工经营情况

	主营产品类型	无机化工原料
经营情况	主营业务收入(亿元)	48.49
	客户集中度(%)	59.82
	成本费用利润率(%)	13.63
	人均创利(万元)	66.02
研发情况	研发强度(%)	2.47
	研发费用增长率(%)	−18.70
	研发人员占比(%)	20.27
	本科及以上学历员工人数占比(%)	42.98

注: 客户集中度=前五大客户销售收入总额/销售收入×100%;研发强度=研发费用/营业收入×100%;数据来源为各公司2020年财务报告。

(2)高分子聚合物领域

高分子聚合物供应企业是上海市化工产品细分领域中上市最多的企业(表10),产品涉及塑料制品、改性塑料、可降解材料、轮胎橡胶等。

表10　2020年上海高分子聚合物主要供应企业经营情况

公司简称	经营情况				研发情况			
	主营业务收入(亿元)	客户集中度(%)	成本费用利润率(%)	人均创利(万元)	研发强度(%)	研发费用增长率(%)	研发人员占比(%)	本科及以上学历员工人数占比(%)
华谊集团	279.44	12.60	1.43	3.37	1.76	21.39	5.39	0.00
普利特	44.48	10.72	10.09	30.05	4.79	17.92	15.87	24.60
永利股份	30.85	30.68	−18.17	−10.11	3.79	14.33	13.15	7.72
彤程新材	20.42	37.42	24.79	67.40	4.04	−8.08	17.90	41.22
上纬新材	19.46	114.43	6.67	32.15	1.55	18.50	15.41	51.62
飞凯材料	18.40	26.29	14.77	12.61	7.32	12.13	24.79	28.80

公司简称	经营情况				研发情况			
	主营业务收入(亿元)	客户集中度(%)	成本费用利润率(%)	人均创利(万元)	研发强度(%)	研发费用增长率(%)	研发人员占比(%)	本科及以上学历员工人数占比(%)
凯赛生物	14.88	50.31	44.98	34.99	5.63	−6.50	16.00	21.63
汇得科技	14.25	26.68	9.15	18.57	4.59	8.75	28.70	27.21
宏和科技	6.21	42.99	23.59	12.67	3.39	−22.46	14.88	9.20
唯赛勃	3.14	39.76	17.82	10.03	6.78	−9.86	14.69	12.23
艾艾精工	1.94	17.02	18.76	12.08	5.02	7.40	24.51	15.81

注:客户集中度=前五大客户销售收入总额/销售收入×100%;研发强度=研发费用/营业收入×100%;数据来源为各公司2020年财务报告。

① 轮胎橡胶

上海轮胎行业的主要生产企业有华谊集团和彤程新材。华谊集团拥有载重胎、乘用胎两项轮胎产品,其中载重胎产量位列国内行业前三。彤程新材是全球最大的轮胎橡胶用特种酚醛树脂供应商,生产和销售的轮胎橡胶用高性能酚醛树脂产品在行业内处于全球的领导者地位。受市场竞争、贸易壁垒、环保政策、资金压力等因素影响,轮胎行业企业盈利分化加剧,行业整合步伐加快,行业集中度提升;领先的企业需要积极推进数字化升级,加强研发创新和品牌建设,提升效率和质量,改善运营,逐步提升产品档次。

② 改性塑料制品

在改性塑料领域,上海拥有普利特、上纬新材等一批重点企业。普利特生产的改性材料产品很好地服务了国内汽车生产,主要应用于汽车材料行业,在微发泡材料技术、低密度材料技术、薄壁化材料技术、"以塑代钢"技术在行业处于领先地位;在高性能汽车内饰材料方面,普利特的低密度内饰材料和高性能爆破仪表板材料打破了数十年同类材料被国外企业垄断的局面,大大提升了技术水平以及行业竞争力;上纬新材专注于高性能树脂产品的研发生产,其乙烯基酯树脂在重防腐领域有其不可替代的优势,尤其在强酸强碱、小分子溶剂、强氧化性介质、酸性超高温气体等强腐蚀工况下,提供了唯一的解决方案。

③ 可降解塑料制品

在可降解塑料领域,上海目前尚未形成生产规模。彤程新材通过获得巴斯夫PBAT专利授权,掌握了完全生物降解材料生产和加工技术,于上海化工区建设10万吨/年生物可降解材料项目一期工程,预计2022年能够项目投产。

(3) 化学试剂及助剂领域

在化学试剂及助剂领域,上海拥有泰坦科技、阿拉丁两大上市企业(表

11),二者均从事科研试剂及实验耗材的研发和生产,并具有一定的竞争关系。近年来,随着科研试剂产业竞争格局由外资企业绝对垄断向相对垄断过渡,主要表现为内资品牌部分产品达到了国际同等技术水平或实现了部分进口替代,逐步打破了外企绝对垄断的态势。未来,上海将有更多具有研发创新实力的科研试剂企业通过技术创新、工艺开发持续研发新的试剂品种,实现科研试剂国产化。

表11 上海市化学试剂及助剂上市企业

指　　　标		阿拉丁	泰坦科技
经营情况对比	主营业务收入(亿元)	2.28	13.84
	客户集中度(%)	16.71	9.16
	成本费用利润率(%)	49.02	8.04
	人均创利(万元)	23.63	14.76
主要市场对比	主要市场所在地	华东地区	华东地区
	主要市场营业收入(万元)	12 114.88	106 448.40
	主要市场营业收入占比(%)	53.09	76.89
化学试剂类产品经营情况对比	营业收入(万元)	21 705.92	88 442.98
	营业成本(万元)	8 171.98	69 601.42
	毛利率(%)	62.35	27.07
	营业收入增长率(%)	10.13	22.18
	营业成本增长率(%)	47.80	27.74
研发情况对比	研发强度(%)	6.70	3.54
	研发费用增长率(%)	−0.23	34.45
	研发人员占比(%)	23.17	27.3
	本科及以上学历员工人数占比(%)	41.58	49.42

注:客户集中度=前五大客户销售收入总额/销售收入×100%;研发强度=研发费用/营业收入×100%;数据来源为各公司2020年财务报告。

(4) 半导体材料

半导体材料包括半导体制造材料与半导体封测材料。根据SEMI统计,2020年全球半导体制造材料市场规模为348.35亿美元,同比增长6.49%;全球半导体封装测试材料市场规模为204.23亿美元,同比增长2.33%。半导体材料处于整个半导体产业链的上游,对半导体产业发展起着重要支撑作用,具有产业规模大、细分行业多、技术门槛高、更新速度快等特点。

上海半导体材料相关企业已成一定规模,现有沪硅产业、飞凯材料、上海新阳、彤程新材、普利特、康达新材、晶华新材等多家上市企业。

① 硅片

半导体硅片制造的技术重点包括硅片纯度、氧含量、表面颗粒、晶体缺陷、表面/体金属含量、翘曲度、平整度、外延层电阻率均匀性、外延层厚度均匀性、键合空洞等参数的控制,技术难度随硅片尺寸的增大而提高。目前,全球范围内仅少数半导体硅片龙头企业掌握 300 mm 硅片的生产技术。与国际主要半导体硅片供应商相比,中国大陆半导体硅片企业技术较为薄弱,市场份额较小,多数企业以生产 200 mm 及以下抛光片、外延片为主。

目前,沪硅产业是中国大陆规模最大的半导体硅片企业之一。沪硅产业的全资子公司上海新昇早在 2018 年就实现了 300 mm 半导体硅片的规模化生产,但相比于全球半导体硅片龙头企业,其 300 mm 半导体硅片在产品价格、技术水平、产品质量上存在差距。2018—2020 年,全球半导体硅片行业前 5 名的销售市场份额分别为 93%、91% 和 89%,沪硅产业这样的国内企业,其产品在国际市场上的份额微乎其微(图 6)。

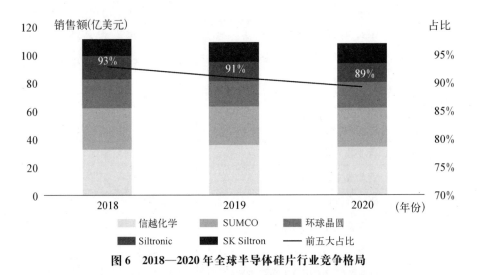

图 6　2018—2020 年全球半导体硅片行业竞争格局

数据来源:《上海硅产业集团股份有限公司 2021 年度向特定对象发行 A 股股票募集说明书(注册稿)》。

② 光刻胶

光刻胶由树脂、感光剂、溶剂、光引发剂等组成的混合液态感光材料,其原理是利用光化学反应,经光刻工艺将所需要的微细图形转移到加工衬底上,来达到在晶圆上刻蚀出需的图形的目的。根据应用领域,光刻胶可分为半导体光刻胶、面板光刻胶及 PCB 光刻胶三类(表 12)。上海在光刻胶领域拥有一批重点企业,如彤程新材、飞凯材料、晶华新材、上海新阳等。其中,彤程新材、飞凯材料主要聚焦 PCB 光刻胶和面板光刻胶,上海新阳聚焦半导体光刻胶。

表12 全球光刻胶行业竞争格局

PCB光刻胶			
分类	梯队	主 要 生 产 商	全球市场占有率
干膜光刻胶	Ⅰ	台湾长兴化学、日本旭化成、日本日立化成	>80%
	Ⅱ	台湾长春化工、美国杜邦、韩国KOLON、意大利莫顿	<20%
	Ⅲ	苏州瑞红、北京科华	
光成像阻焊油墨	Ⅰ	日本太阳油墨	≈60%
	Ⅱ	日本TAMURA、亨斯迈、台湾永胜泰	>20%
	Ⅲ	广信材料、容大感光、东方材料、北京力拓达	<20%
湿膜光刻胶	Ⅰ	台湾长春化工、日本三井化学	—
	Ⅱ	容大感光、飞凯材料	—

面板光刻胶			
分类	梯队	主 要 生 产 商	全球市场占有率
彩色光刻胶	Ⅰ	东京应化、新日铁化学、三菱化学、ADEKA	>90%
黑白光刻胶	Ⅰ	奇美、台湾达兴、新应材	>90%
	Ⅱ	JSR、LG化学、东洋油墨、住友化学、三菱化学	

数据来源：根据前瞻产业研究院资料整理。

彤程新材拓展在电子化学品领域的业务主要是通过国内并购实现的，其收购了国内半导体光刻胶龙头企业——科华微电子以及国内显示面板光刻胶龙头企业——北旭电子。其中，科华微电子是唯一被SEMI列入全球光刻胶八强的中国光刻胶公司，北旭电子生产的TFT光刻胶在京东方占有40%以上的份额。

飞凯材料主要研发、生产高科技制造领域适用的屏幕显示材料、半导体材料及紫外固化材料，分别面向显示面板制造行业、半导体行业及光纤光缆生产行业。屏幕显示材料受益于国产化率提高及国内面板产能增加以及公司新产品面板用光刻胶投入市场，其销售收入2020年相比2019年增长23.35%；半导体材料受到下游需求增加的影响，销售收入同期增长42.09%。

半导体光刻胶发展速度慢于其他产业，原因在于半导体光刻胶验证周期长，原材料成膜树脂具有专利壁垒，且半导体光刻胶产品品类众多，配方需要满足差异化需求。上海新阳是中国集成电路制造和封测关键工艺材料的龙头企业，其光刻胶研发生产聚焦高端光刻胶——半导体光刻胶材料，在集成电路制造用ArF干法、KrF厚膜胶、I线等高端光刻胶领域已有重大突破。

3. 重点环节与重点企业的国际竞争力评价

(1) 模型构建与计算

本报告采用的指标体系如表13所示：

表13 指 标 体 系

二 级 指 标	三 级 指 标	指 标 构 造
产业国际表现	产业部门贸易优势	行业 RCA 指数
	行业贸易优势	行业 TC 指数
	供应链强度	对外贸易依存度
	核心环节贸易优势	贸易强度
行业增长驱动	投资持续性	投资驱动
	产业效率	劳动生产率
	产业强度	利润率
	产业集聚	赫芬达尔-赫希曼指数
价值链提升	服务集聚	总部企业数量
	研发强度	R&D 投入/产业产出
	知识产权	发明专利数

在对具体指标的数据处理上,使用标准差标准化法(又称 Z-score 方法)对数据做规范化处理,采用变异系数法和主观赋权法相结合的方法确定权重并逐级加权平均得到化工产业国际竞争力综合指数。

(2) 模型分析

① 上海化工行业国际竞争力总体水平较高,但提升不显著

从重点省市化工行业国际竞争力表现来看,由图7可知,上海化工行业国际竞争力总体较好,但与其他化工产业大省相比,增长不明显。从二级指标来看,主要原因是上海市化工行业增长驱动大幅降低。受节能减排和环境保护政策影响,上海化工企业开始实施总部经济战略,即从收益角度考虑,为了更加便利地获取资金和技术支持,化工企业将总部及研发部门设在上海;从成本角度考虑,企业的生产制造环节多转往内陆省市,且以江苏和浙江为主,一进一出加大了增速差距。

受益于上海化工产业转移,江苏及浙江两省化工行业国际竞争力提升较快,其伴随的集聚效应和技术溢出效应使承接地获得更为持续的发展动力,同时也促进了承接地的产业结构调整和区域分工合作,带来了优质的人力资本和先进的技术经验,提高了专业化程度,加快了竞争力提升。在上海化工产业转移过程中,多数企业为了能够获得上海优惠政策扶持,选择以分公司的形式在内地投资设厂。由于分公司不具备独立法人资格,税收仍在上海落地。

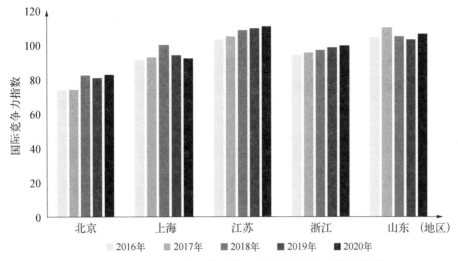

图7　2016—2020年重点省市化工行业国际竞争力综合指数

② 上海化工产业国际表现较为稳定

2018—2020 年,上海化工产业国际表现基本稳中有升(图 8)。在产业转移的宏观背景下,上海化工产业国际表现未出现明显波动,其中一个原因,是上海多数化工企业通过在内陆设立不具备独立法人资格的分公司,实现经营了成本的降低。虽然生产制造环节的实际发生地在内陆地区,但其销售额仍然计入上海总公司账面,因此上海的出口额基本未受影响。

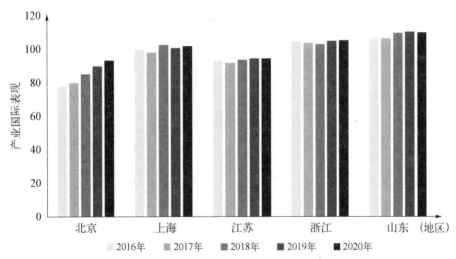

图8　2016—2020年重点省市化工行业产业国际表现指数

③ 受政策影响,上海化工行业增长驱动趋缓

自 2018 年上海市经济和信息化委员会印发《上海市化工行业淘汰落后产能工作方案》以来,上海对于化工行业落后产能的管理和淘汰趋严(表14)。受此影响,上海化工行业新增产能大幅下降,行业增长驱动力有所减弱(图9)。

表 14　上海市化工行业安环规范化政策

文件名称	发布时间	主　要　内　容
《上海市化工行业淘汰落后产能工作方案》	2018.7	分类梳理区域内化工企业现状情况,重点聚焦沿长江流域(黄浦江沿线)1 公里范围内,以及专业园区外(饮用水源保护区内)环保、安全等风险突出的化工企业,通过完善综合标准体系、强化工作机制、严格常态化执法和强制性标准实施,到 2020 年,依法依规推动一批环保、安全、质量、技术达不到标准的产能退出,促进环境质量改善,产业结构持续优化升级。
《上海市产业结构调整负面清单(2018 版)》	2018.12	《负面清单》涉及电力、化工、电子、钢铁、有色、建材、医药、机械、轻工、纺织、印刷、船舶、电信等 15 个行业,共 541 项内容(淘汰类 337 项、限制类 204 项),可作为相关单位开展结构调整、提升能源利用效率,实施差别电价政策、淘汰落后产能的主要依据。
《关于提升危险废物环境监管能力、利用处置能力和环境风险防范能力的指导意见》	2020.3	到 2020 年底,全市危险废物焚烧规模达到 35 万吨/年以上,医疗废物焚烧处置规模达到 10 万吨/年以上,加强长三角区域协同合作,形成充分的危险废物托底处置保障能力,努力实现全市危险废物利用处置能力与实际需求总体匹配;构建较为完善的"源头严防、过程严管、违法严惩"的危险废物环境监管体系;危险废物环境风险防范能力显著提升。到 2025 年,进一步优化提升危险废物利用处置能力,进一步完善危险废物全流程的环境监管体系,进一步健全危险废物环境风险防范机制。

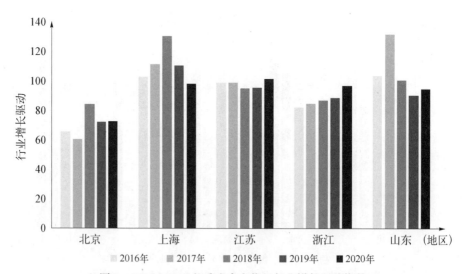

图 9　2016—2020 年重点省市化工行业增长驱动指数

从具体指标来看(图 10),化工行业投资持续性在波动中呈现下降趋势,产业效率下降明显,产业强度较为稳定。行业投资持续性在波动中下降主要受到两方面因素影响:一是伴随中国产业制造业水平提升,国际化工企业总部及研发部门纷纷落户上海,相比大型生产企业而言,投资效应减弱;二是相关环保政策不鼓励化工企业在上海投资建厂,且部分落后产能搬离上海。伴随上海化工生产向价值链上游攀升、产品附加值提高、企业盈利增强,以行业利润率表示的产业强度增长较快;但伴随部分落后化工产能的淘汰,出现了盈利水平小幅回落的现象。

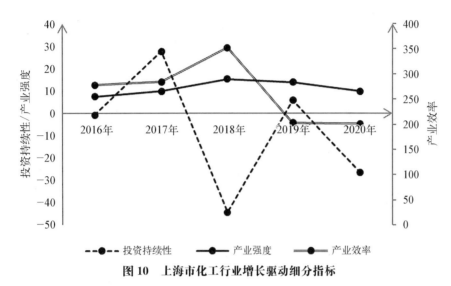

图10　上海市化工行业增长驱动细分指标

④ 缺乏特大规模化工企业限制了上海化工产业价值链提升

根据计算结果,上海化工行业价值链水平提升较慢主要是专利得分较低,上海缺乏超大型旗舰化工企业是原因之一。化工行业与其他行业在规模效应上有着较大差别,小企业的各种产出(包括创新产出)都不占优势。传声研究院发布的《2021化工产业创新力排行榜》显示,中石油、中石化、中海油三家国有化工企业创新能力排名稳定保持在全国前三名,规模大的金发科技、万华化学等民营化工材料企业也始终保持着稳定的创新发展排名。这种稳定在一定程度上体现了大型化工企业与中小企业之间存在着较明显的创新力断层,提高企业规模是有效的解决途径。

反观江苏省,其在价值链提升方面表现优异(图11)。一是因其作为传统制造业大省,在化工生产领域积累雄厚。二是江苏凭借自身产业基础承接了外部化工企业的转移,对于原有价值链提升起到推动作用。三是江苏近年大力推动了化工企业入驻园区,不仅提高了化工企业在空间上的集中度,也提升了化工生产的专业化水平。

4.典型案例

(1)华谊集团

华谊集团是上海规模最大的本土化工企业,在产品、研发、管理、未来发展方面具有综合竞争力。

在核心产品及品牌影响力方面,华谊形成了一系列优势产品,如甲醇、醋

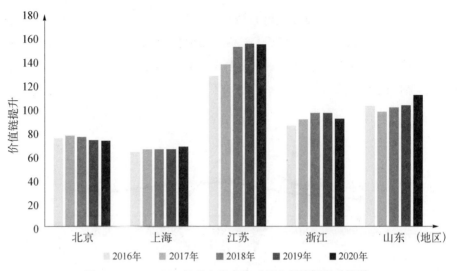

图 11　2016—2020 年重点省市化工行业价值链提升指数

酸、全钢胎、丙烯酸及酯等具有一定的规模优势,其中甲醇是华东地区最大的生产商之一,醋酸、全钢胎、丙烯酸及酯产品位列国内行业前三;还拥有一系列中国名牌,如双钱牌轮胎、光明牌油漆、飞虎牌涂料、一品牌颜料、白象电池、牡丹油墨、回力牌运动鞋及蜂花牌香皂等。

在研发领域,华谊拥有重量级的国家级企业技术中心、市级企业中心、上海市高新技术企业、国家检测实验室,并设有博士后科研工作站,构筑了工业催化、化工新材料、精细化工、过程开发、分析检测等技术研究平台。2020 年,华谊共申请专利 78 项,获得授权 74 项,在新材料、航空航天、绿色环保等领域,承接和实施政府科技专项 17 项;其中,国家重点研发计划项目 2 项。华谊还自主开发了粉煤气化炉,提质醋酸,取得了甲基丙烯酸及酯新工艺的技术突破,极大地扩大了产品的工业应用范围,提升了核心竞争力。

在发展布局方面,华谊在上海、安徽、重庆、新疆、浙江等地建设了具有国际先进水平、综合性强的化工生产基地,并不断增强与全球领先化工企业的密切合作,是国际著名化工企业进入中国市场的首选合作伙伴之一。目前,与巴斯夫、阿科玛、林德、卡博特等跨国公司合作设立了多家中外合资企业,同时与宝武、中石化、神华、中集集团等多个国内知名的企业建立了良好的业务合作关系。

(2) 硅产业集团

硅产业集团是中国规模最大的半导体硅片企业之一,主要从事半导体硅片的研发、生产和销售,是中国率先实现 300 mm 半导体硅片规模化销售的企业。其半导体硅片制造的技术重点包括硅片纯度、氧含量、表面颗粒、晶体缺陷、表面/体金属含量、翘曲度、平整度、外延层电阻率均匀性、外延层厚度均匀性、键合空洞等参数的控制,以生产出高纯度、低杂质含量、高平坦度且具有特定电学性能的半导体硅片。

在核心技术方面,硅产业集团在较多自主研发技术领域达到了国内领先水平,并已实现批量化生产。已掌握了包含300 mm半导体硅片在内的半导体硅片生产的整套核心技术,具体包括单晶生长技术、切割技术、化学腐蚀技术、研磨技术、抛光技术、清洗技术、外延技术、SOI技术与量测技术。截至2019年9月30日,拥有已获授权的专利340项,其中中国大陆117项,中国台湾地区及国外223项;拥有已获授权的发明专利312项。

5. 化工产业国际竞争力提升路径

(1) 重点关注能源化工技术突破

化工行业是高耗能行业,肩负着"双碳"目标重任。为实现减排目标,化工企业将在能源化工技术领域展开竞争。目前,国际领先化工企业已经在清洁能源技术、二氧化碳捕集和封存技术、二氧化碳制化学品等方面实现突破。化工行业主要有六条降碳路径:一是通过系统、工艺及设备节能提高能效。二是通过原料、装置、产品结构调整实现降碳。三是通过生物质能、绿氢、光热、风能、储能设施、核能、地热、光伏的应用,实现可再生能源替代。四是以CCS-EOR、二氧化碳制化学品来实现产业碳汇。五是以植树造林实现林业碳汇。六是二氧化碳捕集和封存。

对上海而言,可在二氧化碳捕集、封存、运输和二氧化碳制化学品上形成一条完整产业链。开发低成本且高效率的二氧化碳捕集、浓缩和运输技术,可靠的封存技术,以及有商业价值的下游利用技术(CCUS),助力上海实现碳减排,并获得附属的能源和化学品。目前,上海企业和科研机构在二氧化碳制甲醇、烯烃、芳烃、汽油,二氧化碳制甲酸,DMF,二氧化碳和甲烷重整制合成气,二氧化碳制可降解塑料等高价值化学品方面已经取得了一系列进展,有条件实施产业化。

(2) 重点布局精细化工及化工新材料

精细化工领域门类众多,产品种类繁杂、技术含量高,代表一个国家化学工业产品结构的高端化和差异化水平,通常也是衡量化学工业整体技术水平的标志。

近年来,国际化工巨头不断进行产业整合,企业战略转型均朝向新材料、专用化学品和生命健康领域。例如,美国的杜邦,德国的巴斯夫、拜耳等企业近年来纷纷出售其基本化工原料产品产业,转向医药、农药、聚合物等精细化工产业发展。国内化工企业也开始着眼于高端精细化学品方向的转型。例如,联盟集团由化肥领域转向维生素及多元醇方向,博苑医药由医药产品起家,近年来开拓了贵金属配体催化剂和电子气体等新业务。

从近年进出口情况来看,上海化工企业逐渐向产业链上游攀升,但在各细分领域与国际先进水平尚有差距也是客观事实。具体来看,应继续保持在水处理剂、染料、饲料添加剂等方面的优势,进一步缩小与国外的差距;在农药和医药方面,要扩大自主创新产品份额;提高涂料、胶黏剂、化学试剂等高端产品的纯度;稳定电子化学品的产品质量。通过精细化工领域的整体精进,助力上海与长三角电子信息产业等高端制造业的发展。

(3)打造区域化工行业轮轴式产业集群

考虑到上海科创中心的建设优势,以及长三角化工企业众多、门类丰富的现状,可考虑在上海围绕化工企业总部和研发部门打造区域化工行业轮轴式产业集群。位于上海的化工企业仅保留自身最具竞争力的核心技术、市场信息、资本网络业务环节,其他业务则在内陆地区设立分支机构进行运营,或分包给更有效率、更专业的小企业。

就发展条件而言,上海既有综合竞争力强、产品门类丰富的大型综合性化工企业,也有深耕细分领域、专注于单一产品的隐形冠军。在化工上游原料领域,上海有中化国际、华谊集团、氯碱化工等多家综合性化工企业,分别关注化石能源、有机化学原料和无机化学原料的生产供应。在产业链中游环节,上海有飞凯材料、彤程新材、新阳股份等关注精细化工和尖端材料的专业型生产企业。在产业链下游环节,上海有上海家化、康达新材、泰坦科技等终端产品生产企业,应用领域上至国防安全,下至日化用品。应从区域发展角度出发,围绕上海的核心优势和长三角产业链上中下游核心环节,打造从采购原材料到生产中间产品和最终产品,最后由销售网络把产品送到消费者手中的区域性完整高端产业链条。

(二)新材料产业国际竞争力分析

上海新材料产业创新资源丰富,高端人才极具优势明显,产业空间布局合理,逐渐形成了碳纤维、超导和电子化学品三大特色发展方向;重点关注航空航天材料、新一代信息技术材料、生物医用材料、新能源材料、高端装备材料、节能环保材料等方面。上海的新材料产业在国内具有一定竞争优势,但与国际领先水平相比仍有较大差距。

1. 新材料产业竞争力重点环节识别

(1)优势环节

① 先进基础材料

在先进基础材料领域,与国内其他省市相比,上海在光刻胶领域具有绝对竞争优势,在镁合金、钛合金领域也形成一定竞争力(图12)。截至2021年6月20日,上海在光刻胶领域拥有有效发明专利1537项,处于全国各省市首位,较第二位北京市多出424件专利;在镁合金领域拥有243项有效发明专利,排名第4位;在钛合金领域拥有226项有效发明专利,排名第5位。

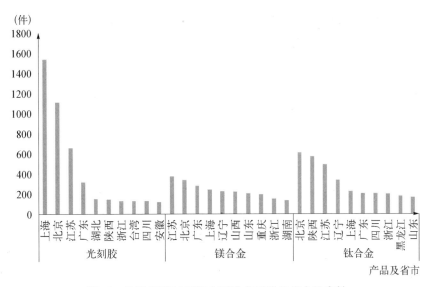

图 12　先进基础材料细分领域专利排名前十的省份

数据来源：中国专利信息中心专利检索数据库（数据截至 2021 年 6 月 20 日）。

② 关键战略材料

在关键战略材料领域，上海在碳纤维和滤光片两方面具有竞争优势（图
13）。从专利情况来看，截至 2021 年 6 月 20 日，上海市拥有碳纤维产品有效
专利数 266 件，在全国各省市中排名第 6；拥有滤光片有效发明专利数 297 件，
在全国各省市中排名第 4。

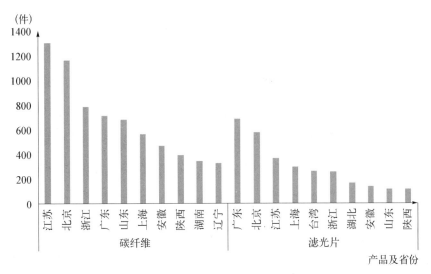

图 13　关键战略材料细分领域专利排名前十的省市

数据来源：中国专利信息中心专利检索数据库（数据截至 2021 年 6 月 20 日）。

③ 前沿新材料

在前沿新材料领域，上海在石墨烯、气凝胶材料和超导材料领域具有竞争优

势(图 14)。从专利情况来看,截至 2021 年 6 月 20 日,上海市在石墨烯领域拥有有效发明专利数 1 331 件,排名全国第 6 位;在气凝胶材料领域拥有有效发明专利 204 件,排名全国第 5 位;在超导材料领域拥有材料 41 件,排名全国第 2 位。

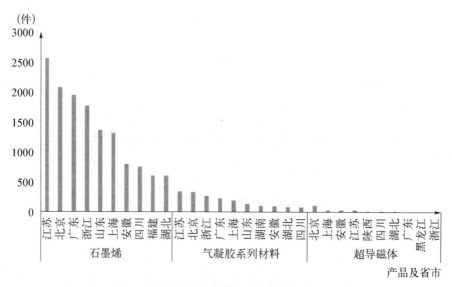

图 14 前沿新材料领域专利排名前十的省市

数据来源:中国专利信息中心专利检索数据库(数据截至 2021 年 6 月 20 日)。

(2)突出短板

尽管近年来上海在部分高端环节通过自主研发突破了国外技术封锁,但与国际领先水平相比,仍然存在较多短板。目前,中国新材料的进口率高达86%,自给率仅 14%;化工新材料产业国内保障能力只有 50%;用量较大的工程塑料和特种橡胶自给率仅 30%;高端高温合金主要要依赖进口(表 15)。

表 15 高度依赖进口的新材料清单

领　域	进口依赖材料清单
半导体材料	大尺寸硅材料、大尺寸碳化硅单晶、SOI、高饱和度光刻胶、高性能靶材、电子特种气体、湿电子化学品、氮化镓单晶/氮化镓单晶衬底、化学机械抛光(CMP)材料、封装基板、高密度陶瓷材料等
显示材料	OLED 发光材料、超薄玻璃、高世代线玻璃基板、精细金属掩模板(FMM)、光学膜、柔性 PI 膜、偏光片、高性能水汽阻隔膜、异方性导电胶膜(ACF)、特种光学聚酯膜(PET)、OCA 光学胶、微球、抗指纹涂层(AFC)涂料等
生物医用材料	医用级钛粉与镍钛合金粉、苯乙烯类热塑性弹性体、医用级聚乳酸、碲锌镉晶体、人工晶状体等
新能源	硅碳负极材料、电解铜箔、电解液添加剂、铝塑膜、质子交换膜、氢燃料电池催化剂、气体扩散层材料等

续表

领　域	进口依赖材料清单
高性能纤维	高性能碳纤维及其复合材料、高性能对位芳纶纤维及其复合材料、超高分子量聚乙烯纤维等
高性能膜材料	海水淡化反渗透膜、陶瓷膜、离子交换膜、中空纤维膜、高导热石墨膜等
先进高分子材料	聚苯硫醚(PPS)、聚砜(PSF)、聚醚醚酮(PEEK)、聚偏氟乙烯(PVDF)、聚甲醛(POM)、有机硅等
其他	高频覆铜板基材、液晶高分子聚合物(LCP)等

数据来源:新材料在线。

2. 新材料产业竞争力重点公司识别

(1) 新能源材料领域

上海璞泰来是新能源材料领域的重点企业,聚焦于锂离子电池关键材料及自动化工艺设备,在负极材料、涂覆隔膜、铝塑包装膜及自动化工艺设备等领域进行纵向一体化的产业链布局。璞泰来横向拓展工艺技术的产品应用和客户市场,构建规模化的协同竞争优势,目前是锂离子电池关键材料和工艺设备的综合服务商角色。

具体而言,璞泰来负极材料业务已经形成从原料针状焦供应到中间环节石墨化加工,再到负极材料产成品一体化产业链,维持了公司负极材料品质一贯的优异特性,同时加强了公司对成本及供应的把控力度。膜材料业务覆盖基膜生产、隔膜涂覆加工、涂覆材料及铝塑膜材料生产;锂电池业务覆盖涂布设备和锂电设备生产。在产能规划和建设方面,璞泰来充分利用内蒙古、四川等具备能源成本优势区域,规划一体化工艺产能建设,降低各个环节之间的运输成本,提升生产效率,在节能降耗减排的同时,推广使用可再生能源的应用。

(2) 金属材料领域

① 钢材

宝钢股份是上海钢铁材料的重点企业,自主研发的汽车高强钢、电工钢、高等级家电用钢、油气管、桥梁用钢、热轧重轨等高端产品处于国际先进水平。同时,紧密关注中国高端制造业如军工、核电、高铁、海工装备、新能源汽车等产业,发展了超高强钢、取向硅钢等高端产品。

2020年,宝钢在新产品和重大技术研发取得了较大进展,高效环保变压器用极低铁损取向硅钢等10项产品实现全球首发;硅钢热轧带钢边部减薄控制技术等23项标志性技术实现突破;开发和布局了战略性新材料,富氢冶金示范线在宝山1号高炉投入运行;正式运行宝钢欧洲研发中心。

② 铝材

上海华峰铝业是上海铝材的重点企业,主要从事先进设备制造,能够完成从熔铸、复合、热轧、冷轧、退火到精整、分切、包装的完整工序和生产不同规格、不同牌号的系列铝板带箔产品。其与上海交通大学材料科学与工程学院联合,共同建立了"上海交大—华峰铝业联合实验室",并以微电子材料与技术研究所、材料科学与工程学院公共测试平台、交大分析测试中心为技术研究基地,对铝合金新材料、新工艺、新应用进行了技术储备;在重点产品方面,高端铝轧制材的研发实力很强。

③ 合金材料

上海中洲是上海特种合金的重点企业,主要进行耐腐蚀、耐高温、耐磨损、抗冲击的高温耐蚀合金材料及制品的研发、生产;其产品较好地服务了下游企业,在石油化工、化学工业、核电、汽车零部件、新能源、航天、军工、船舶、环保、医用新材料、海水淡化、3D 打印合金粉末、玻璃模具、页岩气等众多领域发挥了重要作用。

2020 年,上海中洲在高温耐蚀合金制造领域研发了高温硫酸用镍基叶轮铸件、超纯净母合金生产技术、高温合金模锻产品,在高温合金精铸件定向快速凝固技术、大型高温耐蚀合金砂铸件防裂纹技术、超低气体含量高温耐蚀合金真空熔炼技术、气雾化法微米级超细粉末制备技术等十二项核心技术方面具有显著优势。

3. 典型案例

(1)上海榕融新材料科技有限公司

上海榕融的重点产品聚焦在氧化铝纤维方面。2020 年 10 月,其国产氧化铝连续纤维完成了中试,自此形成了一套高铝氧增强复合材料胶体及预浸料生产、纤维生产、织物生产、结构件生产、定型测试的整体产业链;其氧化铝连续纤维专用纺丝甬道技术具备国际先进水平,百吨级氧化物溶胶生产技术国内首创突破了国内工业化生产卡点,氧化铝连续纤维原丝铺丝烘干技术大大降低产品价格,产品质量稳定,已经可以实现国产替代进口。

通过前期中试和产业化模拟试验,上海榕融完成了工业级国产基础原料的筛选确认,实现了具有自主知识产权的百吨级国产化设备研发及定型,形成了胶体工业化生产标准程序和胶体产品质量检测标准,能够确保溶胶黏度、胶体气泡、晶粒尺寸、微量成分等关键指标的精确、稳定和高效控制,这些技术在国内都属于首创。可以说,材料化工辅助提高了中国在航空航天等相关行业在超高温保温材料、高温异形件、高温气体过滤材料等领域的国际竞争力,有效打破了国外企业对国内市场的长期垄断和技术封锁。

(2)华峰集团

华峰集团以化工新材料为主要业务,是中国 500 强企业,集团下辖三家新材料上市公司:华峰化学、华峰超纤和华峰铝业。其中,华峰化学总部位于浙江省,华峰超纤及华峰铝业总部位于上海市。华峰集团的产品主要是聚氨酯原液、聚氨酯树脂、氨纶长丝、超纤材料、聚氨酯、新型节能保温材料、热塑性聚氨酯(TPU)、尼龙66切片、铝热传输复合材料、己二酸、聚酯多元醇、环己酮等高端材料,具有较高的国内市场占有率(表16)。

表16 2020年华峰集团主要产品市场占有率

产 品	市场占有率	产 品	市场占有率
聚氨酯原液	全国60%以上	热塑性聚氨酯弹性体	全国20%
聚氨酯树脂	全国20%以上	尼龙66切片	全国8%以上
氨纶长丝	全国25%以上	铝热传输材料	全国20%
超纤材料	全国55%以上	己二酸	全国40%以上
环己酮	全国40%以上	聚酯多元醇	全国22%以上

数据来源:华峰集团公司官网。

华峰铝业从设备配置方面改进了铝轧制材常遇到的质量问题,如机械性能、板形、厚度、端面质量、卷取质量和表面质量的控制等。其关键生产设备的装机水平(轧制能力)和过程控制技术(如板型控制技术)水平均处于国内领先水平。目前,公司及下属子公司累计拥有授权专利39项,其中发明专利16项,实用新型专利23项。

在超纤高端产品领域,国内市场仍然主要被日本东丽等外企垄断。华峰超纤的超细纤维复合材料技术是在引进技术基础上再创新发展起来的,并自主研发了PA6/LDPE定岛复合纺丝技术。经过消化、吸收和改进,其功能性树脂的研发和生产、海岛纤维纺丝、非织造布加工、浸渍聚氨酯、溶海开纤、超纤绒面材料上色、干法造面及后整理等全套超细纤维合成材料生产技术已逐渐成熟,形成了难以替代的竞争优势。

4. 新材料产业国际竞争力提升路径

(1) 紧密关注新材料优势领域国际前沿技术发展动态

上海在新能源材料、磁性材料、稀土材料等领域具有一定竞争优势。对于具有竞争优势的新材料领域,应紧密关注国际前沿技术发展态势。一是配合"双碳"目标,加大对能源工业材料、节能材料、储能材料等高附加值的关键战略材料产品的开发,形成国内技术和市场行业垄断地位,辅助国家经济建设与重大工程实施。二是配合国家和上海市战略性新兴产业建设,发展以锂离子电池和燃料电池关键材料为代表的新能源材料,满足新能源乘用车的电池使用需求;并在高镍三元正极材料方面取得突破,解决高储能软包电池量产的瓶颈问题。

(2) 加快布局材料循环经济技术进步促进了新材料发展,同时也为材料回收利用带来了机遇和挑战。2017 年 2 月 2 日,英国智库绿色联盟(Green Alliance)发布的题为《发展新材料循环经济》报告引起了人们对建立新材料领域循环经济体系的重视。上海应对材料回收技术做及早部署,一是在材料回收通常包含三个环节。一是收集环节,发展"逆向物流"工程。任何产品或材料回收的第一步开发是确保其实现可再生、可回收、可循环利用的条件材料,这一过程通常称为"逆向物流"。收集的过程主要取决于并辅以产品自身价值规划、市场机制开拓以及立法要求等要求的配套。二是在分拣环节。这通常涉及两个阶段,一阶段是发展分离可回收的任何产品及零部件的可回收技术,二阶段是将其余部分加工成材料流的技术。三是在再加工环节。再加工的目标是,发展生产出可与原始材料完全相同的材料的技术,特别是如金属的再加工技术等。但是,当例如还原电子废物回收材料过于多样化时,则需要损失一部分材料。

三、提升上海化工、新材料产业国际竞争力的对策建议

(一) 加大精细化工向新材料产业的延伸

一是加大社会资本对投资大、周期长的精细化工及新材料研发生产企业的持续性资金投入。鼓励企业开展技术成果转化,支持企业度过产业化初期艰难阶段。二是调整完善新材料"首批次"保险补偿机制。目前,"首批次"保险补偿机制支持新材料产品类别较少,且对产品性能指标设置过高,符合条件的产品少、项目支持资金有限。建议进一步扩大补贴领域和范围,加大资金支持额度,解决"好材不敢用"的后顾之忧。三是加大对精细化工向新材料延伸研发机构的政策支持。部分科研机构虽自身无进出口贸易业务,却承担着诸多化工企业,尤其是中小化工企业新产品开发、技术进步、装置改造、质量提升、产品测试等技术服务,间接地为企业扩大进出口贸易、提升企业竞争力做出了贡献。可为这类科研机构提供更多等同于出口企业的相应政策支持。四是在具体内容上,集中资源、加快培育一批具有技术制高点水平,具有成长后劲的精细化工及新材料企业,对高端、特种、专用化学品及其衍生材料给予政策扶持和资金支持。针对生产催化剂、助剂的中小化工企业给予一定政策包容性,避免一刀切式关停;在精细化工领域适当调整涂料、染料等行业的结构,提高防辐射涂料、保温散热涂料等功能性涂料的产能占比,提高涂料类产品的附加值率;进一步扶持汽车新材料(聚碳酸酯、碳纤维)、电子材料(电子特气、湿电子化学品)等产品,着重研发国际技术差距较大的半导体材料(晶圆材料、胶粘剂)产品。

（二）用好 RECP 协定，争取更大贸易自由度

《区域全面经济伙伴关系协定》（RECP）的签署标志着当前世界上人口最多、经贸规模最大、最具发展潜力的自由贸易区正式启航。上海化工产业应把握 RECP 签订契机，一方面要积极寻求发展机遇，另一方面要充分认识 RECP 签订带来的贸易风险。

一是充分利用自由贸易协定，扩大上海化工企业的国际合作领域和合作方式，促进贸易潜力的进一步开发。开展技术"靶向"合作，与东南亚国家在橡胶材料领域展开深度合作；重点加强与日本化工新材料企业在电子材料、陶瓷材料、储能材料领域的合作研发；扩大与韩国在显示材料领域的合作范围。二是落实化工产品关税减免。RECP 签订后，对 RECP 部分成员国出口的合成氨、电石、化肥等无机化学品将实行关税减免，上海亟待快速提升相应化工产品生产企业的技术水平，提前布局、占领国际市场。三是预防可能存在的反倾销问题。对于进口依赖程度较高的电子材料细分领域，应设定时长不等的过渡期，以应对潜在的进口冲击。

（三）继续扩大行业规模，筑牢细分领域领先优势

一是以税收、补贴等政策鼓励大型化工企业通过战略投资实现业务领域纵向扩展，为主导企业在并购资金、法律咨询等方面提供支持。二是从土地供应、税收减免、绿色审批通道等方面支持节能环保达标且在技术上具有一定竞争优势的化工企业扩建产能。三是对符合改造条件的落后产能进行提质降耗。大部分精细化工和新材料产品均是在传统化工产品的基础上通过技术改进得到的，为避免出现对落后产能的一刀切清退现象，应对现有落后产能的改造可行性进行评估，保留并升级具有较大技术改造空间的落后产能；以财政手段给予改造落后产能的化工企业资金支持。

（四）加强关键短板领域技术攻关力度

一是制定短板清单。摸清精细化工及新材料领域目前完全空白、尚未形成规模化生产、产品性能稳定性较差或受到国外严格出口限制的关键技术，并制定关键技术清单。结合现有生产环节构建地方特色产业链。二是整合各方力量进行集中攻关。组建关键技术攻关基金，调动科研院所、高等院校、企业的科研资源，集中力量对关键核心技术进行攻关，对于最初突出贡献的个人和团体给予奖励。三是建立跨区域技术攻关机制。建立由苏浙沪皖三省一市科技部门和工信部门深度参与、以国内相关优势企业和科研单位为主体的精细化工及新材料关键短板材料联合攻关机制，集中力量突破短板。四是培育终端用户。核心技术领域的新产品难免存在生产工艺成本高、产品性能不稳定等问题，难以与国外先进技术展开市场化竞争。要在确保产品质量的情况下，

鼓励国有投资项目和国有企业先试先用,打通生产应用环节加速新材料产品迭代,满足器件、整机持续提升性能对新材料技术需求,拓展新材料产品市场空间。

(五)鼓励产业资本"走出去",加快海外基地设立与海外并购

一是对于产能过剩的化工产品(如尿素、纯碱、轮胎、农药等),顺应全球第四次产业转移趋势,以降低原材料运输成本和劳动力成本为原则,鼓励企业到东南亚国家及"一带一路"沿线国家投资建厂。

二是对于亟待提升技术含量的化工品,鼓励大型化工企业在美日欧"大三角"地区设立海外总公司或研发机构,特别鼓励功能涂料、工程塑料等功能材料领域的企业在海外设立分支机构,寻求与全球知名化工巨头的研发合作,为其提供海外投资资讯与信息;鼓励显示材料、能源材料、电子材料企业在东亚地区的拓展,与日韩企业寻求项目合作机会。

三是鼓励大型化工企业通过海外并购实现全球化运营。过去化工企业进行海外并购以获取先进技术、品牌及新颖的服务模式为主要目的,未来海外并购企业所在地应聚焦原材料产地和终端市场,以实现生产资源的全球化配置为目标。上海市化工企业的海外并购一方面在扩展企业覆盖的业务范围的同时拓展新兴市场;另一方面加强对原材料成本和供应的把控力度。

执笔:

林 兰 上海社会科学院城市与人口发展研究所研究员
王嘉炜 上海社会科学院城市与人口发展研究所硕士研究生

2020—2021 年上海新能源汽车
产业国际竞争力报告

一、2020—2021 年全球新能源汽车国际竞争力变化

（一）疫情冲击下全球新能源汽车市场逆势上涨

2020 年,在疫情冲击下,全球汽车总销量下滑了 1/5,但包括纯电动和插电混动在内的全球新能源汽车销量却达到了 324 万辆,比上一年销量 226 万辆逆势高速增长 43%。[①] 新能源车对欧洲经济稳定贡献尤为巨大。虽然欧洲车市整体下滑达 24.3%,但新能源乘用车销量同比增长 142%,凭借这一增长,欧洲首次超越中国成为全球新能源车销售冠军。2020 年,欧洲在全球新能源车市占比为 43.06%;中国依然为全球第一大新能源汽车产销国,在汽车全球市场中约占 41.27%,排名第二;美国则销售了全球 10.12% 的新能源汽车,继续保持全球第三的市场份额;排名第四的为日本,占比 0.96%。

图 1　全球新能源汽车销量及其增长

数据来源：EV Sales。

---

① 相关数据来自 EV‐Volumes 报道。

在全球新能源汽车产业结构上,纯电动和插混动力汽车是当前主导全球新能源汽车产业发展的两条主要技术路线,其中纯电动汽车占比约 68%,插电式混合动力汽车占比约 32%,氢燃料电池汽车占比不足 1%。

(二) 各国政府持续"加码"政策投入以抢占产业高地

面对新冠疫情的重大冲击和后疫情时代经济复苏的诉求,全球主要经济体纷纷推出了一揽子经济复苏计划。在计划中,有大量相关的投资、优惠等政策倾向于碳中和、碳达峰领域,而新能源汽车产业的支持和发展更是其核心之一。相比疫情前各国政府对于新能源汽车产业的扶持力度而言,疫情后,各国政府的政策力度大大加强,更有超越中国相关政策力度的趋势。

在具体的政策上,主要有政策补贴、税费减免、政府采购、基础设施建设、通行便利化措施和专项投入。其中政策补贴成为最直接也是最显著的政策措施,中国正是凭借着巨额的直接补贴快速拓展了国内市场和国内产业的发展。具体来看,补贴政策的着力点主要着力于三个方面,一是为对车辆购买和置换的补贴;二是对相关基础设施建设的补贴和对充电费用的补贴;三是针对新能源汽车产业链的关节环节,电池、电机、智能网联等环节直接设立专项基金,推动核心技术和关键环节的可控生产。

2019 年 11 月,德国提出将新能源汽车购置补贴延长至 2025 年底,并从 2021 年起提高单车补贴金额(提高 25%—50%,最高达 6 000 欧元)。2020 年 5 月,法国发布汽车行业复苏计划,提高新能源汽车购置补贴(最高补贴金额由 6 000 欧元提升到 7 000 欧元),并将新能源汽车置换补贴翻倍(补贴金额由 2 500 欧元提升到 5 000 欧元)。2020 年 6 月,德国发布一揽子经济振兴政策,其中将新能源汽车购置补贴中政府承担的金额翻倍,如车价 4 万欧元以下纯电动乘用车,政府补贴标准由 3 000 欧元提高到 6 000 欧元,加上企业补贴 3 000 欧元,总计补贴达到 9 000 欧元。

美国、德国、英国、法国、挪威、荷兰、日本均继续大幅减免新能源汽车购置及保有环节税收。同时,税收优惠并非短期阶段性实施,而是将节能减排指标作为计税依据,从而使新能源汽车可以长期享受比传统燃油车更低的税额。此外,各国政府也在加快布局充电基础设施建设。随着新能源汽车市场规模不断扩大,基础设施建设愈发受到重视,各国持续加快充电基础设施网络建设。如 2019 年 11 月,德国提出到 2030 年公共充电桩总数达 100 万个的目标。

在给予新能源汽车产业补助政策的同时,各国政府不断提高传统燃油车的排放标准和油耗法规,汽车生产企业凭借传统燃油车节能减排技术已难以满足此要求,企业电动化转型势在必行。2019 年 6 月,日本公布新一轮乘用车新车油耗法规,要求到 2030 年降至 3.94 L/100 km。2019 年 4 月,欧盟正式通过新一轮碳排放法规,要求乘用车新车平均碳排放到 2025 年和 2030 年分别比 2021 年减少 15％和 37.5％,不达标企业还须缴纳远高于开发和推广新能源汽车成本的巨额罚款。

表 1 部分国家新能源汽车产业政策①

国家	政策类型	内　　容
挪威	税费减免	免注册税、增值税,减少日常道路税;减免路桥费,停车费;可使用公交车道
	设施建设	政府投资建设公共充电桩
德国	终端补贴	纯电动汽车:4 万欧元以下车型补贴 6 000 欧元;4 万—6.5 万欧元车型补贴 5 000 欧元; 插混汽车:4 万欧元以下车型补贴 4 500 欧元;4 万—6.5 万欧元车型补贴 3 750 欧元
	税费减免	减免车辆税、免费停车、公交车道使用等
	设施建设	2017—2020 年投资 3 亿欧元支持充电基础设置建设
	专项投入	政府统筹各部门,政府直接投资支持动力电池技术的开发。2018 年 10 亿欧元。2020 年德、法政府和汽车、能源企业联合投资 50 亿—60 亿欧元;支持电动汽车与智能电网技术融合示范,为电动交通信息和通信技术研究提供 4 700 万欧元的资金支持
英国	终端补贴	纯电动轿车补贴车价的 35％,最高不超过 3 500 英镑(约合 4 000 欧元);插混无补贴
	税费减免	免汽车消费税
法国	终端补贴	私人消费者最高可获得 7 000 欧元补贴;换购纯电动车型也获得 5 000 欧元补贴
美国	政府采购	2020 年起公务车采购全部为新能源汽车
	终端补贴	部分州政府提供购置补贴,减免停车费、过桥费、电费等
	税收减免	抵扣个税
	专项投入	2019 年,美国能源部宣布拨款最高至 5 900 万美元,支持先进电池和电力驱动系统、节能系统、高效动力系统等方面的研发创新
日本	政府采购	2020 年起公务车采购全部为新能源汽车
	购车补贴	2020 年,将纯电动汽车最高补贴至 80 万日元(约合人民币 5 万元),插电式混合动力车最高补贴金额由 20 万日元增至 40 万日元,燃料电池车最高补贴金额由 225 万日元增至 250 万日元
韩国	税费减免	消费税、购置税、汽车税和教育附加税等税费减免
	专项投入	2019 年韩国产业通商资源部成立了动力电池基金,支持培育下一代动力电池发展

---

① 根据相关报道整理。

(三) 新"四大领域"成为新能源汽车产业核心竞争力

电池、汽车电子和车规级芯片、软件(包括自动驾驶系统)和集成制造四大领域将成为产业核心竞争力。

面对汽车产业智能化和网联化的转型,新的智能化对整车算力的需求和车规级硬件稳定当前存在较大矛盾。在传统汽车零部件的供应体系中,汽车电控系统也是高附加值的核心部件之一,而在新能源汽车和智能网联汽车的核心零部件价值链和技术链中,其地位进一步得到提升。在传统汽车电子零部件中,如 MCU 微控制器、ESP 车身稳定控制单元等汽车上常用的电子元件,采用 90、100、130 nm 工艺的居多,其作用主要为采集汽车相关数据并且控制单个机电零部件的运作。

新能源汽车和智能网联汽车的发展,特别是自动驾驶技术的发展,对单车整体的算力都有较高的要求。自动驾驶的实现,需要依赖感知传感器对道路环境的信息进行采集,包括超声波、摄像头、毫米波雷达、激光雷达等,采集好的数据需要传送到汽车中央处理器进行处理,用来识别障碍物、可行道路等,最后依据识别的结果,规划路径、制定速度,自动驱使汽车行驶。要完成瞬时处理、反馈、决策规划、执行的效果,对中央处理器的算力要求非常高。但是,就当前车规级产品的制程来看,无法提供制程自动驾驶的算力需求,这必然要求智能驾驶芯片进一步提升算力能力,使用更为先进的制程。而使用更为先进制程对工作环境的要求更为提高,车规级的良品率势必也更低,价格将会出现极大上涨。如 2021 年上市的极狐阿尔法 S,其搭载了华为自动驾驶系统的华为 HI 版与没有搭载该系统的普通版价格相差 10 万元以上,在普通版价格的基础上提升了 50%,由此可见当前自动驾驶成本的高昂。

(四) 各国加紧争夺对汽车数据跨境流动的排他性和控制权

美国、欧盟、日本等汽车强国持续发布支持自动驾驶政策,确保产业安全发展和消除既有制度对创新的障碍,同时也更致力于构建严密完整多层次的数据主权保障体系,加紧争夺对全球汽车跨境数据的控制权以形成新的国际竞争优势。总体看,欧美国家对车联网大数据流动监管秉持"开放流入,限制流出"的基本原则。

一是本地存储,限制流出。美国对数据流动规则的核心特征为允许境外数据自由流入却限制国内数据流出,并且本国产生的数据必须本地存储。受管制的技术数据"传输"到位于美国境外的服务器保存或处理,需要取得商务部产业与安全局(BIS)出口许可。欧盟同样设立了类似许可机制要求数据存储本地化和限制数据的外流。

二是不断扩张对境外数据的监管权。在以 CBPR 为代表的美国吸收全球数据进入其境内的数据体系下,结合美国《澄清域外合法使用数据法》确立的"数据控制者标准",凭借已有的技术经济优势和拥有的数据市场,美国进一步实现对全球数据的扩展管辖。同样,欧盟发布《通用数据保护条例》(简称 GDPR),该条例不仅适用欧盟内的国家,也适用于欧盟市场中的国家,包含有意向在欧盟境内运营、开展数据活动或者为欧盟客户提供服务的数据控制者或处理者。

三是限制境内外资企业的数据采集。严格限制外国高科技产业在美国的扩展,华为等高科技企业在美国或在由美国控制的自由市场上均会遭到严格抵制,甚至被赋予"中国霸权论"等标识进而严格限制进入,保障美国数据市场管辖权的单一性,实现境内属地管辖原则的充分适用。

二、2020—2021 年中国新能源汽车产业国际竞争力

(一)传统车企与新势力车企共同投资建设及相互竞争的格局初显

受新冠疫情冲击导致的停产停工影响,2020 年中国汽车整体产销为 2 522.5 万辆和 2 531.1 万辆,同比下降 2.0％和 1.9％,但与 2019 年相比,分别收窄 5.5 个百分点和 6.3 个百分点,情况略有好转。但新能源汽车的产销则出现了回升。

2020 年,新能源汽车产销分别完成 136.6 万辆和 136.7 万辆,产销较 2019 年的 127 万辆和 120.6 万辆有所回升,增速实现由负转正。其中新能源乘用车占据主要市场,产销占比均在 90％以上。按能源供给方式来看,纯电动汽车产销占比均在 80％以上,插电式混合动力汽车产销占比不足 20％,燃料电池汽车产销占比不足 0.1％。按应用场景分类可分为新能源乘用车与新能源商用车。在 2020 年新能源汽车 136.7 万辆的销量中,新能源乘用车销量 124.6 万辆,占比 91.15％,新能源商用车销量 12.1 万辆,占比 8.85％。新能源乘用车占据市场产销绝大部分比重,新能源商用车占比相对较小。

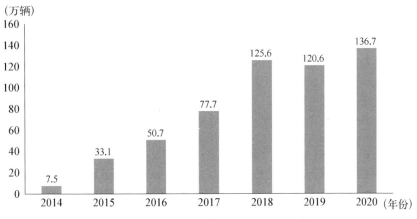

图 2　中国新能源汽车销量

从新能源乘用车前十车企销量情况来看,比亚迪、上汽通用五菱、特斯拉销量排名前三。中国新能源汽车市场形成了传统车企与新势力车企共同投资建设及相互竞争的格局。传统车企以比亚迪、北汽新能源、上汽集团乘用车公司、奇瑞新能源、长安汽车为主力;得益于成熟的上下游供应链体系优势,传统车企在新能源车销量上遥遥领先。新势力车企中,蔚来汽车、小鹏汽车等均已与传统车企签署了代工合作协议。分车企来看,新能源乘用车为我国新能源汽车市场主要产品,2020新能源乘用车前十车企中,受益于五菱宏光MINIEV、比亚迪-汉、特斯拉 Model 3 等车型热销,比亚迪、上汽通用五菱、特斯拉销量均超过 10 万辆,以较大优势分居前三位。

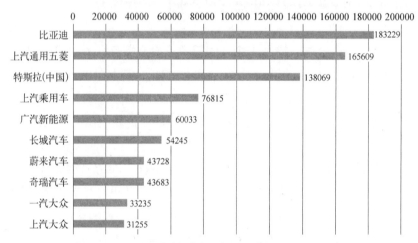

图3　2020 年中国新能源乘用车前十车企销量(单位:辆)

在总体产业收缩而新能源汽车产业扩张的情况下,新能源汽车在汽车总量中的渗透率也在不断提升。2014 年,我国新能源汽车渗透率(新能源汽车占总体汽车产量的比例)仅为 0.33%,而 2020 年已经增长至 5.42%,整体产业配套集群已经形成,培养出了全球最大的汽车动力电池、电机产业。

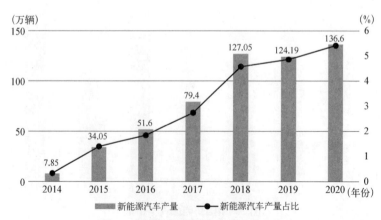

图4　中国新能源汽车产量及其占比

(二)贸易逆差不断缩小,发达国家和新兴市场"两端"发力

从汽车产业总体的进出口来看,受海外疫情,特别是发展中国家疫情影响,2020 年我国汽车出口总量进一步下滑,全年共出口汽车 99.5 万辆,较 2019 年减少了 2.9 万辆,同比减少 2.83%。

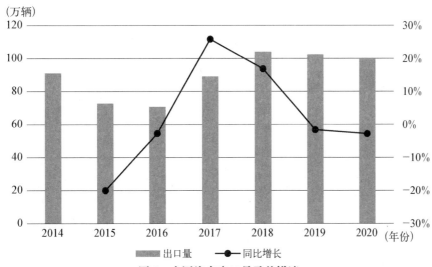

图 5 中国汽车出口量及其增速

数据来源:中国海关公布数据。

长久以来,我国汽车出口(主要是燃油车)一直以拉美、西亚、东南亚等发展中国家和地区为出口的主要市场。2020 年 1—11 月,沙特为我国整车第一大出口市场,出口 8.89 万辆,同比增长 78.1%;埃及位居第二,出口 5.47 万辆,同比增长 83%;智利位居第三,出口 4.60 万辆,同比下降 35%;俄罗斯列第四位,出口 3.79 万辆,同比增长 5.41%;澳大利亚列第五位,出口 3.56 万辆,同比增长 49.4%。[①]

而随着全球汽车市场向新能源汽车转型,这一贸易格局正在出现转变,中国对欧美发达国家的出口也在不断上升。受益于 2020 年开始欧洲对新能源汽车启动了新一轮的产业扶持和推广政策的支撑,中国新能源汽车凭借其先发优势在全球市场中获得了一定优势。海关总署数据显示,2020 年,我国电动载人汽车(含低速电动车及非插电式混合动力汽车)进出口总额为 644 亿元人民币。其中,进口金额为 419.78 亿元人民币,同比下降 9.0%;出口金额为 224.02 亿元人民币,同比增长 135.7%。新能源汽车出口总量近 7 万辆,同比增长 89.4%,占汽车出口总量的 7.0%。其中,纯电动车型出口 4.4 万辆,同比增长 94.3%,插电式混合动力车型出口 2.6 万辆,同比增长 81.8%。[②] 新能源

[①] 2020 年中国汽车出口分析,http://cacs.mofcom.gov.cn/article/flfwpt/jyjdy/cgal/202101/167689.html.

[②] 数据来自中国汽车工业协会。

汽车出口的强劲增长除了中国本土汽车品牌的增长外,2020年10月开始,特斯拉在上海工厂生产的汽车开始出口欧洲,销往德国、法国、意大利、荷兰、葡萄牙、瑞士、瑞典等数十个国家。

尽管总体还处于贸易逆差状态,但是逆差额在不断缩小,并且这一出口增长在2021年上半年得以延续。乘用车市场信息联席会数据显示,2021年上半年,中国新能源汽车出口量为17.33万辆,同比增长达151%。这一增长除了由于特斯拉出口的增长显著之外,越来越多的新能源车企在将出口作为主要战略进行布局,宝马、大众、福特等企业在华工厂都开始生产电动汽车以满足中国市场和返销欧美市场。

(三) 强化产业政策引导,政策重心由产品转向使用

1. 强化新一轮顶层规划的政策引导

随着上一轮中国新能源汽车产业发展规划在2020年到期,并且中国在新能源汽车产业发展上基本达到了当初的产业发展目标。2020年11月,国务院办公厅印发了《新能源汽车产业发展规划(2021—2035)》。该《规划》明确了未来15年新能源汽车产业的发展方向,进一步表明了国家推动新能源汽车产业发展的决心。这代表着中国新一轮新能源汽车产业发展的顶层规划出台。

《规划》提出了新能源汽车产业的发展愿景,即到2025年,我国新能源汽车市场竞争力明显增强,动力电池、驱动电机、车用操作系统等关键技术取得重大突破,安全水平全面提升。纯电动乘用车新车平均电耗降至12.0千瓦时/百公里,新能源汽车新车销售量达到汽车新车销售总量的20%左右,高度自动驾驶汽车实现限定区域和特定场景商业化应用,充换电服务便利性显著提高。

到2035年,纯电动汽车成为新销售车辆的主流,公共领域用车全面电动化,燃料电池汽车实现商业化应用,高度自动驾驶汽车实现规模化应用,充换电服务网络便捷高效,氢燃料供给体系建设稳步推进,有效促进节能减排水平和社会运行效率的提升。

除了《规划》的印发,2020年《节能与新能源汽车技术路线图2.0》和《智能网联汽车技术路线图2.0》,从各个方面具体描绘了未来15年我国新能源汽车产业的发展蓝图,为下一阶段的发展明确了方向。

2. 终端产品补助持续退坡

作为推广新能源汽车的核心产业政策,新能源汽车推广补贴政策在逐步退出中国的产业政策体系,其补贴力度在不断退坡。2020年4月,财政部发布《关于完善新能源汽车推广应用财政补贴政策的通知》,该《通知》延长了补贴期限,将新能源汽车推广应用财政补贴政策实施期限延长至2022年底。另外,补贴退坡力度和节奏得到平缓,即原则上2020—2022年补贴标准分别在上一年基础上退坡10%、20%、30%。

此外,为推动公共交通等领域车辆电动化,城市公交、道路客运、出租(含网约车)、环卫、城市物流配送、邮政快递、民航机场以及党政机关公务领域符合要求的车辆,2020年的补贴标准在2020年基础上退坡10%。为了鼓励地方新能源汽车在公共交通领域的推广,《通知》在地方对私人新能源汽车补贴的条件下可以继续对新能源公交车给予购置补贴。

与之前不同的是,《通知》对新能源乘用车的补贴设置了价格"门槛",新能源乘用车补贴前售价须在30万元以下(含30万元),而为鼓励"换电"新型商业模式发展,加快新能源汽车推广,"换电模式"车辆不受此规定。

虽然对新能源汽车的财政补助不断退坡,但是我国依然延续了对新能源汽车免征车辆购置税的政策。2020年4月,我国发布了《关于新能源汽车免征车辆购置税有关政策的公告》,《公告》提出对新能源汽车在2021年至2022年继续免征车辆购置税。

3. 地方政策模式重点的转变

为了新能源汽车的市场推广,地方政府将新能源汽车的补助转变为对新能源汽车应用领域中的补助和对新能源汽车出行便利化的优惠。

在对新能源汽车出行便利化的政策上,北京对新能源汽车号牌单独摇号,2021年家庭指标占年度新能源小客车指标的54.2%,并且新能源汽车在北京享受不限行的政策优惠。同时,在深圳、广州、重庆等地,都持续出台了关于新能源汽车在核心路段和高峰时间段内不限行的相关通行政策。而在上海,上海市政府为购买符合标准的新能源汽车免费发放专用号牌,这一号牌的货币价值接近10万元,并且号牌的长期中标率仅为5%左右。

在出行补助方面,地方对新能源汽车的补助由直接补助转向为对新能源汽车应用端的补助,主要为对充电基础设施建设的补助和充电桩使用费的补助。2021年1月,西安市发布《西安市新能源汽车充(换)电基础设施建设运营财政补贴实施细则》的通知。对细则执行有效期内建设完成并通过验收的个人自用充电设施,由市财政给予1万元/根一次性建设及电费补贴。对充电设施,给予充(换)电实际投资(不含征地费用)30%的一次性财政补贴。对公用充电桩中使用的电量可享受每度0.15元市级补贴标准。类似的政策在北京、上海、深圳等城市在2019年就已经公布并且实施。所有政策的重点就在于不断降低新能源汽车的使用成本,提高社会认可度,促进市场推广。

4. 双积分政策接力

在对新能源汽车财政补贴逐步退坡甚至退出的同时,双积分政策成为对新能源汽车企业补助的另一补助方式。2019年开始,我国开始执行的《乘用车企业平均燃料消耗量与新能源汽车积分并行管理办法》,并且于2020年6月进行了修订。

根据2020年由工信部发布的《乘用车企业平均燃料消耗量与新能源汽车

积分并行管理实施情况年度报告(2021)》,2020年度,中国境内137家乘用车企业(不含规模2 000辆以下的平行进口企业)共产生油耗正积分432万分,负积分1 178万分,产生新能源正积分435万分,负积分108万分。2020年车市产生的双积分负分缺口约338万分。2020年国内新能源汽车正积分总体高于负积分,但平均燃料消耗量负积分远远大于正积分,新能源汽车产生的正积分无法填补平均燃料消耗量负积分缺口,国内车企转型发展的形势严峻。

随着新能源汽车技术的提升,单车带电量和续航里程逐步提升,新能源乘用车单车积分快速提升。2016—2019年乘用车平均单车积分由2.79提升至4.89,涨幅达到75.27%,其中纯电动乘用车单车积分从3.08提升至5.47,涨幅超过78%。受此影响,2020年度国内共产生新能源正积分435万分,负积分108万分,正积分供应充足。从新能源积分交易规模来看,2020年新能源积分交易规模达到25.9亿元,同比增长40%。在交易价格上,2020年交易单价较2019年大幅提升,大多数交易单价超过1 000元,平均单价为1 204元/分。

根据《双积分》政策规定,如果车企没有满足新能源的积分要求,将会受到暂停高油耗产品申报、高油耗产品生产等处罚。对于平均燃料消耗量负积分数量较大的车企来说,抵偿办法主要包括:使用本企业结转的平均燃料消耗量正积分、使用本企业受让的平均燃料消耗量正积分、使用本企业产生的新能源汽车正积分和购买新能源汽车正积分。所以,对于新能源汽车生产企业,除了获得直接的财政补贴之外,通过出售新能源正积分的方式也能获得额外的收入,这在一定程度上弥补了财政补贴下降所导致的收入的下降,也为新能源汽车产品升级提供了资金。反观传统燃油车企不仅要面对更为严苛的排放标准,更要花费额外的资金购买新能源积分。《双积分》政策不仅接力财政补贴政策促进新生的新能源汽车产业加速发展,更是为汽车市场释放了产业转型的新能源方向。

5. 强化汽车安全标准,助力产业高质量规范发展

随着中国新能源汽车产业不断壮大,为了规范市场发展和产业发展,在总结过去的发展经验的基础上,2020年我国在新能源汽车安全标准、测试标准和准入标准三方面推出了新标准或更新了旧标准,进一步规范了市场的发展。

具体来看,在安全标准上,2020年5月,工信部制定的《电动汽车用动力蓄电池安全要求》《电动汽车安全要求》和《电动客车安全要求》三项强制性国家标准由国家市场监督管理总局、国家标准化管理委员会批准发布,于2021年1月1日起开始实施。

其中,《电动汽车用动力蓄电池安全要求》增加了电池系统热扩散试验,要求电池单体发生热失控后,电池系统在5分钟内不起火不爆炸,为乘员预留安全逃生时间。《电动汽车安全要求》增加了电池系统热事件报警信号要求,需要第一时间给驾乘人员安全提醒;另外强化了整车防水、绝缘电阻及监控要

求,以降低车辆在正常使用、涉水等情况下的安全风险。《电动客车安全要求》对电动客车电池仓部位碰撞、充电系统、整车防水试验条件等提出了更为严格的安全要求,增加了高压部件阻燃要求和电池系统最小管理单元热失控考核要求,提升电动客车火灾事故风险防范能力。

在测试标准上,2021 年,从 2021 年 7 月开始,我国将启用《乘用车燃料消耗量限值》强制性国家标准,将综合油耗测试标准从以前的 NEDC(新标欧洲循环测试)切换为 WLTC(全球轻型车辆测试循环)。新标准对油耗测试工况的调整势必带来燃油车油耗的全面上升和新能源汽车续航里程的下降。这将进一步加重传统燃油车企燃油负积分的压力,压缩新能源车企新能源积分的产生。在此情况下,新能源汽车积分有可能面对价格上升的趋势。

在准入标准上,2020 年 7 月,工信部发布了《关于修改〈新能源汽车生产企业及产品准入管理规定〉的决定》。该决定提出,为更好适应我国新能源汽车产业发展需要,进一步放宽准入门槛,激发市场活力,加强事中事后监管,促进我国新能源汽车产业高质量发展,需要对上述准入规定部分条款进行修改,自 2020 年 9 月 1 日起施行。新标准删除申请新能源汽车生产企业准入有关“设计开发能力”的要求,将新能源汽车生产企业停止生产的时间由 12 个月调整为 24 个月,删除有关新能源汽车生产企业申请准入的过渡期临时条款,进一步放开了新能源汽车产业的准入门槛,吸引更多的社会资本进入这一产业。

工业和信息化部《道路机动车辆生产企业及产品准入新技术、新工艺、新材料应用评估程序》(征求意见稿),提出“三新”产品豁免评估程序,促进技术创新和技术水平提升;国家发展改革委、商务部联合发布《鼓励外商投资产业目录(2019 年版)》,在鼓励类中增加鼓励电池单体、正负极材料、燃料电池发动机、电堆、质子交换膜等新能源汽车关键零部件制造及研发的内容;国家发展改革委发布《产业结构调整指导目录(2019 年版)》,重点加大新能源汽车(特别是燃料电池)、智能汽车相关技术和产品支持力度。

(四) 核心技术持续提升,电子电控成为发展瓶颈

1. 电机国产化配套完善,性能提升尚有空间

在新能源汽车车用电机领域,国产化电机是市场的主体,但是在基础材料好零部件上海有所欠缺。2019 年,在驱动电机及控制器配套企业中,新能源乘用车驱动电机和电机控制器的国内配套企业比例分别达到 83.6% 和 85.9%,新能源商用车全部由国内企业配套。从集中度看,驱动电机前 20 家企业配套比例达到 81.1%,其中 15 家为国内驱动电机企业;电机控制器前 20 家企业配套比例达到 75.9%,其中 16 家为国内电机控制器企业。

经过多年的持续努力与攻关,我国在驱动电机系统设计、制造、检测方面取得了长足的进步,目前驱动电机及控制器产品的峰值功率范围覆盖了

360 kW以下各类新能源汽车用电驱动系统动力需求,关键技术指标如功率密度、效率等与国外同类产品水平相当。

表2 典型国内外乘用车驱动电机产品指标对比

技术指标	国内典型电机1	国内典型电机2	国内典型电机3	国外典型电机1	国外典型电机2	国外典型电机3
峰值功率(kW)	125	130	130	130	150	165
最高转速(rpm)	13 200	13 200	12 000	8 810	16 000	17 900
峰值转矩(N·m)	300	315	310	360	310	416
峰值效率(%)	97	97	97	97	97	97
功率密度(kW/kg)	4.30	4.56	4.20	4.60	4.40	4.50
冷却方式	水冷	油冷	水冷	水冷	水冷	水冷

资料来源:上海汽车电驱动工程技术研究中心。

我国"十三五"科技部重点研发计划新能源汽车重大专项的实施,促进了新能源汽车产业及关键零部件的进步。其中上海电驱动、上海大郡、中车时代等均在自主开发车用IGBT芯片、双面冷却IGBT模块和高功率密度电机控制器,以上产品已具备应用条件。其中,上海电驱动与上海道之联合开发,采用自主IGBT芯片、芯片双面焊接工艺和电力电子功率组件的直焊互连工艺研制出的高密度电机控制器产品,该产品峰值功率密度能达到23.1 kW/L,同时输出功率为260 kW的电机控制器的功率密度达到23.5 kW/L,采用双面水冷结构;而中车时代电气通过采用自主IGBT芯片、双面焊接与双面冷却技术、自主IGBT驱动芯片和电力电子集成技术,研制开发出600 A/750 V双面散热IGBT模块及组件产品,其电机控制器的功率密度达到20 kW/L。

电驱动一体化总成是将驱动电机、电机控制器与减速器深度集成的技术,目前该技术是乘用车领域现阶段发展的主要技术目标。其中外资供应商率先推出三合一电驱动一体化总成产品应用于乘用车驱动系统,主要代表企业为大陆、麦格纳、博格华纳、吉凯恩、博世、采埃孚、日本电产等。我国电驱动总成开发水平和进度与国外基本同步,其中上海电驱动、精进电动、巨一、汇川技术、比亚迪等均推出了三合一集成的电驱动总成系统,相应的产品已应用于上市的车型中,如长安逸动EV460、BYD元EV360、广汽Aion S。此外,一些整车企业还推出了多合一电力电子总成控制器,代表企业包括日产、宝马、长安、北汽等。

我国在新型电超导与热超导材料、高导磁硅钢片、车用低重稀土、漆包线成型与加工性、扁导线制造工艺水平、高速轴承及高速变速箱的设计与制造能力等方面有待进步提高。在第三代宽禁带半导体器件方面,我国的芯片电流密度、外延材料及生长工艺、模块可靠性设计与封装等方面仍与国外存在差距。在乘用车电驱动集成一体化方面,我国虽有多个三合一电驱动总成产品推出并开展应用,然而机—电、电—电的集成度仍需要进一步提高,同时缺少可靠性高的后桥电驱动总成产品。在制造和试验方面,尤其是高端试验、高速试验和关键生产设备、检验设备的水平相对落后,基本依赖进口;批量制造的高端工艺、装备技术与国际先进水平尚存差距。

2. 电子电控成为制约各大厂商发展的瓶颈

随着最近两年中美贸易摩擦的加剧以及中国新能源汽车产业规模发展中出现的问题,中国汽车产业中所存在的短板逐渐暴露出来。

从国内销售的整车来看,自主品牌占据了目前新能源汽车市场的主要份额,并且中国新能源汽车产量占全球产量的一半以上。但是中国新能源汽车主要依靠内销,而出口的量则很少,在欧美市场的畅销车型中无一是中国品牌。并且在电池、电控、电机等核心零部件方面,中国企业严重缺失,特别是在电控领域中,核心零部件对进口高度依赖,2019年我国IGBT领域进口依存度约90%。如电控的核心部件IGBT(绝缘栅双极型晶体管)产品,德国英飞凌(Infineon)、日本三菱、富士电机、美国安森美(On Semi)、瑞士ABB是市场份额前五的企业,这五家企业的市场份额超过70%。图像处理芯片则基本被英伟达和Mobileye(被英特尔收购)垄断。

在整车领域基本完成规模化的当下,中国新能源汽车的竞争力逐渐转移到对产业链的控制力上。这样的一种产业链上的困境也使得国内厂家发现了新的市场拓展的机会。2020年4月,比亚迪IGBT项目在长沙经开区正式动工,该项目总投资10亿元,围绕新能源汽车电子核心技术研发及产业化应用,建设年产25万片8英寸新能源汽车电子芯片生产线,解决新能源汽车电子核心功率器件"卡脖子"问题。

三、2015—2020年上海新能源汽车发展指数分析

(一) 上海新能源汽车产业发展

2020年,在新冠疫情的冲击下,上海的经济发展经历了严峻考验。全年新能源、高端装备、生物、新一代信息技术、新材料、新能源汽车、节能环保、数字创意等工业战略性新兴产业实现工业总产值13 930.66亿元,同比增长8.9%,占全市规模以上工业总产值比重达到40%。

但是,重点产业发展态势依然严峻,特别是汽车制造业和石油化工及精细化工制造业两大产业衰退严重,营业收入和利润总额分别下降了2.8%、9.2%和24.7%、13.6%。如果说石油化工及精细化工制造业的下滑主要是

由于疫情导致的国际油价断崖式下降和大宗商品价格的下跌,而汽车制造业的下滑则由于整体市场需求的下滑和上海传统燃油车产品竞争力的下降。

表3　2020年上海六大重点工业产业情况

指　标　名　称	营业收入 (亿元)	营收同比增 长(%)	利润总额 (亿元)	利润同比 增长(%)
六个重点行业总计	26 513.6	−0.7	1 759.66	−9.2
电子信息产品制造业	6 686.01	4	236.9	12.5
汽车制造业	7 801.16	−2.8	608.42	−24.7
石油化工及精细化工制造业	3 810.75	−9.2	277.28	−13.6
精品钢材制造业	1 624.5	−3.1	110.48	30.3
成套设备制造业	5 142.38	3.5	306.06	0.3
生物医药制造业	1 448.8	4.5	220.52	5.6

数据来源:上海市统计局网站。

2020年,上海汽车产业实现产量264.68万辆,虽然总体占全国产量10.5%,但国内市场份额较2019年下降了3.7%。但是在新能源汽车领域中,随着特斯拉中国工厂的全面开工,2020年全年上海新能源汽车完成产量23.86万辆,同比增长190%,产值达到663.64亿元,同比增长170%,为汽车工业稳增长促发展发挥了重要作用。

长期以来,上海新能源汽车产业的发展长期遵循多条技术路线并进的发展策略,在插电式混合动力汽车、纯电动汽车和燃料电池汽车领域中都有所投入和产品产出。受上海新能源汽车牌照发放政策以及前期纯电动汽车性能劣势的影响,在2013年起的几年间,上海市场和产业偏向于插电式混合动力的生产与研发,而随着电池技术和电气化技术的成熟、性能的提升,纯电动技术路线成为上海新能源汽车市场推广和产业发展的主流。

2020年,中国新能源汽车市场销量前十的企业中,工厂位于上海企业占据三个席位,分别为特斯拉(中国)(13.8万辆)、上汽乘用车(7.6万辆)和上汽大众(3.1万辆)。面对2020年新冠疫情的剧烈冲击下,传统燃油车市场下滑显著,上海新能源汽车则逆势大幅上升,有利地缓解了上海汽车产业的下降颓势。

(二) 国际竞争力指数测算及分析

1. 产业国际竞争力综合指数

本课题通过构建地区新能源汽车国际竞争力评价的三级指标体系,收集对样本地区新能源汽车产业四年的数据,通过测算后得到全国主要省

（市）2016 至 2020 年的新能源汽车产业国际竞争力指数，其结果如图 6 所示：

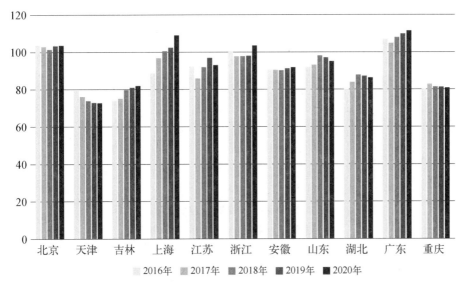

图6 样本地区新能源汽车产业国际竞争力指数变化

2020 年上海新能源汽车产业国际竞争力指数为 109，仅次于广东，位于全国第 2。在新冠疫情的冲击下，我国各地区新能源汽车产业不同区域间的发展上"强者愈强"的马太效应进一步加剧。综合来看，长三角地区和珠三角两个地区作为我国新能源汽车产业发展两大增长极持续引领着中国新能源汽车产业的发展。上海、浙江、广东作为新能源汽车传统强省（市）的产业国际竞争力指数不仅在过去几年间稳定增长，在 2020 年依旧领涨全国。广东作为传统的新能源汽车产业大省，在珠三角产业发展中起着领头羊的作用。而天津、湖北、重庆等新能源汽车发展原本落后的省（市）其竞争力指数在 2020 年进一步下降。

从全国的指数情况来看，新能源汽车产业的发展主要还是依靠大型企业作为核心，一大群配套企业作为协同的发展模式。在传统汽车产业转型而来的新能源汽车产业的发展上，原有较为良好产业基础的吉林、天津、湖北和重庆等地并没有发挥出原有的产业优势，在新能源汽车产业的发展上处于倒数的位置。

内部看，上海的新能源汽车产业国际竞争力指数在 2016 至 2020 年间保持了稳定增长的态势，由 2016 年的 88.69 上升至 2020 年的 109，年平均增长率超过 5％。在近两年国内市场不景气、国际市场尚未开拓的情况下，上海新能源汽车产业国际竞争力的提升实属难得。

从二级指数的变化来看，三个二级指标在过去五年间都有所上升。其中，行业驱动增长指数和价值链提升指数是推动产业国际竞争力主要力量，而产

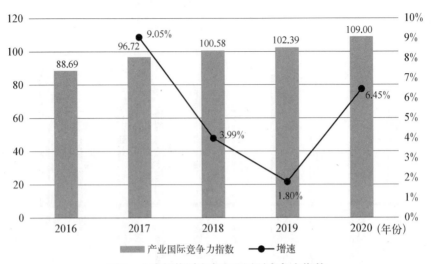

图7　上海新能源汽车产业国际竞争力指数

业国际表现虽也上升,但上升幅度较小并且有所波动,在 2019 年出现了下降。在产业国际竞争力指标体系的测算中,指数的高地有相对竞争力强弱的含义。从上海三大二级指标的指数大小来看,上海产业竞争力的优势在于行业驱动增长和价值链提升,代表着上海良好的产业基础和在产业核心产品上的技术优势。而在代表外向型的产业国际表现方面则发展缓慢,并且存在波动。产业国际表现指数略低也显示出上海新能源汽车产业发展在外贸领域的不足,在美国贸易打压的情况下受到了最直接的影响,2019 年产业国际表现的下滑就是由于贸易摩擦所导致。但究其本质而言,是由于上海汽车产品在国际上的竞争力不足。

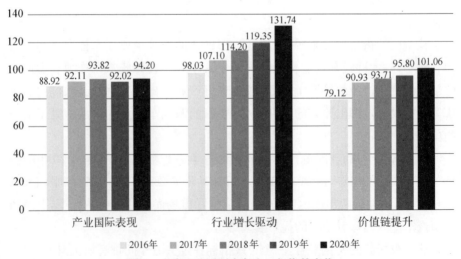

图8　上海产业国际竞争力二级指数变化

2. 产业国际表现指数

在产业国际表现方面,主要反映了产业的出口能力,用产业部门贸易优势、行业贸易优势和供应链强度指标进行加权衡量,这三个指标分别是行业的RCA指数、TC指数和外贸依存度,是产业在国际上竞争力最直接的表现。具体指数变化如图9所示。

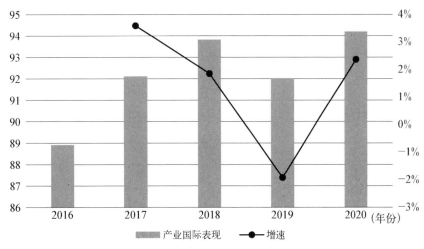

图9 上海产业国际表现指数

上海新能源汽车产业国际表现指数由2016年的88.92上升至2020年的94.2,呈缓慢上升态势,整体增幅为5.9%。产业国际表现指数反映了上海新能源汽车产业在贸易领域中的弱势。一方面,上海新能源汽车产业的贸易先进产品不足,不足以支撑上海新能源汽车产业的出口;另一方面,上海在汽车产业的进口中进口了大量的高技术产品进行对国产车型的匹配,这一种进口也导致了指数偏低的情况。此外,2019年中美贸易摩擦对上海汽车产业国际竞争力的表现也出现了显著的负向影响,2019年国际表现指数下滑1.92%。而2020年新冠疫情的突发事件在一定程度上打断了上海汽车产业的生产和出口,但是由于我国有利管控了疫情,2020下半年率先开始经济复苏的进程,而海外反而陷入了停工停产的疫情环境,上海的产业国际表现指数触底回升,达到新高。

表4 上海新能源汽车产业国际表现指数三级指标变化

年份	产业部门贸易优势	行业贸易优势	供应链强度
2016	0.328	−0.493 3	0.032 6
2017	0.324	−0.535 1	0.041 6
2018	0.365	−0.423 1	0.037 7

续表

年份	产业部门贸易优势	行业贸易优势	供应链强度
2019	0.407	−0.327 3	0.026 8
2020	0.424	−0.309 4	0.029 6

从产业国际表现的具体指标来看,产业部门贸易优势和行业贸易优势两大指标有所优化,即行业的 RCA 和 TC 指标向好。但供应链强度,也就是外贸依存度在经历了 2018 和 2019 年经历较大的下降之后于 2020 年略有上升,在一定程度上拖累了产业国际表现指数的上升。

上海的产业国际表现指数的波动性对产业国际竞争力总指数的变化起到了重要的影响。在过去五年间,虽然从指数上看提升显著,但是上海汽车产业在出口方面依然存在着较大的困难。首先是出口的量不够。上海汽车产业长期处于贸易逆差的状态,上海汽车产业长期进口大量中间品作为产业中高技术零部件的中间投入,这使得 TC 指数长期为负值。但上海汽车产业的贸易逆差并不全是产业的因素,更多地是由于上海作为贸易中心的地位,其他地区的产业进口从上海流入。

其次,在进出口的结构上,上海出口产品中低附加值产品占比较高,进口产品中则高附加值产品较高。在上海汽车产业总的出口额中,机械类零部件占了绝大部分,整车出口占比非常小,并且大多是都是小排量的经济型轿车。在进口上则是以附加值较高的电子零部件为主,这种结构上的差异严重拖累了上海汽车产业的国际竞争力的提升。

3. 行业增长驱动指数

行业驱动增长指数主要对新能源汽车产业发展的产业基础进行评价,衡量了上海传统汽车产业的发展状态以及上海新能源汽车产业所表现出的产业水平。新能源汽车产业是传统汽车产业的转型升级,优质的传统汽车产业基础可以给新能源汽车产业的发展提供良好的配套环境,因此,行业驱动增长指数就是以此为出发点构建的指数。行业驱动增长指数由投资持续性、产业效率、产业强度、新能源汽车车型占比以及产量占比五个指标所构成。

上海在过去五年间,其行业驱动增长指数从 98.03 上升至 131.74,在指数上大幅上升,行业驱动增长指数的上升体现出了上海新能源汽车产业的产业发展基础不断增强。2016 至 2020 年行业驱动增长指数变化如图 10 所示。

从上海行业增长驱动指数三级指标来看,除产业强度指标有所下降之外,上海的投资持续性、产业效率、新能源汽车新车型和新能源汽车产量占比指标都稳步上升。特别是两个关于新能源汽车产业的新能源新车型占比和新能源

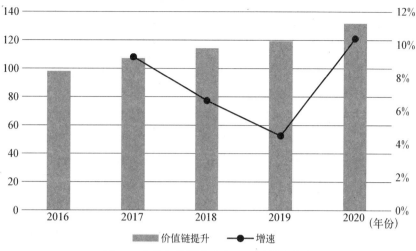

图10　上海新能源汽车行业驱动增长指数

汽车产量占比两大指标在上升显著,极大支撑了上海新能源汽车产业行业增长驱动指数的提升。产业强度是衡量地区产业经济效益的指标,用区域产业利润率进行衡量。

从总体上来看,行业增长的加速和生产效率的提高在一定程度上弥补了盈利能力的下降,上海依然拥有全国领先的产业基础。自 2018 年以来,上海汽车产业工业总产值、利润总额连年下降,2020 年汽车产业仅实现利润608.42亿元,相比于 2017 年的 1 106.02 亿元下降近50%,整体产业发展进入瓶颈期。面对新产业浪潮之际,汽车传统价值链和产业链的重构使得上海原有的产业优势逐渐弱化,上海亟须构建新一代新能源汽车产业的产业优势,以此确保上海新能源汽车产业的未来竞争优势。

上海区域市场效率和产业投资效率指标的上升和产业强度的下降形成鲜明的对比。在这一指标分化的背后是上海通过压低汽车产业的盈利进行产业的扩张,通过产业的扩张来获得竞争的规模优势。但是这一发展模式逐渐进入瓶颈,传统产业优势逐渐下降,而新能源汽车产业尚且较小,无法撑起当前上海汽车产业的整体发展。除了整体产业的扩张,在新能源汽车领域中,新车型占比和新能源汽车产量占比也提升显著,这背后所代表的是上海新能源汽车产品类型的不断推出,市场的接受程度不断提升的情况。

对于上海而言,传统的汽车产业优势在于对汽车生产制造领域的深度理解、对产业链强大的整合能力和对关键零部件生产企业的引进吸收能力,但未来汽车产业的核心竞争力将是软件和硬件相结合的竞争力,汽车大数据将成为软硬件开发的基础。如何利用好上海原有产业优势,培育起上海汽车产业未来的产业优势是上海产业发展亟须突破的问题。

表5　上海新能源汽车行业驱动增长指标

年份	投资持续性	产业效率	产业强度	车型占比	产量占比
2016	6 033.16	264.15	0.164 0	0.000 0	0.042 0
2017	6 666.50	297.08	0.185 9	0.026 2	0.059 2
2018	7 750.76	308.43	0.163 3	0.056 1	0.090 4
2019	7 804.04	333.22	0.121 6	0.098 3	0.129 3
2020	8 417.93	370.02	0.098 0	0.194 2	0.157 1

4. 价值链提升指数

价值链提升指数主要评价了地区的在价值链上提升的程度,主要用科研成果和核心产品出货量标进行评价。科研成果使用地区行业当年新增专利作为区域产业技术发展的衡量指标。在核心产品的选择上,电机电控是新能源汽车的关键,新能源汽车作为传统燃油汽车的替代品,其主要电气系统即为在传统汽车"三小电"(空调、转向、制动)基础上延伸产生的电动动力总成系统"三大电"——电池、电机、电控。其中,电机、电控系统作为传统发动机(变速箱)功能的替代,其性能直接决定了电动汽车的爬坡、加速、最高速度等主要性能指标。我们以这两方面衡量上海新能源汽车产业的价值链提升情况。

据测算,2016—2020年,上海新能源汽车产业价值链提升指数如图11所示。

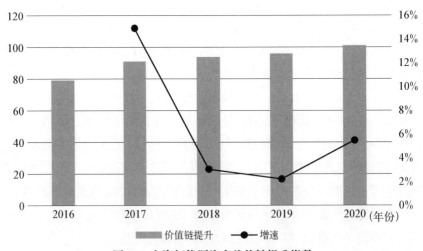

图11　上海新能源汽车价值链提升指数

上海新能源汽车价值链提升指数在过去五年间稳步提升,且是三个二级指标中提升最大的一个。在2016—2020年,上海新能源汽车产业价值链提升指数由79.12上升至101.06,上升幅度达到27.73%。价值链提升指数是直接衡量上海核心产品数量和质量的指数,所以它最能直接反映上海新能源汽车产业的国际竞争力。所以,价值链提升指数的上升体现上海在新能源汽车关键零部件领域的大踏步前进。

在电控领域中,近年来,我国新能源汽车电控系统国内品牌相关技术不断提升,产品竞争力不断加强,加上国外品牌的价格较高,目前我国新能源汽车电控系统市场主要由本土品牌占领,本土品牌主要分为两大类,一类是以比亚迪、北汽新能源为代表的新能源汽车主机厂,另一类是第三方电控系统集成商,其中上海电驱动在第三方电控系统集成商中占据领先地位。此外,联合电子作为上汽集团旗下的合资企业,已经成为我国最主要的电控系统提供商。

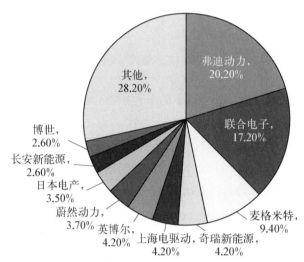

图 12 2019 年中国新能源汽车电控市场结构

资料来源:前瞻产业研究院。

上海在电驱动处于领先的地位,在 2019 年中国驱动电机装机排行中,上海本土驱动电机企业占了两名,分别是华域汽车电动和上海电驱动,这两家都是上汽集团的合资企业。

而第三方企业,如上海电驱动、上海大郡、上海南洋电机等企业都有不小的出货量。除了总部在上海的驱动电机企业之外,国内多家企业,如巨一自动化等都在上海设立了分公司。

虽然在电机领域中上海处于前沿地位,但在动力电池领域,受上海政府对产业发展的规划问题,上海基本处于缺失状态。对于动力电池的发展,上汽所采取的方案是与专业的电池企业宁德时代进行合资来确保动力电池的供应。但是,上汽和宁德时代的合资企业选址于江苏,在上海境内并没有工厂,是上海产业链的弱项。

上海在新能源汽车产品中的优异表现首先得益于企业长期、持续的研发投入,内部研发和引进海外技术是两种最主要的方式。上海汽车产业在 2015—

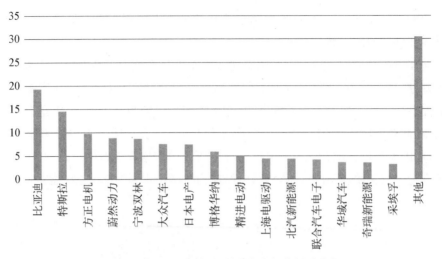

图 13　2020 年中国新能源汽车电机装机量分布

2019 年 R&D 内部经费支出由 134.6 亿元上升至 182.68 亿元,增长了 35% 以上。与此同时,产业的新产品销售收入也由 2 651.35 亿元上升至 4 446.53 亿元,增长近 100%。和增长显著相关的是技术引进经费支出,由 2015 年的 32.4 亿元增长至 2019 年的 119.41 亿元,增长近 300%。与此相对,2019 年,上海本土汽车企业购买国内技术支出仅仅为 4.16 亿元。这一反差虽然意味着上海已经处于产业发展的前沿,对国内的技术需求不高,而是引入全球领先的技术进行生产和研发。但是,这一海外技术引进支撑的生产体系和研发体系也可能会面临较大风险,随着全球经贸关系的日益复杂,过度依赖于海外技术会导致产业发展陷入困境,特别是在政治、经济等风险出现断裂或者断供之时。

表 6　上海汽车产业研发支出　　　　　　　　　　（单位:亿元）

研发相关项目	2015 年	2016 年	2017 年	2018 年	2019 年
R&D 内部支出	134.60	141.33	165.69	196.86	182.68
技术改造经费支出	51.92	66.97	76.13	53.74	86.78
技术引进经费支出	32.40	109.22	79.62	75.70	119.41
购买国内技术支出	1.59	1.79	1.95	120.07	4.16
新产品销售收入	2 651.35	4 044.63	4 925.59	4 589.38	4 446.53
新产品出口	30.37	48.39	61.92	92.73	105.90

(三) 长三角新能源汽车产业国际竞争力分析

为进一步研判上海新能源汽车产业竞争力在区域中的相对变化以及产业区域发展的特征,将长三角地区新能源汽车产业国际竞争力和二级指数的变化进行比较分析。

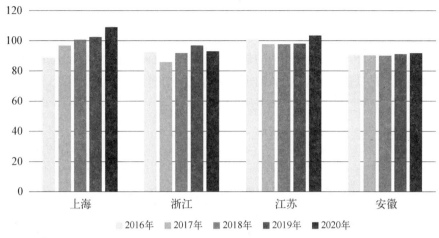

图 14　长三角地区新能源汽车产业国际竞争力指数

如图 14 所示,长三角地区新能源汽车产业国际竞争力在中国处于前列,上海和浙江两地的新能源汽车产业增长引领长三角的增长。上海和浙江作为传统汽车产业强省(市),在新能源汽车产业的发展上延续了汽车产业良好的发展势头。从长三角三省一市新能源汽车产业国际竞争力的变化可以看出,各地的产业发展态势也不尽相同,上海保持了稳定的增长,江苏则表现出较大的波动中增长,而浙江和安徽则出现了 V 型增长的变化。这背后是产业发展模式的转变,在新能源汽车产业的发展前期,浙江、安徽等地都是以发展小微型车为主的发展模式,虽然能快速占领市场,扩张市场份额,但必然会面对产业发展的后继动力不足和产业转型中的竞争力下滑,浙江和安徽的这种 V 型增长正是产业发展模式转变的表现。反观上海新能源汽车产业发展秉持多种类产品均衡发展和关键零部件协同发展的路径,这虽然使得在产业发展起步时国际竞争力并不显著,而在发展的持续性上表现良好。

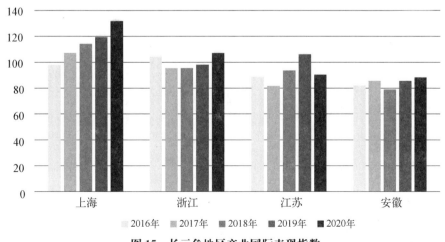

图 15　长三角地区产业国际表现指数

在长三角地区产业国际表现指数上,上海与江苏都出现了波动中上升的情况,而浙江和安徽则表现出持续下降。浙江和安徽在汽车产业在国际市场上的竞争力正在下降,传统低附加值的机械加工产品在面对全球经济动荡的当下正在失去原有的低价格的竞争力,而上海和江苏则在产品的技术水平上寻求不断的突破,所以两地的产业国际表现虽有波动,但总体上保证了上升的变化。

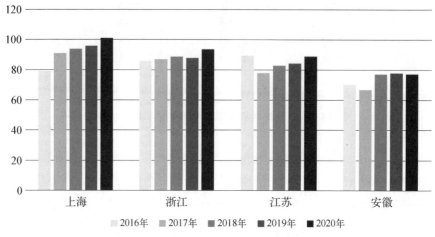

图16 长三角地区行业驱动增长指数

在行业驱动增长上,上海长期保持在长三角最好的产业基础,并且这一产业基础优势还在不断上升。而在浙江、江苏和安徽的驱动增长指数都出现了较大的波动与下降,特别是江苏和安徽,其产业基础处于较低水平,而在产业后继的发展上也并没有展现出稳定增长。

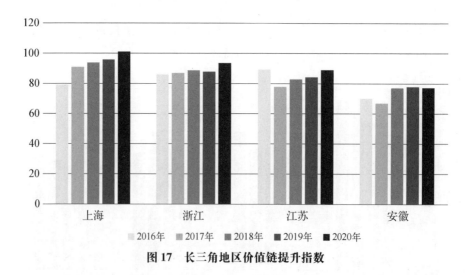

图17 长三角地区价值链提升指数

相对于产业国际表现和行业驱动增长两个指数,长三角三省一市的价值链提升指数都在过去五年间有所提升,其中上海最为显著,浙江次之,江苏则是在 2017 年经历较大下滑之后缓步提升,安徽则在 2018 年获得较大提升之后进入了平台期。

长三角地区是我国新能源汽车产业发展的两大发展极之一(另一发展极为珠三角地区)。长三角汽车产业集群以江苏—上海为中心,主要为新能源汽车产业,聚集了 100 多个年工业产值超过 100 亿元的产业园区,不仅包括了传统汽车企业上汽集团、吉利集团和东风系客车、卡车、乘用车等在内数千家整车和零部件企业,还包括了特斯拉、蔚来、威马、哪吒等一大批新兴造车企业。

2020 年长三角地区新能源汽车产量 48.76 万辆,占全国新能源汽车产量的比重超 30%。其中,上海新能源汽车产量最高达 23.86 万辆,同比增长 190%。安徽紧随其后,新能源汽车产量 10.5 万辆,同比小幅下降。江苏、浙江新能源汽车产量相差无几,产量分别为 7.3 万辆、7.1 万辆。[①] 上海不仅在新能源汽车产量上独占鳌头,在关键零部件领域的研发和市场占比上都具有较大优势,电控系统、高性能电机等关键零部件在国内市场上长期占据 20% 以上的份额。

在产业研发中,近年来江苏已经成为全国拥有行业专利最多的省份,截至 2021 年 7 月底,江苏省新能源汽车专利申请数量高达 16 700 项。江苏大力创建智能网联汽车、汽车动力总成、智能充电系统、燃料电池汽车等领域的国家级、省级制造业创新中心、企业技术中心、工程技术中心。

在政策层面上,三省一市都各自提出了自身新能源汽车产业发展的目标,争取到 2025 年新能源汽车产量分别为上海 120 万辆、江苏 100 万辆、浙江 60 万辆。

(四)上海新能源汽车市场和政策方向

1. 上海新能源汽车产业贸易情况

上海新能源汽车产业贸易情况正在经历产业转型中的双重转变,一是出口产品的转变,出口产品由传统燃油车转变为新能源汽车为主。在上海传统汽车产品的出口中主要以传统燃油车为主,并且出口国家也主要是以亚非拉为主的发展中国家,这些国家通常没有汽车产业基础,本土汽车产业发展薄弱,基本依靠进口满足本土汽车市场的需求。对于这类市场,对产品的要求并不高,同样在价格上则倾向于更为便宜的经济型的产品。而在此类市场上,跨国车企,如丰田、大众等早已耕耘多年,市场地位根深蒂固,上海产品的出口也处境艰难。而随着国内新能源汽车产业的崛起,上海汽车企业在调整自身产

---

① 长三角地区新能源汽车产业"十四五"发展思路汇总分析,https://new.qq.com/rain/a/20210719A0AUMD00。

业结构的同时也调整了出口的产品结构,与其与传统跨国车企竞争传统燃油车的国际市场份额,不如去争取附加价值更高,中国拥有先发优势的新能源汽车的全球市场份额。上海的汽车产业出口由此转变为以出口高价格的新能源汽车产品为主体。第二个转变是目标市场的转变,汽车产品出口目标国由亚非拉等国发展中国家转变为欧美发达国家。新能源汽车的价格更高,发展中国家的市场并不能容纳,而发达国家在碳达峰、碳中和的发展压力下大力推广新能源汽车。在这一领域中,中国已经处于较为领先的地位,凭借优势地位,上海新能源汽车产业出口由传统燃油车的发展中国家转变为欧洲为主的发达国家。

上汽集团年报显示,2020年上汽集团实现海外销量39万辆,同比增长11.3%,超过中国车企海外总销量的1/3,连续五年蝉联全国第一。其中,MG品牌在海外销售23万辆,连续两年夺得中国出口单一品牌冠军,销量是第二名的一倍。按照上汽的规划,"十四五"期间,上汽要向深耕国内与拓展海外并重发展,预计海外年销量将达到150万辆,在上汽集团整体销量中占比15%左右,年均复合增长率有望超过30%。

除了上汽集团之外,特斯拉2020年的全面开工给上海新能源汽车的出口带来了较大提升。2020年特斯拉(上海)累计产量为152 957辆,累计国内销量为137 459辆,出口量约1.2万辆。随着特斯拉中国工厂产能的不断释放和特斯拉在中国供应链的不断成熟,特斯拉的出口量也在不断提升。2021年7月,特斯拉中国工厂单月出口首次突破2万辆,预计全年出口有望突破10万辆。

2. 新能源汽车市场推广情况

2020年,上海市区号牌和新能源号牌小客车快速增长。至2020年年底,全市注册机动车469.1万辆,其中小客车397.1万辆,同比增加26.7万辆。市区号牌上牌量同比增加11.5万辆;沪C号牌上牌量同比增加5万辆。

值得注意的是,2020年具有市域通行权的沪牌以及新能源号牌持续快速增长,合计增加21.7万辆,为2019年的1.5倍。其中上海新能源汽车推广量12.1万辆,创历史新高,累计推广量已达42.4万辆,总规模位居全国第一、全球前列。2020年上海新能源汽车牌照发放总量超过市区号牌上牌量,已经成为市区通行号牌的新增主体。

上海新能源汽车推广量在全国总销量的份额也逐渐趋于稳定。由于上海的限牌政策,上海自新能源汽车号牌免费发放以来就成为全国最大的新能源汽车市场之一,在2014年和2015年总体年推广量占全国的14%以上,随着全国市场的快速增长,上海占全国的推广量也逐渐下降,最低下降至2018年的不到6%。而在上海限牌政策进一步收紧的情况下,上海新能源汽车的推广量再创新高的同时其占全国的推广份额有所恢复,2020年上升至8.85%,新能源

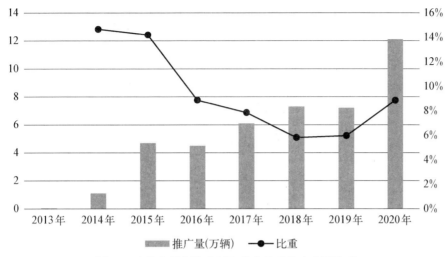

图18　上海新能源汽车历年推广量及其占全国比重

数据来源：上海市新能源汽车公共数据采集与监测研究中心。

汽车渗透率也在2020年底达到了9.04％。

全市充换电设施规模发展迅速，截至2020年底，全市已建成充电桩超过37万个（车桩比约1.1∶1），其中公用及专用充换电设施已超过10万个，外环内以服务半径1公里计算，覆盖率达91.8％；外环外以服务半径2公里计算，覆盖率达63％。新增直流快充设施占比较2019年同期翻了一番。创新开展了出租车充电示范站建设，目前已有15个示范站上线运营。虹桥机场率先建成全国首个出租汽车车场充电站点。上线"联联充电Pro"专用版，选取优质直流快充场站和充电桩接入App，确保充电车位相对可控、充电费用统一支付、费用相对优惠。目前已接入站点421个，直流充电桩3 674台，覆盖充电车位6 550个，日均充电量超20万千瓦时。

营运车辆方面，全面提升行业车辆新能源化程度，截至2020年底，全市累计更新以纯电动为主的新能源公交车11 919辆，占全市车辆总量的67.3％；累计更新新能源出租汽车7 912辆，占更新出租汽车总数的93％。自2015年起，市交通委陆续向城市配送物流行业投放纯电动新能源物流车，截至目前，投放纯电动新能源物流专用额度约2.9万辆。

3.上海新能源汽车产业政策方向

（1）应用领域的补贴和便利政策

从2019年起，上海市政府开始取消对新能源汽车直接财政补贴，而对产业发展的相关财政支持转为对充电设施的补贴和对出行便利化的支持。

在充电设施补贴上，2020年4月，上海市发改委等五部门联合发布了《上海市促进电动汽车充（换）电设施互联互通有序发展暂行办法》。《办法》主要包括了三方面的内容：一是从重建设转向重运营，支持方向从设备补贴转为度电补贴,仅对示范设施保留设备补贴政策。二是从全面推转向抓重点,通过度电补贴和示范站建设重点解决电动出租车充电难问题,着力破解进小区难题。三是从无序充转向有序管,依托市级平台加强充电运营企业管理,依托企业平台加强小区有序充电和安全充电管理。通过加强充电企业科学建设、规范运营、互联互通管理,实现有序充电、安全充电、便捷充电的目标,为电动汽车车主提供更优质的服务。

在具体的补贴上,通过对充电设施以站点为单位开展接入考核,每年开展星级评价,根据考核星级进行差异化补贴。2020 年对公用充电桩补贴标准为"三星"度电补贴 0.8 元/千瓦时,补贴上限电量 1 000 千瓦时/千瓦·年;专用充电桩和换电设施"三星"度电补贴 0.3 元/千瓦时,补贴上限电量 2 000 千瓦时/千瓦·年。

此外,在出行便利化上,上海依然对购买新能源汽车的用户免费发放上海市新能源汽车专用号牌,该号牌享受上海市城区号牌通行权利,高峰时期不限行,极大地促进了上海新能源汽车的推广。

2020 年,为了进一步应对疫情冲击,提振新能源汽车消费信心,上海对购买新能源汽车的消费者给予"充电补助"。消费者购买新能源汽车,除了继续享受中央财政补助和购置税减免等政策外,上海对消费者使用新能源汽车过程中发生的充电费用,再给予 5 000 元补助。

（2）政策对重点领域的支撑

面对产业技术的发展,上海通过相关产业政策,进一步明确了地方产业的技术走向。2020 年 11 月,上海市经济信息化委、市发展改革委、市交通委、市科委、市住房城乡建设管理委、市财政局联合印发了关于《上海市燃料电池汽车产业创新发展实施计划》的通知。

计划指出,到 2023 年,上海燃料电池汽车产业发展要实现"百站、千亿、万辆"总体目标,规划加氢站接近 100 座并建成运行超过 30 座,加氢网络全国最大,形成产出规模约 1 000 亿元,发展规模全国前列,推广燃料电池汽车接近 10 000 辆,应用规模全国领先。

到 2025 年,上海要成为全球燃料电池汽车产业发展高地,建成运行超过 70 座加氢站,推广应用燃料电池汽车达到万辆级规模以上。

此外,上海市将加大本市各类专项资金对新能源汽车核心技术攻关、关键零部件产业化和新技术应用的支持力度。支持加氢站、充换电设施、智能路侧设施和重大功能性平台项目纳入"新基建"示范。新能源汽车领域相关企业,在临港新片区内从事集成电路、人工智能关键领域核心环节相关产品(技术)业务,并开展实质性生产或研发活动,自设立之日起 5 年内减按 15% 的税率征收企业所得税。

四、2022 全球汽车产业未来发展研判和上海战略

(一) 全球汽车产业新动向

1. 在碳达峰、碳中和新背景下,新能源汽车将成为全球汽车主要市场

随着全球范围内对温室效应的深刻认识,越来越多的国家、地区政府提出了无碳未来的愿景,并将其转化为国家战略。多国已设立碳中和、零排放以及气候中性的目标及路径规划。据不完全统计,全球已有超 120 个国家和地区提出了碳中和目标。其中,大部分计划在 2050 年实现,如美国、欧盟、英国、加拿大、日本、新西兰、南非等。一些国家计划实现碳中和的时间更早。如乌拉圭提出 2030 年实现碳中和,芬兰 2035 年,冰岛和奥地利 2040 年,瑞典和瑞士 2045 年,苏里南和不丹已经分别于 2014 年和 2018 年实现了碳中和目标,进入负排放时代。中国也宣布争取在 2060 年前实现碳中和,从达峰到中和的目标时间只有 30 年。

从未来趋势看,在 2030 碳达峰、2060 碳中和等国际承诺下,几乎所有主要国家都要求车企在 20 年之内将燃油车替换成新能源汽车(仅指销售而不是存量),到 2040 年,新能源汽车将形成每年 1.6 亿辆车极其庞大的市场。国际市场,预计到 2021、2025、2050 年全球新能源汽车销量有望达 501 万、1 969 万、9 858 万辆,渗透率为 6.0%、22.1%、86.3%;欧洲市场,预计到 2021、2025、2040 年销量有望达 212 万、752 万、1 790 万辆,2020—2025 年复合增长率40.6%;美国市场,预计到 2021、2025、2040 年销量有望达 42 万、434 万、1 301 万辆,未来 5 年复合增长率达 68.2%;国内市场,预计到 2021、2025、2040 年国内新能源汽车销量有望达 186 万、627 万、2 532 万辆。[①]

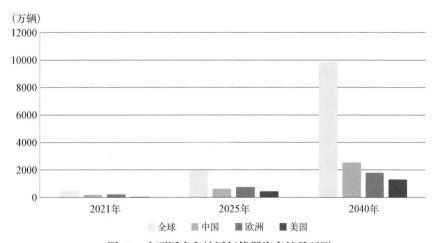

图 19 主要国家和地区新能源汽车销量预测

数据来源:国信证券研究报告。

[①] "新能源车为'碳中和'主旋律之一",见 https://xueqiu.com/3966435964/172511380。

对中国而言,习近平主席于 2020 年 9 月 22 日在第七十五届联合国大会上提出了"努力争取 2060 年前实现碳中和"的战略目标,为中国下一阶段的能源转型和绿色发展指明了方向,也展现了中国践行《巴黎协定》气候行动承诺的决心。传统汽车产业向新能源汽车企业的转型不仅是产品升级的需要,更是全球应对气候变暖,碳达峰、碳中和战略目标中必不可少的一环。

2. 短期来看,不同技术路径依然会保持竞争格局,但是电动化转型是其核心

在 2020 年全球推广新能源汽车产品结构上,纯电动汽车占比约 68%,插电式混合动力汽车占比约 32%,氢燃料电池汽车占比不足 1%。这一产品比重在过去几年间也保持着相似的比例,随着技术的提升,电池性能和成本的下降,以及充电基础设施的完善,纯电动汽车相对于插电式混合动力和氢燃料电池的优势会进一步提升。此外,无论哪一条新能源汽车产品的核心技术路线均为电气化转型,只是电力来源的方式有所区别。而在电池技术和氢燃料电池技术没有发生革命性突破的当下,不同技术路线的发展将会持续,最终将会由最具优势的技术变为产业的主导技术。

但是,无疑在碳中和的大背景下,电动化转型是汽车产业转型的核心。各国正在制定相关严苛的标准推动这一电动化转型。2019 年,随着中国国六排放的分地区逐步实施,中国成为全球排放标准最严格的国家。同时,欧美发达国家也在制定更为严苛的排放规则和长远的汽车产业发展规划。

2019 年 4 月,欧盟发布《2019/631 文件》,规定 2025 年、2030 年新登记乘用车 CO_2 排放在 2021 年(95g/km)基础上分别减少 15%(81 g/km)、37.5%(59 g/km)。与之前十几年间实行的政策相比,新规规定了更大的二氧化碳排放量的降幅,给予厂商的过渡时期更短,并且更换了排放测试方法,使得排放测试更为严苛。这也是受到近年来国际巨头不断有排放造假的丑闻出现的影响,欧盟政府下定决心要将排放标准严抓到底。

除了不断提升排放标准之外,欧美日韩等发达国家也通过不断的规划给自身设立了更为长远的燃油车禁售计划。英国、法国、荷兰、葡萄牙、挪威等国家纷纷宣布自身燃油车禁售的时间安排表。就近期目标来看,挪威最为激进,2025 年新能源汽车新车销售占比就要达到 100%,欧盟将 2030 年的这一值设定为 35%,中国 2025 年为 25%,日本 2030 年为 20%—30%。此外,德国政府更是逆势提升新能源汽车补贴,将售价 4 万欧元以下的纯电动车补贴由 4 000 欧元提高至 6 000 欧元。

3. 拥有技术解决方案的供应商将会崛起

与传统燃油以汽车发动机、底盘、变速箱等机械零部件为核心零部件不同,新能源汽车的核心零部件转变为以"大三电"(电池、电机、电控)和"小三电"(电动空调、电动刹车、电动转向)为主的电子电器。其中,电子控制系统是

核心中的核心,决定了整车的性能和车辆的稳定性。

在车联网时代,不仅需要电控系统单车性能的强大,更需要车与车、车与路之间的信息交互作为辅助驾驶和智能价值的通信连接。在这一技术上,我国在通信技术领域的领先厂家华为结合了自身的技术优势和产品优势,进入新能源汽车的核心零部件领域,研发出了一整套的新能源汽车整车解决方案。这一方案的提出不仅展现出了华为强大的研发制造能力,而且使得传统整车企业快速转型新能源汽车企业成可能。在华为的加持下,我国大量在新能源汽车领域缺乏研发能力的汽车企业实现快速转型的同时也会扩大华为汽车零部件领域的影响力和体量,有利于华为成为真正有竞争力的汽车零部件供应商。

与此同时,在智能驾驶领域中,百度、滴滴等企业也已经研发多年,通过在这一领域中的投入和发展,未来很有可能会崛起一批具有高附加值的新能源汽车零部件和解决方案供应商,在不断提升自身技术的同时也助力了中国新能源汽车产业的发展。

4. 代工模式只是权宜之计,全产业链模式受到追捧

在早期的造车新势力中,蔚来汽车通过江淮汽车的代工模式成为最早量产的新势力车企,在蔚来量产交付时,大量与蔚来同时期的新势力车企还处于工厂建设时期。蔚来的这一代工模式的成功使得行业内开始认为传统车企给新兴车企代工生产不仅能够充分利用传统车企的产能,更是加速了新兴车企的发展,降低了新兴车企的投资总量,是一举两得的发展方式。但是随着产业的不断发展,这一模式并没有被广泛应用,反而蔚来与江淮合资共建了自身的工厂进行新能源汽车产品的生产,由此看出,这一代工的发展模式在蔚来的战略中仅仅是作为过渡时期快速量产的过渡模式,而不是最终的生产模式。

除了自建工厂保证自家产品的质量稳定之外,大量新兴车企开始布局新能源汽车全产业链,特别是在电子电控、高性能电机、自动驾驶等领域中进行布局。如蔚来汽车拥有自研的电控系统和高性能电机,小鹏汽车拥有自动驾驶技术等。这一垂直化的全产业链布局虽然在一定程度上给车企带来了盈利压力,但是就长远角度来看,将核心技术掌握在手中更有利于产品竞争力的提升和供应链的稳定性。

(二)上海新能源汽车产业"双向开放"新机遇

1. 碳中和背景下上海新能源汽车产业的位置

全球新一轮科技革命和产业变革蓬勃发展,电动化、网联化、智能化、共享化成为汽车产业发展潮流和趋势,汽车与能源、交通、信息通信等领域加速融合,新能源汽车产业面临前所未有的发展机遇。近年来,我国新能源汽车产业发展取得了举世瞩目的成就,成为引领世界汽车产业转型的重要力量,发展新

能源汽车是我国从汽车大国迈向汽车强国的必由之路。

对上海新能源汽车产业发展而言,找准上海在长三角和全国产业发展中的定位和产业链及技术链所承担的环节,以应用场景的精准拓展促进产业和技术的发展,实现产品和技术的迭代,从而实现技术链推动产业链、产业链推动应用链、应用链带动技术链的正向循环发展。

以市场主导、创新驱动、协调推进和开放发展为基本原则,以融合创新为重点,突破关键核心技术,提升产业基础能力,构建新型产业生态,完善基础设施体系,优化产业发展环境,推动我国新能源汽车产业高质量发展,加快汽车强国建设。

具体而言,上海新能源汽车产业的发展主要为三个方向。在市场推广上,不断提升上海本地汽车市场电气化水平,凭借新能源汽车产业的发展推动全市交通领域的清洁化和智能化。在产业链发展上,利用上海现有产业和技术基础,针对重点领域和薄弱环节重点突破,使得上海新能源汽车产业在产业链关键环节具有一定竞争优势。在应用场景上,利用现有示范区和自贸区等优势,针对新技术的使用,不断积累和开发产品的使用模式,在智能网联、自动驾驶等领域中引领产业创新,抢占智能网联领域制高点。

2. 中期产业发展目标

2021年2月,上海市人民政府办公厅印发《上海市加快新能源汽车产业发展实施计划(2021—2025年)》,对上海新能源汽车产业未来五年的发展进行了较为全面的描绘。从总体目标上看,到2025年,上海新能源汽车年产量要超过120万辆,新能源汽车产值突破3 500亿元,占全市汽车制造业产业产值35%以上。

到2025年,个人新增购置车辆中纯电动汽车占比超过50%。公交汽车、巡游出租车、党政机关公务车辆、邮政用车全面使用新能源汽车,国有企事业单位公务车辆等新能源汽车占比超过80%。网约出租车新能源汽车占比超过50%,重型载货车辆、工程车辆新能源汽车渗透率明显提升。

在燃料电池汽车方面,到2025年燃料电池汽车应用总量突破1万辆。充换电设施规模、运营质量和服务便利性显著提高。建成并投入使用各类加氢站超过70座,实现重点应用区域全覆盖。

上海新能源汽车发展2025目标的提出对上海产业发展、市场推广、政策保障等方面提出了更高的要求,需要上海在5年中保持持续快速的增长才有可能达成目标,而这一增长的背后不仅需要依靠市场需求的增长,更需要政府在政策上对于产业技术发展、产品使用便利等方面进行投资和扶持。

3. 重点技术发展方向

伴随着新能源汽车产业的发展,中国的新能源汽车产业价值链面临重构。在面对这一大趋势的背景下,上海新能源汽车产业未来的发展的重点就在于重构产业链中的核心环节。在价值链的核心环节中,主要为两部分,一为电控系统、电池系统、车载芯片等电子电器零部件,这使得汽车更像是一台电子产品而不是机械产品,另一部分为基于软件的互联互通环节。在电子电器零部件方面,上海拥有较为良好的发展基础,处于全国发展的前列。但是,上海在汽车电子电器领域与国际一流水平依然存在较大差距,欠缺部分核心产品技术。在上海未来的发展中,着重要发展的环节就是目前所欠缺的如 IGBT、ECU 等高技术产品。

在当前燃料电池的关键部件中,双极板、气体扩散层、催化剂质子交换膜基本上被国外公司所垄断,并且设置专利壁垒和技术壁垒,中国企业仅在电池堆的组装和储氢罐上占有一定的份额。可以说,在燃料电池的产业链上中国基本处于全面落后的状态。即便是从国际上看,燃料电池的关键技术也掌握在美、日、韩、德等仅有的几个国家的企业中。中国作为一个产业大国,下一代汽车能源技术的发展决定着中国未来新能源汽车产业的核心竞争力,并且对于提升产业安全有着极为重要的意义,在面对贸易摩擦的情况下中国能拥有反制措施。

在互联互通环节,上海应努力推进新能源汽车产业与互联网产业的深度融合,鼓励企业行业进行试错性的探索,借助互联网以及一系列的前沿技术,推动新能源汽车产业的深化发展。推动汽车产品智联网连升级。作为新的互联网工具与端口,汽车已经成为重要的移动数据终端,构成了智能化的交通体系,成为现代智能都市中智能交通化的重要组成部分。推动汽车生态的全面变化。促进产业链由线性链接向网状交融转变,运用大数据技术,构建网状产业链,将汽车的使用、服务等相关产业并入进整个汽车网络,发展新型商业模式,拓展共享经济范围,从整体上促进新能源汽车产业与社会的深度融合。

五、提升上海新能源汽车产业国际竞争力的建议

(一)继续加强基础充电设施建设,激发新能源汽车市场消费

要促进上海新能源汽车市场的发展,首先就是要解决新能源汽车的充电问题。上海市区内部停车位的不足和充电桩普及率的欠缺,严重阻碍了上海消费者对新能源汽车的购买。所以,完善的充电设施条件是推广新能源汽车的基础。上海需要进一步推进新能源汽车基础设施建设。

首先,要针对前期新能源充电桩推广建设中大量无效率的充电桩建设布局,通过对充电桩数据平台的分析,建立上海充电桩分布效率地图,并以此作为充电桩建设的依据和补贴的依据。

其次,在充电桩的建设上,除了推进大功率公共充电站的建设之外,还应将交流充电桩(慢充)建设作为室内大型商场、写字楼等大型停车场的标准配

置,按照车位数量配置充电桩数量,在有条件的情况下对带充电桩的车位进行停车的动态调节,使得相应的充电车位发挥效率的最大化。

在公共充电桩的运营过程中,由于充电设施的运营主体是企业,对于充电电费的计价使用商业用电模式进行收取,并不存在谷电和平电的差异化价格,这就使得消费者充电费率在不同时间段都相同,充电设施并不会对电网产生"削峰填谷"作用。由于全天价格相等,消费者会选择自身的工作车辆闲置的时间段去公共充电桩充电,既解决了停车问题也解决了充电问题,但这一行为进一步加重了上海的电网负担,不利于能源的优化供给。

所以,有必要对充电站的电费计价也进行谷电和平电的差异化计价,这一价格差异最终会体现到消费者充电价格差异上。差异化的价格鼓励需求并不紧迫的消费者将充电时间安排在夜晚,既缓解了白天公共充电桩不够用的困境,也起到了对于电网"削峰填谷"作用,用市场化的手段优化了电力的配给和使用。

(二)加大对车规级芯片和各类电子元器件的专项研发支持,加快国产替代

汽车电子领域是汽车产业发展未来的增长点,而汽车电子的核心在于车规级芯片和各类电子元器件,车规级芯片在集成电路制程工艺的要求上远低于消费电子芯片,国内的代工厂家的技术完全可以进行代工生产,但其严苛的使用条件、认证条件、认证周期等都开发门槛将大部分企业拒之门外。上海在汽车电子领域拥有一定的基础和产品,但没有形成成体量集群和自主研发能力。下一步应加快与长三角的联动,依托上海集成电路投资基金二期的布局,对当前上海以及长三角汽车电子零部件产业链进行全面梳理,针对其中的难点、堵点进行重点布局。在关键环节和领域中,挑选一至二家具有一定技术和研发能力的企业进行重点和持续的投资与扶持,用资金和时间,有针对性地重点投资,以此打造全球车规级芯片和各类电子元器件制造中心。

(三)积极推进汽车大数据交易平台,探索汽车大数据归属权、收益权的主体

对于上海而言,临港国际数据港平台对数据的监管规制已经有了一定的经验,在此基础上,借鉴北京国际大数据交易所运营模式和交易方式,打造上海汽车大数据交易平台。探索汽车大数据标准化规则和交易规则,研究探索数据的归属权和开发权。制定指引性的数据跨境流动协议标准,发挥龙头企业引领带动作用,引导企业完善数据出境风险管理能力,强化企业在个人数据安全保护上的责任和义务。研究建立符合行业特点和发展需要的数据安全指南,鼓励行业自律,发挥行业协会和第三方评估机构等协同共治作用。建立政

府部门、安全机构、法律部门、重点企业之间快速协同机制,提升重大数据安全事件的快速响应和应对能力。

新加坡国际数据港建设的经验表明,在双边协议或多边协议中加入数据跨境流动的相关协议、在局部区域范围内试点数据跨境流动、探索借鉴沙盒监管模式等阻力更小,可行性更高。上海应充分利用中日韩产业链整体优势和长三角全球汽配集群优势,积极推动区域合作机制建设和寻求区域内数据自由流动,打造基于汽车数据优势的新"链主"。在此基础上,临港国际数据港应积极实施走出去战略,支持我国智能网联汽车在上海开展离岸数据处理业务。同时加强再就业技能培训中针对数字技术应用技能的培训。

(四) 借助浦东立法权,探索智能网联和自动驾驶法律框架的建设

产业的发展离不开市场运营的发展,在全球各国纷纷推出"禁燃"计划的当下,我国虽然没有明确的"禁燃"计划,但这一发展趋势已经明确。在应用端如何抢得先机是上海新能源汽产业发展的另一个挑战,也是上海为改善环境最终将会选择的道路。面对这一出行环境的改变,社会基础设施如何建设、区域通行规则是否需要改变等方面都需要去研究。上海当前新能源汽车产业的发展与推广已经接近10年,但是目前还没有某一地区进行交通全面电动化的尝试,对于全面电动化地区的规则制定,基础设施建设缺乏经验。所以,对于未来上海全面电动化政策的制定和基础设施的建设需要有地区进行先验性的尝试。

为解决这一现行经验的问题,上海可以从崇明、临港以及长三角一体化示范区中选择一个或者多个地区进行全面电动化示范区的建立,探索出全面电动化政策、运营、基础设施等方面的设计和建设经验。

执笔:
    蒋程虹   上海社会科学院应用经济研究所博士
    汤蕴懿   上海社会科学院研究员

2020—2021 年上海电子信息产业国际竞争力报告

一、背景趋势

（一）全球电子信息产业发展现状

受到新冠疫情在全球蔓延、贸易保护主义持续抬头、地缘政治冲突加大的影响，全球经济贸易形势在 2020 年出现恶化。根据世界银行的统计，2020 年全球经济衰退了 3.59％，贸易额相较上年减少了 8.51％，经济与贸易均出现了较大程度的衰退。

在经济衰退的背景下，全球电子信息产业反而实现了逆势增长，这一方面是由于疫情对线上办公的需求，刺激了对笔记本、平板电脑等硬件设备的需求增长，更是极大增加了对通信服务业数量质量的要求。另一方面由于 5G 技术、OLED 面板、先进制程高性能芯片、AIoT 设备等新技术的逐渐成熟与普及，也为全球电子信息产业带来了新的增长机遇。此外，电子信息技术中的大数据、人工智能、5G 通信等技术更是应用到了疫情和后疫情时代的防控措施中，我国摸索出了一套依靠电子信息产业的疫情防控体系。

1. 全球电子信息制造业产业链供应链格局

由于新冠疫情影响，全球兴起了在线办公、会议、教育的浪潮，从而增加了对笔记本电脑、平板电脑、智能手机等 3C 产品的需求，由此也带动了产业链上游的繁荣。根据 SIA 的统计，2020 年逻辑器件销售额达到 1 180 亿美元，同比增长达到 11.8％；存储芯片业务销售额 1 170 亿美元，同比增长 10.4％；具体到微观的企业方面，除去德州仪器之外，排名前 10 的半导体公司在 2020 年的营业收入都有所提升，部分企业营业收入增速甚至达到了 30％以上。

第五代通信技术（5G）的发展为电子信息制造业的繁荣做出了独特的贡献，就基础设施来说，全球 5G 基站及网络建设取得快速进展。到 2020 年底，全球 59 个国家和地区已部署基于 3GPP 标准的 5G 基站超过 100 万个；全球主要的 5G 设备厂商为有三家,分别为华为、爱立信、中兴,其 2020 年市场份额分别为 32.8%、30.7% 和 14.2%;作为最终消费品的 5G 手机在 2020 年出货量则突破 2.5 亿台;全球 5G 用户在 2020 年底突破 2.25 亿,在所有 5G 用户中,中国 5G 用户占比超过 85%。

在对新一代通信技术的应用场景探索中,各国倾向于利用 5G 技术的高速传输和低时延特性,配合本国相关产业的发展。以德国为代表的欧洲国家就在积极利用 5G 技术探索工业应用场景,如奔驰、宝马等公司已经完成专供工业生产的 5G 组网,韩国运营商利用 5G 技术发展 AR/VR、4K 视频、云游戏等解决方案和产品,美国 5G 运营商则配合相关企业对工业互联网、医疗、车联网、智慧城市等领域开展融合 5G 技术的试验。部分国家如德国、日本等则向工业企业开通了专用频段,从而方便它们对 5G 技术的快速应用;截止到 2020 年 11 月,德国已有 88 家企业获得 5G 行业专用频段许可,建成了 5G 工业专网;日本富士通和三菱电机等企业也开始建设 5G 专网的行动,并开展 5G 技术支持智慧安防、远程操作和维护支持的实验。

而在新型显示领域中,得益于 3C 产品销量的提升,显示面板行业在 2020 年同样逆势增长,根据咨询机构 Omdia 的数据,2020 年全球面板出货量达 1.62 亿片,同比增长 12.9%,出货面积同比增长 19.7%。显示面板行业的主要参与企业来自中国大陆、中国台湾、韩国和日本,2020 年京东方以 4 280 万片的面板出货量继续巩固自身的显示行业最大出货商地位,LG 显示以 3 360 万片的出货量紧随其后,友达光电则以 2 570 万片的出货量名列第三。在主要面板供应厂商中,除去群创光电 2020 年出货量下降 11%,其他厂商均有不同程度的增长。其中,京东方同比增长 23%,华星光电同比增长 343%,三星显示同比增长 19%,LG 显示同比增长 7%。经过多年发展,全球面板产业已经形成高度寡占格局,以出货量计算的 CR4 为 76%,随着京东方并购中电熊猫,未来行业集中度将继续提高。

表 1 2020 年显示面板出货量

面板厂商	出货量(百万片)	同比增长(%)
京东方	42.8	23
LG 显示	33.6	7
友达光电	25.7	0
群创光电	20.9	−11
华星光电	6.2	343
中电熊猫	11.2	6
三星显示	19.2	19
总　体	161.8	12.9

2020 年面板厂商产品结构继续转变,大尺寸显示器面板需求大幅提高,全年 23.8/27 英寸需求相比往年提升巨大,出货占比大幅增长。21.5 英寸由于性价比原因,需求量较大,18.5/19.5 英寸的需求则出现下降趋势,小尺寸面板出货量占比由 36％下滑到 25％。随着 Mini LED 技术的逐渐成熟、OLED 面板的普及、高分辨率(FHD、QHD)面板需求的增长,预计面板显示领域仍将维持不错的增长态势。

作为电子信息制造业面向消费者的 3C 产品,在 2020 年的市场行情出现分化,PC 和平板电脑的出货量同比大幅上涨,而智能手机出货量继续着此前的下降趋势。具体来说,在 PC 领域,2020 年全球 PC 电脑出货量达到 2.75 亿台,同比上升 4.8％,且增速为 10 年以来的最高。全球 PC 市场依然由联想、惠普、戴尔、苹果所垄断,其 2020 年的出货量分别为 6 850 万台、5 835 万台、4 502 万台、2 245 万台,相较上一年增长分别为 8.4％、0.7％、2.1％、22.5％,基本都实现了正增长。PC 行业集中度进一步提高,2020 年 PC 行业的 CR4 达到了 70.7％,比 2019 年提高了 0.7 个百分点。

表 2　2020 年 PC 行业出货情况

厂商	2020 年出货量(万台)	2020 年市场份额(％)	相较上年增长(％)
联想	6 850	24.9	8.4
惠普	5 835	21.2	0.7
戴尔	4 502	16.4	2.1
苹果	2 245	8.2	22.5
宏碁	1 626	5.9	10.3
华硕	1 642	6.0	13.7
其他	4 811	17.9	−3.4
总体	27 511	100	4.8

资料来源:相关数据来自 Gartner 的统计。

在智能手机方面,受新冠疫情冲击及市场趋于饱和等因素影响,根据 IDC 的数据,2020 年全球出货量 12.65 亿台,同比下降 7％,但是随着 5G 技术的普及带来的全新需求,智能手机市场在四季度开始回暖,2020 年第四季度全球智能手机出货量同比增长了 4.3％。随着全球 5G 网络的建设和 5G 手机价格的下降,预计智能手机市场将进一步复苏。在智能手机市场的主要厂商中,三星 2020 年出货 2.55 亿台,同比下降 14％,华为(包含荣耀)由于持续受到制裁,出货量为 1.88 亿台,同比下降 22％,并且出货量和市场份额被苹果反超。三星与华为损失的份额主要由苹果和小米瓜分,两者 2020 年的出货量分别为 2.07 亿台和 1.49 亿台,同比分别上升 5％和 19％,也是全球主要手机供应商中仅有的两个保持出货量正增长的厂商。

表3 2020年全球智能手机出货量

厂商	2020年出货量(亿台)	2020年市场份额(%)	同比增长(%)
三星	2.55	20	—14
苹果	2.07	16	5
华为	1.88	15	—22
小米	1.49	12	19
OPPO	1.15	9	—4
其他	3.49	28	—9
总计	12.65	100	—7

受到全球对芯片的需求增长的影响,全球半导体制造设备行业也维持不错的发展态势。根据 SEMI 的统计,2020 年全球半导体制造设备销售额为712 亿美元,相比 2019 年涨幅达到 19%,创下历史新高。具体到不同的细分领域,前道市场的涨幅仅为 4%,而封测和组装设备为代表的后道市场则增长强劲,销售额同比增长 34%。具体到不同地区的市场,中国大陆地区凭借187.2 亿美元成为半导体制造设备的最大市场;中国台湾地区也延续了 2019年的强劲增长,在 2020 年实现了 171.5 亿美元的半导体制造设备销售额;韩国凭借 160.8 亿美元和 61% 的增长居于第三;在从 2019 年的衰退中恢复过来后,日本和欧洲市场亦分别迎来了 21% 和 16% 的增长;而北美地区在连续三年的增长之后,2020 年销售却减少了 20%。

2. 电子信息服务业助力疫情后复苏

在面对疫情冲击的情况下,服务业影响最为严重,以餐饮、教育培训等为主的生活型服务业在 2020 年几乎经历了断崖式的下降。但与此同时,依托于电子信息服务为主的数字经济则出现了快速的增长,大量需求由线下转为线上,线上教育、线上办公等数字经济形势弥补了部分由于线下疫情打击所导致的服务业发展损失。互联网、大数据为代表的数字革命已经对经济形态和生活方式产生了前所未有的改变,重构着全球经济发展图景,本次疫情的出现更是将这一变革大大加快。

在电子信息服务业中的关键领域中,2020 年全球企业区块链支出规模达到 40 亿美元,相较 2019 年支出接近翻倍。对比企业在 IT 领域的总支出,区块链行业的渗透率已增加到 1%,仍有很高发展空间。此外,区块链技术与其他产业的融合速度也在不断加快。2020 年全球各国央行积极推动 CBDC 研究计划,80% 左右的央行开展了与 CBDC 相关的计划。中国自 2019 年底开始在深圳、苏州、雄安新区和成都试点数字人民币后,到 2020 年底数字试点城市和地区已经拓展到了 10 个。此外,在企业层面,国内外金融科技巨头纷纷入场,拥抱区块链和数字资产。

而在人工智能领域中,随着高性能计算技术融入智能计算体系,新型专用型芯片、计算机等进一步促进了人工智能技术的发展。2020 年,在疫情防控和复工复产中,人工智能技术发挥着重要作用。全球资本市场对人工智能领域的关注回升,投资金额止跌回升。2020 年,全球人工智能产业规模达到 1 565 亿美元,同比增长 12.3%,但由于疫情影响,增速低于 2019 年。中国人工智能产业规模为 434 亿美元,同比增长 13.75%,超过全球增速。

3. 重点领域中主要生产国家竞争格局

(1) 电子信息制造业领域

在全球电子信息制造业的竞争中,美国拥有牢固的领先地位,在集成电路方面,美国企业占据全球市场的半壁江山,并且在半导体设备和芯片设计制造等多个环节有极强的竞争力,根据美国半导体行业协会的统计,2020 年美国占据全球半导体市场份额的 47%;韩国紧随其后,凭借着在芯片设计制造方面的竞争优势,占据 20% 的全球市场份额;日本半导体自 20 世纪 90 年代以来处于不断衰落状态,但仍然在半导体设备材料方面占有一席之地,到目前占据全球 10% 的市场份额;中国及台湾地区在持续发展,至 2020 年分别占据全球 5% 和 7% 的市场份额。

在通信设备领域,根据 Dell,Oro Group 报告显示,2020 年全球电信设备市场规模达到了 1 145 亿美元,同比增长 7%,创下十年来最大增幅。全球通信设备主要制造商为来自中国、瑞典、芬兰的企业;具体到 2020 年的市场分布情况,尽管美国实施了种种制裁政策,但华为和中兴占据全球通信基础设施市场的份额均有所增加,其中,华为的市场份额为 31%,同比增长 3%;爱立信增长了 1%—15%,诺基亚的市场份额有所下降。

在面板显示领域,全球面板市场主要由中国大陆、中国台湾、韩国、日本的企业所主导。目前,中国是 LCD 面板的全球主要供货商,并且在大力扩建 OLED 面板的产线,加快 Mini LED 面板的研发及商用速度;而韩国在逐步缩减 LCD 面板的产能,逐步退出这一细分市场,但是韩国企业在高端 OLED 面板方面依然保持着领先优势,并在 Mini LED 显示技术方面实现商业化应用,LG 显示成为苹果新款 iPad Pro 的 Mini LED 屏幕供应商;中国台湾企业的竞争力在逐渐下降,但在技术上并未落后,如 2020 年友达光电首次实现 Mini LED 的商业化应用。

PC 市场由来自中国、美国、中国台湾地区的厂商所瓜分,联想、戴尔、惠普、苹果、华硕、宏碁占据了绝大部分的市场份额;中国在考虑国家安全的基础上,在有意识地进行国产替代的尝试,因此中国 PC 市场出现了采用 ARM 架构国产处理器的电脑型号;中国台湾厂商如华硕和宏碁,整体竞争力在持续下降,而美国则保持较为稳定的市场占有率,苹果则预备在新的 Mac 上使用自研 ARM 架构芯片来代替英特尔;而在另一个重要电子消费产品的智能手机领域,尽管由于中美贸易摩擦使得中国第一大手机厂商华为受到制裁,中国厂商依然占据了全球智能手机市场份额的半壁江山,美国在智能手机行业主要依赖于苹果手机的出货,韩国在智能手机行业占据的份额随着中国企业的冲击而不断下降。

在电子元器件领域中,主要分为主动式电子元器件(集成电路)和被动式电子元器件。在集成电路领域,美国占据着市场的绝对优势地位,2020 年全球营收前十的集成电路厂商中,美国就独占六家;而在美国之外,韩国和中国台湾也占有集成电路市场一席之地。被动式电子元器件方面,中国已经成为全球最大的制造国,生产着全球近 2/5 的被动式电子元器件,但是在产业高端化方面仍有较长的距离,该行业的高端元器件领域依然被美国、日本、欧盟所垄断。

在半导体设备领域,主要由美国、荷兰、日本等国的企业瓜分全球的市场,来自上述国家的全球前五大半导体设备企业(应用材料、阿斯麦、东京电子、泛林、科磊半导体)占据了该领域超过 70%的市场,尤其是美国半导体设备企业巨头应用材料、泛林、科磊半导体几乎占据了整个半导体设备市场的半壁江山,且在薄膜、刻蚀、前后道检测等细分领域占据市场的绝对优势地位;荷兰企业阿斯麦则在光刻机市场领域占据着绝对垄断地位,其占据全球光刻机市场份额达到四分之三,并且是目前全球唯一有能力生产第五代光刻机(即极紫外光刻机)的厂商。

(2)电子信息服务领域

在电子信息服务业中,重点领域中的格局存在着变与不变,在传统软件领域中,西方发达国家依然掌握着大部分市场和技术,而在新兴领域中,中国已经出现了一定的技术优势。

就区块链领域来看,全球区块链第一大技术来源国为中国。截止至 2021 年 8 月,中国区块链专利申请量占全球区块链专利总申请量的 63.52%,美国占全球区块链专利总申请量的 15.44%。韩国和中国香港排名第三和第四,但是在体量上与中国和美国相差较大。在中国各省份中,广东当前申请区块链专利数量最多,累计区块链专利申请数量高达 8 481 项,北京当前申请区块链专利数量超过 6 000 项,浙江、上海、江苏、山东当前申请区块链专利数量均超过 1 000 项。

人工智能领域中的发展中,美国和中国发展各有千秋。首先,人工智能高层次人才较多聚集在美国。[①] 全球人工智能领域高层次人才共计 155 408 位,

---

① 详见《中国人工智能发展报告 2020》。

中国人工智能领域高层次人才数量共计 17 368 位。从人工智能高层次学者国家分布看,美国 AI 高层次学者的数量最多,有 1 244 人次,占比 62.2%,中国排在美国之后,位列第二,有 196 人次,占比 9.8%。中国 AI 高层次学者主要分布在京津冀、长三角和珠三角地区,北京仍是拥有 AI 高层次学者数量最多的国内城市,有 79 位。在全球人工智能领域高层次学者量 Top10 机构之中,美国机构高层次学者总体人数遥遥领先。美国的谷歌公司以 185 人高居首位,排名全球前十的机构中,除清华大学之外,其余均为美国机构。

在人工智能申请数量上,中国远高于美国。过去 10 年间,中国人工智能领域的专利申请量达到 389 571 件,位居世界第一,占全球总量的74.7%,是排名第二美国的 8 倍以上。

中国信息通信研究院发布《2020 年全球人工智能产业地图》显示,中国 AI 企业数量全球排名第二,中美两国在人工智能领域占绝对竞争优势。2020 年,美国人工智能企业占据全球总数 38.3%,中国紧随其后,占 24.66%。中美两国 AI 企业数量占据全球半数以上,保持绝对竞争优势。

表 4 全球主要人工智能企业发展战略

企业	人工智能发展战略
Google	云服务、无人驾驶、虚拟现实、无人机、仓储机器人等
Facebook	依托于社交网络的发展,在人工智能基础层、技术层均有涉及,开发了深度学习框架、人脸识别技术、人工智能管家等应用
微软	人工智能在智能助手中的应用
亚马逊	智能语音音响、云服务
苹果	通过收购人工智能公司,将技术融入自身产品
百度	以数据、计算、技术开发为核心,通过技术开发平台和 AI 应用布局
腾讯	以海量社交数据、算法、拓展图片识别、语义解释等虚拟服务为核心,开发各类产品
阿里巴巴	以数据资源、开放云技术平台为主,构建人工智能服务应用

4. 电子信息制造业全球产业格局及其发展趋势

(1) 电子信息产业主要领域中头部企业及其分布

在全球电子信息制造业中,占据主导地位的企业主要位于美国、韩国、日本、中国台湾地区;在集成电路领域,全球主要的主导企业有英特尔、英伟达、AMD、美光科技、高通、德州仪器、联发科技、台积电、三星电子等,它们大部分为美国企业,并掌握着行业话语权。而在显示面板领域的主要厂商为三星显示、LG 显示、京东方、友达光电、群创、华星光电、JDI 等企业,主要分布在韩国、中国大陆、日本和中国台湾地区。在通信设备领域,由华为、中兴、诺基亚、爱立信、思科等企业主导,得益于中国 5G 通信的巨大市场,华为和中兴目前占据 5G 基站的大量市场份额。在 PC、平板电脑和智能手机等 3C 产品市场,来自中国大陆、美国、中国台湾、韩国的企业瓜分了绝大部分市场。

表 5　电子信息制造业不同领域的头部企业及其分布

电子信息制造业细分领域	主要头部企业	企业主要所在国家/地区
集成电路	英特尔、英伟达、AMD、美光科技、高通、德州仪器、联发科技、台积电、三星等	美国、韩国、中国台湾地区
新型显示	三星显示、LG 显示、京东方、友达光电、群创广电、华星光电、JDI 等	韩国、中国、中国台湾地区、日本
通信设备	华为、中兴、诺基亚、爱立信、思科等	中国、挪威、芬兰、美国
3C 产品	联想、华为、苹果、小米、戴尔、惠普、华硕等	中国、中国台湾地区、美国
半导体设备	应用材料、阿斯麦、东京电子、泛林、科磊、泰瑞达等	美国、荷兰、日本

在工业软件的 EDA 软件中,全球依然保持了寡头垄断的产业格局。EDA 是电子设计自动化(Electronic Design Automation)软件的简称,是指利用计算机辅助设计(CAD 等)软件,来完成超大规模集成电路(VLSI)芯片的功能设计、综合、验证、物理设计(包括布局、布线、版图、设计规则检查等)等流程的设计方式。

目前,全球 EDA 软件供应者主要是国际三巨头 Synopsys、Cadence 和 Mentor Graphics,其中 Mentor Graphics 于 2016 年被德国西门子收购,并且在 2020 年更名为 Siemens EDA。当前,三大 EDA 企业占全球市场的份额超过 60%。

表 6　全球主要 EDA 企业情况

企 业	总部所处地区	进入中国时间	业 务 类 型
Synopsys	美国加利福尼亚	1995 年	提供 EDA 解决方案、芯片借口 IP、信息安全服务等
Cadence	美国加利福尼亚	1992 年	基于智能系统设计策略,提供软件、硬件和 IP 等产品和服务
Siemens EDA	美国俄勒冈	1989 年	提供全面的 EDA 软件、硬件、服务和产品

三大 EDA 企业产品线十分丰富,已经覆盖芯片设计所有环节,但是各个企业的拳头产品各有特色。Synopsys 主攻数字芯片设计、静态时序验证确认

以及 SIP 提供,同时布局配套的全流程工具。Cadence 主攻模拟、数模混合平台、数字后端、DDR4 IP 等。Siemens EDA 主攻后端验证、可测试性设计、光学临近修正等。

2020 年,Synopsys EDA 业务全球市占率第一,为 32.14%;Cadence 和 Siemens EDA 分别排名第二和第三,市占率分别为 23.4%和 14%。

(2) 主要产品的技术趋势

在通信设备领域,随着 5G 通信基站的建设加速进行,各国逐渐实现从 NSA 组网向 SA 组网的转化,依托于 5G 技术普及而发展的边缘计算设施开始受到各国的关注;目前边缘计算设施进入大规模部署阶段,英特尔、AMD 等企业均对该领域的发展保持乐观的预计,并预估边缘计算在 2023 年左右进入真正商用领域;在光通信网络方面,目前主要国家已启用单波 200G 的光网商用,并完成对 400G 光网的商用实验,光通信网络数据传输速率继续向 400Gbps 发展,以满足 5G 及千兆光网络商用后的流量需求,同时,业界也在研制更加先进的光网技术,产业链厂商正积极研究 800Gbps 光通信网络,开发相关产品和解决方案;而为了应对光通信网络的需求,具有高集成度、高速率、低成本、低功耗等多项优势的硅光子器件产品引起产业界广泛关注,目前硅光子技术在开发更高附加值、更高技术难度的产品。

在显示面板领域,主流厂商在推进 OLED 显示技术的继续发展(如三星发布了最新的 E4 材质 OLED 屏幕,在峰值亮度和能耗比方面相较上代 E3 实现大幅度提升)的同时,也在开发探索 Mini LED 显示技术的商用,三星显示、LG 显示、华星光电、友达光电等龙头企业相继宣布将量产 Mini LED 屏幕,苹果的新一代 iPad Pro 已确定将要搭载 Mini LED 屏幕,未来 Mini LED 屏幕及更为先进的 Micro LED 技术有着美好的发展前景。总的来说,OLED(有机发光二极管)面板制造、8K 超高清视频关键设备产量将继续提升,大尺寸面板的需求持续提升,量子点、柔性屏、QHD 乃至 UHD 分辨率显示设备、Micro LED 等技术/产品将迅速发展,并与 5G、物联网、工业互联网、人工智能等新一代信息技术协同发展,应用到车载、医用、工控、穿戴等场景。

在半导体设备方面,第五代极紫外光刻机 EUV 正占据越来越多的市场份额,ASML 在 EUV 设备基础上,联合供应链企业合作研发,从而降低研发风险;2020 年 ASML 推出了多条电子束检测扫描系统,并将电子束与电子束之间的干扰率限制在了 2%以下,从而将有力推动 5 nm 及更先进制程工艺的研发;此外,阿斯麦还与泛林和 IMEC 合作开发了干光刻胶技术用以提升 EUV 解析度,并减少损耗;联合 Lasertec 研发新一代 EUV 光罩检测技术,降低生产成本成本;与台积电合作开发新一代 EUV 光罩洁净技术;而随着 EUV 光刻机在代工上的广泛采用以及 3D 堆叠技术的发展,使得刻蚀步骤增多,高深宽比刻蚀需求增多,对先进的刻蚀机同样有巨大的需求。

(3) 贸易规则变化影响下的产业变化

近年来,随着贸易保护主义与单边主义不断抬头,全球贸易摩擦程度加剧,对电子信息制造业产生了巨大的影响;作为产业链条长、分工专业化程度极高的产业,电子信息制造业产品每年的全球贸易额目前仅次于石油化工产品及汽车产品,若各国频繁制造贸易摩擦及壁垒,会对电子信息制造业的产业链和供应链产生不利影响。此外,这一轮全球经贸摩擦,逐渐超出了以往单纯的关税及反倾销措施。例如,美国一方面利用其技术及知识产权优势,以出口禁令和实体名单等方式打压中国的电子信息制造业,尤其是 2019 年以来,美国对中国重点信息技术企业发展通过实施实体清单的方式进行了精准打击,涉及中国电子信息产业范围和机构/企业名单不断增加;另一方面美国又以"安全"为借口,要求盟友在 5G 通信基站建设方面放弃与中国企业的合作,并不得采用华为的设备;要求台积电及三星投资 500 亿美元用来新建 19 条先进工艺芯片代工厂到美国本土,从而保证美国半导体产业链的"稳定"。在这种情况下,目前全球电子信息制造业的专业化分工状态很可能出现改变,中国将会坚持进行产业链核心产品技术的国产替代之路,从而保障国家安全和产业稳定健康持续发展。

(二) 中国电子信息产业发展分析

1. 疫情冲击凸显中国电子信息制造的韧性优势

中国是全球最大的制造业中心,生产着全球超过 1/3 的电子产品,其中就包括智能手机、计算机、平板电脑、云服务器和电信基础设施等,并且由于中国巨大的人口和消费潜力,目前已成为仅次于美国的世界第二大电子信息产品消费市场。

在过去五年间,中国电子信息产品市场在"十三五"期间实现了较为快速的增长,在显示面板、半导体封测、PC 及智能手机制造等方面持续提升竞争力。但是,主流电子信息产品(如 PC、智能手机)的形态并未出现较大变化。虽然在计算和通信设备在功能和性能上实现了极大的提升,例如智能手机已经普及了 64 位处理器芯片,但未再出现类似智能手机或平板电脑的新型终端消费品。AIoT 设备虽然普及极快,但在万物互联的世界尚未到来之前,它展现的革命性并未完全展现出来。随着 5G、人工智能、VR/AR、超高清视频等新技术的应用与发展逐渐成熟,万物互联时代的到来,整个电子信息产业可能会出现颠覆式、革命性的新型产品,带动整个产业的持续繁荣。

受益于我国疫情的良好管控和欧美国家生产的停滞,中国电子信息产业在受到新冠疫情冲击下依然保持较高的增长,是中国实体经济和制造业领域的重要组成部分,并在带动其他产业的发展上做出了重大贡献。从2020 年的全年趋势来看,国内电子信息制造业的产值、投资额、出口额等数据在下半年后增速由负转正,且增幅持续提升,产业链体系逐步完善,全行业在国家经济发展中的作用和地位提高。根据工信部的统计显示,2020年全国规模以上电子信息制造业企业营收达到12.1万亿元,同比增长8.3%,全年整个电子信息制造业行业的增加值同比增长了7.3%,高出同期全国制造业行业平均增速接近5个百分点。2020年,中国新成立的半导体企业超过了2.28万家,较2019年的新成立企业数增长了195%。① 同时,全年有40家半导体公司在科创板上公开上市。这些公司在IPO期间总共筹集到256亿美元资金。

分季度看,我国电子信息产品生产的迅速恢复也反映出中国在全球电子信息供应链中的韧性优势。中国电子信息产业在疫情较严重的时期受到不小的冲击,电子信息产业主要产品在2020年第一季度只有集成电路产品维持着正增长(同比增长16%);而到了第二季度,集成电路、微型计算机设备分别实现1.6%和16.4%的同比增长,在第三季度集成电路、微型计算机、智能手机生产都实现正增长,增速分别达到了14.7%、5.6%和3.4%,至此,电子信息产业的主要产品均摆脱了疫情的影响,开始实现正增长;而随着全球其他国家和地区未能做好疫情防控工作,我国电子信息产品的生产能力显得尤为宝贵,此时我国的生产线相较其他国家和地区的生产基地更稳定和安全,也由此可能会迎来难得的产业发展窗口机遇期。

2. 中国电子信息制造业核心技术竞争力有待提升

中国在全球电子信息制造业中的竞争力主要在于终端产品的组装制造,在产业链中处于附加值较低的地位,对于附加值较高的设计环节、制造设备产品方面,依然缺乏足够的竞争力。由SIA的统计可知,中国半导体企业仅占据全球半导体市场的7.6%,这与中国消费了全球四分之一半导体的巨大市场不成比例,大量技术产品严重依赖于进口。中国的芯片公司主要向通信和工业终端市场销售分立半导体、低端逻辑芯片和模拟芯片,而在高端逻辑、先进模拟和前沿存储产品市场上,一直以来的存在感不强,但随着华为麒麟系列SoC芯片、紫光虎贲系列芯片的崛起,国产DDR4内存条与长江存储自研的TLC固态硬盘致钛商用,中国正在进入这些附加值高的产品市场。中国的本土半导体供应链亦不够稳固,在先进制程芯片代工生产(10 nm以内)、EDA工具、IP核、半导体制造设备、半导体材料等方面要依赖于美国、韩国、日本等国的厂商。在产业链上游,EDA、IP方面,美国占据了全球74%的市场份额,欧洲企业则占据了20%的份额,全球主要的EDA软件由美国和德国所垄断。在芯片设计领域,中国仅有海思及紫光拥有10 nm以下芯片的设计能力。在DAO、存储方面,美国、欧洲同样垄断了全球大部分份额。到产业链中下游,在半导

---

① 数据来自企查查网站。

体制造设备方面,美国、日本、欧洲的企业共计占据了超过 95% 的全球市场份额。半导体材料则由日本占据半壁江山,而在芯片代工领域,中国台湾和韩国占据了超过 50% 的整体市场和几乎所有 7 nm 以下的代工市场,中国在芯片代工方面有着 16% 的全球市场份额,但最高工艺仅到 14 nm 级别。在封装测试领域,中国企业则占据着全球 1/3 以上的市场份额。从整体来看,中国的半导体行业抗风险能力较低,一旦国外在 EDA 工具、IP 核授权、制造设备等方面对国内产业进行制裁,将会极大的影响中国半导体产业的稳定和发展,例如,在美国及其盟友对华为进行制裁之后,华为不仅一度无法获得 ARM V9 架构的授权,更是由于台积电与三星无法为其代工,导致其麒麟系列芯片只能停产,加之美国对华为 5G 射频芯片的禁售令,华为无法制造新的 5G 手机,消费者业务遭遇无芯可用的尴尬境地,营收出现腰斩,不得不于 2020 年年底出售荣耀品牌,并计划将 nova 品牌也独立出售。

以中国海关公布的进出口数据显示,中国 2020 年出口集成电路 8 056.26 亿元,进口 24 207.34 亿元,贸易逆差达 16 151.08 亿元;除此之外,中国 2020 年还进口了 1 752.39 亿元的半导体制造设备,且大量设备国产化率低,尤其是较为先进的设备,只能依赖于海外供应商。以集成电路制造为例,尽管国产半导体设备在过去几年呈现出非常积极的变化,例如在技术上,以中微半导体、北方华创为首的企业在刻蚀、沉积、干法去胶、清洗、离子注入等领域已经接近国际一流厂商,且在市场占有率上,部分产品市占率已经超过 20%,对国际半导体设备厂商市场地位发起了有力冲击,且在干法去胶设备、清洗设备、刻蚀设备、抛光设备均实现了一定程度的国产替代;但是其他制造设备的国产化率就相对较低了,炉管设备、涂胶显影设备、沉积设备、前道检测设备的国产化率都低于 15%,而在差距最大的离子注入机、后道测试设备和光刻机设备,国产化率均低于 5%。

在通信领域,射频器件的设计生产是中国目前的短板,仅有卓胜微等少数企业在该领域进行研发。目前射频器件的高端产品由 Skyworks、Qorvo 和博通 3 家企业所垄断,若它们拒绝为中国厂商供货,中国下游厂商将丧失制造 5G 手机的能力;而在通信基站的重要组成部分——负责模拟数字计算的 DSP 器件领域,德州仪器和飞思卡尔占据了大量的市场份额。

在新型显示领域,作为 OLED 面板制程的"心脏"的真空蒸镀机,几乎由日本 Canon Tokki 独占高端市场,掌握着该产业的咽喉。Canon Tokki 能把有机发光材料蒸镀到基板上的误差控制在 5 微米内(1 微米相当于头发直径的 1%),没有其他公司的蒸镀机能达到这个精准度。目前中国在真空蒸镀机领域依然为空白;此外,在制造显示面板需要的 ITO 靶材方面,中国的进口依赖也很高,每年中国 ITO 靶材消耗量超过 1 000 吨,一半左右靠进口,用于生产高端产品。

在被动式电子元器件方面,中国缺乏高端电容和电阻的生产能力,在这方面,日本企业占据绝对优势,目前国内企业的电容电阻产品在工艺、材料、质量管控上,和高端产品的差距依然较大。

3.电子信息服务业呈现"内稳外降"的增长趋势

2020年,中国软件和信息技术服务业持续恢复,基本摆脱了新冠肺炎疫情负面影响,呈现平稳发展态势,支撑了由于疫情影响下的服务业发展。在收入、利润和从业人数上都表现出较快的增长速度。信息技术服务加快云化发展,软件应用服务化、平台化趋势明显。西部地区软件业增速较快,东部地区保持集聚和领先发展态势。

总体软件业务收入和利润上保持较快增长。2020年全年,中国软件和信息技术服务业规模以上企业超4万家,累计完成软件业务收入81 616亿元,同比增长13.3%,实现利润总额10 676亿元,同比增长7.8%;人均实现业务收入115.8万元,同比增长8.6%。此外,截至2020年末,全国软件和信息技术服务业从业人数704.7万人,比上年末增加21万人,同比增长3.1%。

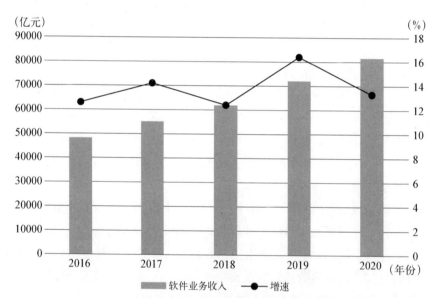

图1 2016—2020年软件业务收入增长情况

数据来源:工信部统计公报。

但是在对外市场上,软件也出口形势低迷。2020年,中国软件和信息技术服务业实现出口478.7亿美元,同比下降2.4%。相比2019年569.4亿美元的出口额和11.4%增速,2020年都出现了较大的下降。

在软件业务收入结构上,产业长期主要以信息技术服务收入为主。2020年软件和信息技术服务业中,软件产品占比27.9%,信息技术服务占61.1%,

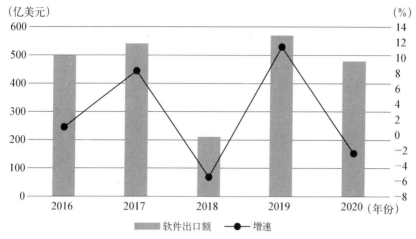

图 2　2016—2020 年软件业务出口增长情况

数据来源：工信部统计公报。

信息安全占 1.8%，嵌入式系统软件占比 9.2%。

在新兴电子信息服务业的领域中，互联网基础资源和基础应用方面的迅猛发展：2020 年，大数据产业规模达到 718.7 亿元，同比增长 16.0%，增幅领跑全球大数据市场。大数据在金融、医疗健康、政务几个领域成绩突出。人工智能产业规模保持平稳增长，产业规模达到了 3 031 亿元，同比增长 15%，增速略高于全球的平均增速。中国在人工智能芯片领域、深度学习软件架构领域、中文自然语言处理领域进展显

图 3　中国软件业收入结构

数据来源：工信部统计公报。

著。云计算市场保持高速发展，整体市场规模达到了 1 781 亿元，增速超过 33%。物联网产业迅猛发展，产业规模突破 1.7 万亿元。工业互联网产业规模达到 9 164.8 亿元，同比增长 10.4%。[①]

4. 软件向"头部"企业和区域集聚效应更加明显

电子信息服务业产业集中度不断提升，规模效应显著。2020 年东部地区完成软件业务收入 65 561 亿元，同比增长 14.2%，占全国软件业的比重为 80.0%。中部和西部地区完成软件业务收入分别为 3 726 亿元和 9 999 亿元，同比增长 3.9% 和 14.6%，占全国软件业的比重为 5.0% 和 12.0%。东北地区完成软件业务收入 2 330 亿元，同比增长 1.9%，占全国软件业的比重为 3.0%。[②]

① 数据来自《中国互联网发展报告（2021）》。
② 数据来自工信部网站。

软件业务收入居前 5 名的北京、广东、江苏、浙江、上海共完成收入 53 516 亿元,占全国软件业比重的 65.6%,占比较上年提高 2.0 个百分点。

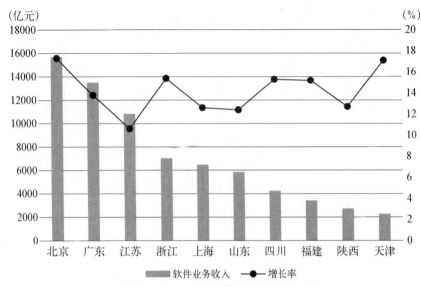

图 4　2020 年中国软件营收前 10 省份

软件行业集中度不断提高,资源向头部集聚。① 在 2020 年(第 19 届)中国软件业务收入前百家企业 2020 年软件和信息技术服务收入合计 18 516 亿元,同比增长 16.7%,高于全行业平均增速 3.4%;实现利润总额 4 279 亿元,同比增长 31.3%,高于行业平均 23.5%。百强企业中,软件业务收入规模超过 100 亿元的企业有 20 家,百强业务收入门槛超过 15 亿元。

此外,百强企业研发投入合计 3 967 亿元,同比增长 23.4%,企业平均研发投入强度超过 10%;软件著作权登记量 5.4 万件,获授权专利数量 28 万件,其中发明专利占比超过 70%。一方面着力夯实产业基础,聚焦操作系统与芯片、数据库、中间件及各类应用软件的集成、适配、优化。另一方面,积极培育新动能,以云计算、大数据、人工智能、5G 等领域的新兴软件为牵引,不断加快发展平台软件。为构筑具有国际竞争力的产业体系,支撑新型基础设施建设,引领产业转型升级发挥了重要作用。

5. 全球布局与国际合作

随着中国电子信息产业的发展与产业全球化分工的深化,中国企业对海外投资和国际合作的参与程度也在提高。其中,中国企业在对外投资方面主要有两个方向,其一是将本国部分低端电子信息产品制造的产能转移到劳动力价格更低廉的区域,在海外投资建厂,例如立讯精密、歌尔股份、小米等企业

---

① 相关数据来自中国电子信息行业联合会发布的《2021 年度软件和信息技术服务企业竞争力报告》。

就在印度、越南等地建立了海外代工厂,将部分产品生产线转移至南亚乃至东南亚;而中国企业对外投资的另一个方向就是通过海外并购来弥补自身产业链的弱点,提高竞争力。在过去几年里,中国通过几轮海外并购,在手机基带芯片、高频射频芯片以及存储芯片、CMOS 传感器、晶圆制造等领域得到了加强与补足,走上了加速发展的进程。如 2015 年 5 月,建广资本与合肥瑞成成功收购荷兰 Ampleon 集团,使得中国企业拥有了设计高功率射频芯片的能力;2016 月 2 月中信资本、清芯华创、金石投资等中资基金以 19 亿美元联合收购豪威科技,后于 2019 年 7 月被韦尔股份并购,使我国拥有了高端 CMOS 传感器设计能力,至今豪威科技的 CMOS 市场占有率仅次于索尼和三星;同样是 2016 年,通富微电完成了对 AMD 位于苏州与马来西亚的封装测试厂房的收购,由此成功进入用于 PC 及服务器的 CPU、GPU 等芯片的封测市场,极大加强了通富微电在高端封测领域的市场竞争力;2017 年 2 月,建广资产以 27.5 亿美元的价格收购了恩智浦半导体标准产品业务部门,获取了大量技术、专利以及两座晶圆制造厂、三座封测厂和恩智浦工业技术设备中心;2017 年 11 月,中资背景的凯桥资本以 5.5 亿英镑的价格收购英国嵌入式 GPU 芯片 IP 供应商 Imagination Technologies,从而在移动端 GPU 领域令中国厂商实现突破,IMG 显示解决方案目前被广泛应用于汽车、AIoT、数据运算、移动及服务器等领域,紫光部分自研芯片在 GPU 方面也采取 img 的解决方案;安世半导体在 2018 年 4 月被闻泰科技以 39 亿美元收购,自此闻泰科技成为我国目前唯一拥有完整芯片设计、晶圆制造、封装测试的大型 IDM 企业;2020 年 1 月,晶圆代工厂世界先进宣布将斥资 2.36 亿美元购买格芯位于新加坡 Tampines 的 8 英寸晶圆厂相关资产,这笔收购将缓解当前国内厂商 8 寸晶圆代工产能不足的问题。

2020 年,受疫情和其他因素影响,全球化的供应链收紧,导致软件技术、产品和服务的创新合作及市场拓展难度加大。2020 年中国百强企业软件和信息技术服务出口超过 200 亿美元,同比增长 4.7%,高于全国增速 7.1%。中国百强软件企业围绕技术研发、标准研制、人才培养和行业应用等领域积极开展国际交流合作,成为中国软件产业国际化发展的引领力量。

6. 区块链与人工智能

在区块链技术中,全球主要国家都开始了对相关技术的政策支撑。2020 年 10 月 15 日,美国发布《关键与新兴技术国家战略》(*National Strategy for Critical and Emerging Technology*),该文档详细介绍了美国为保持全球领导力而强调发展的 20 项关键与新兴技术清单,分布式账本技术(类同于联盟链技术)就位列其中。区块链技术被提升到美国国家战略高度,预计将获得政府更多的人力和资本资源投入。同年 9 月,欧盟委员会发布了一份全新的数字金融一揽子计划。欧盟议会、欧盟监管当局等机构此前在数字领域的工作为基础,详细涵盖了数字金融战略、零售支付战略、加密资产立法建议和数字运营韧性相关立法建议等四个方面。

在中国的产业政策上区块链被纳入新基建范畴以来,区块链就成为中国核心技术自主创新的重要突破口。2020年4月,发改委进一步明确将区块链纳入了"新基建"的范畴。在中央层面的战略部署指引下,各地政府支持区块链产业发展的步伐也进一步加快,纷纷制定区块链产业发展规划、出台产业扶持政策和专项扶持资金政策等,中国区块链产业也因此得到了空前的政策支持力度。

新冠疫情进一步加速了人工智能产业的发展,使得人工智能在社会各个领域和场景下的落地得以广泛实现。《"十四五"规划和2035年远景目标纲要》中,中国将"新一代人工智能"列为科技前沿攻关的七大领域之一,还设立了国家级实验室。世界其他国家也普遍将人工智能视为后疫情时代数字经济的核心驱动力。

二、上海电子信息产业指数测算与分析

(一)上海电子信息产业发展情况

"十三五"时期,上海市电子信息制造业得到了较快的发展,年均完成工业产值达6 337.79亿元,实现年均1.58%的同比增长,结束了"十二五"时期电子信息产业的负增长趋势;厂商创新研发投入开花结果,中芯国际14 nm生产线投产,并在7 nm工艺研发方面取得突破性进展;华虹集团在张江和金桥的三条八英寸晶圆生产线月产能达到18万片;兆芯集团实现国产16 nm制程CPU的突破,其产品成功打入个人消费领域;上海的科创中心建设为电子信息产业的发展提供新的机遇,整个产业的数字化转型启动,并为新一代信息技术投入大量力量研发。

1. 2020年上海电子信息制造业总体发展情况①

2020年,上海市实现工业增加值9 656.51亿元,同比增长1.4%。全年完成工业总产值37 052.59亿元,同比增长1.6%。其中,规模以上工业总产值34 830.97亿元,同比增长1.9%。2020年全市六大重点工业行业完成工业总产值23 784.22亿元,同比增长4.1%,占全市规模以上工业总产值的比重为68.3%。其中,电子信息产品制造业完成总产值6 466.23亿元,同比增长5.3%,投资额同比增长64.8%。2020年,上海市六大重点工业行业发展出现分化,电子信息产品制造业、汽车制造业及生物医药制造业实现较高增长,总产值相较上年分别增长5.3%、9.3%、2.9%;而石油化工及精细化工制造业、成套设备制造业增长出现停滞,总产值相较上年增长分别为0.5%、0.6%;精品钢材制造业持续负增长,总产值同比下降4.2%。

---

① 相关数据来自上海统计局。

表7　2020年上海六大重点产业产值及其增长

指　标　名　称	2020年产值（单位：亿元）	同比增长（％）
上海市工业行业	37 052.59	1.6
六大重点工业行业	23 784.22	4.1
电子信息产品制造业	6 466.23	5.3
汽车制造业	6 735.07	9.3
石油化工及精细化工制造业	3 488.97	0.5
精品钢材制造业	1 120.40	−4.2
成套设备制造业	4 556.95	0.6
生物医药制造业	1 416.61	0.5

　　尽管受到了新冠肺炎疫情及中美贸易摩擦的不利影响,上海市电子信息产品制造业产值在2020年依然取得了一定的增长,原因在于全球对集成电路等产品需求的回暖,2020年上海市集成电路、笔记本计算机、智能手机、智能电视的产量同比增长分别为21.7％、60.1％、−7.3％、14.3％,除去智能手机产量出现较大程度的下降之外,另外三类产品产量都出现了较高的增长,特别是微型计算机设备受益于网课、在家办公等新模式的出现带动了一波对电子产品的消费高潮。

表8　2020年上海电子信息产品制造业主要产品产量

产品名称	单位	2020年产量	同比增长（％）
集成电路	亿块	288.67	21.7
微型计算机设备	万台	1 799.51	60.1
智能手机	万台	3 686.58	−7.3
智能电视	万台	153.31	14.3

　　2020年,上海电子信息制造业全年实现总营收6 686.01亿元,实现利润总额236.9亿元,同比增长分别为4％和12.5％,在上海工业行业总营收出现负增长的情况下实现逆势增长。作为电子信息制造业核心的集成电路产业全年实现销售额2 071亿元,同比增长21.3％,集成电路布图设计专有权登记数量为1 632件,同比增长80％,在全国仅次于广东省与江苏省。

　　在服务领域中,上海电子信息服务业同样支撑了上海服务业的增长。在上海总体服务业营收仅增长1.1％,营业利润下滑5.2％的情况下,2020年上海规模以上信息传输、软件和信息技术服务业营业收入达7 707.42亿元,利润781.08亿元,同比增长14.6％和4.6％。但是在信息服务业内部的增长上也存在着分化,传统电信、广播电视和卫星传输服务营收下降的同时营业利润却出现了上升,显示出疫情期间对信息传输需求结构的变化,提升了产业总体的盈利水平。而互联网和相关服务虽然营业收入增长 23.3%,但是利润却下滑超过四成。软件和信息技术服务业则出现了营收和利润同时上升的情况,并且利润上升幅度更大,整理产业利润率不断提升。

表 9　2020 年规模以上电子信息服务业企业主要经济指标

行　　　业	营业收入 (亿元)	同比增长 (%)	营业利润 (亿元)	同比增长 (%)
信息传输、软件和信息技术服务业	7 707.42	14.6	781.08	4.6
电信、广播电视和卫星传输服务	875.53	−1.4	103.38	8.5
互联网和相关服务	3 134.3	23.3	110.93	−42.8
软件和信息技术服务业	3 697.59	12.2	566.77	24
规模以上服务业	34 653.14	1.1	2 924.67	−5.2

数据来源:上海统计局网站。

在信息服务业的基础设施上,上海千兆接入能力已实现全市覆盖。光纤到户能力覆盖家庭数达 960 万户,比上年末增加 1 万户。家庭宽带用户平均接入带宽达 209.9 Mbps,比 2019 年末增加 28.4 Mbps。4G 用户数达 3 246.2 万户,比 2019 年末减少 353.4 万户;5G 用户数达 612.7 万户,比上年末增加 591.2 万户。互联网省际出口带宽 28 863 GB,比上年末增加 7 003 GB,互联网国际出口带宽 6 941.9 GB,比上年末增加 1 865.5 GB。IPTV 用户数达 564.8 万户,比上年末增加 7.9 万户。年内完成建设 15 837 个 5G 基站(累计建成 32 038 个 5G 基站),37 648 个 5G 室内小站(累计建成 51 560 个 5G 室内小站),实现 5G 网络中心城区和郊区重点区域连续覆盖。以行业示范应用带动 5G 产业链、业务链、创新链融合发展,在智能制造、健康医疗、智慧教育等十大领域累计推进 400 余项 5G 应用项目。2020 年,上海市智慧城市发展水平指数为 109.77,较上年提高 3.91,连续 7 年持续增长。[①]

　　2. 上海电子信息制造业贸易结构分析

　　上海市电子信息产业出口以集成电路、笔记本电脑、平板电脑、手机等制成品为主,并且由于新冠疫情对在线办公的需求刺激,使得笔记本电脑及平板电脑的出口额的增长速度极高,持续保持贸易出口优势。2020 年上海市对外出口集成电路 2 196.1 亿元,同比增长 15.24%;笔记本电脑 1 008.46 亿元,同比增长

---

① 相关数据来自 2020 上海统计公报。

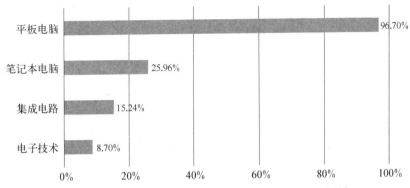

图5　上海市 2020 年电子信息产业出口增速最快产品及服务

25.96%;平板电脑 114.66 亿元,同比增长 96.7%;手机 993.37 亿元,同比增长 0.7%。

与出口产成品为主相对应的,是上海市电子信息产业在设备材料及相关技术领域仍需大量进口:2020 年上海市进口半导体制造设备 402.82 亿元,同比增长 59.9%;制造集成电路的机器及装置 317.51 亿元,同比增长 107.79%;制造晶圆用的设备 26.55 亿元,同比增长 −6.83%;计算机通信技术 1 223.31 亿元,同比增长 6.85%;电子技术 5 138.52 亿元,同比增长 9.64%;计算机集成制造技术 1 019.65 亿元,同比增长 23.78%。

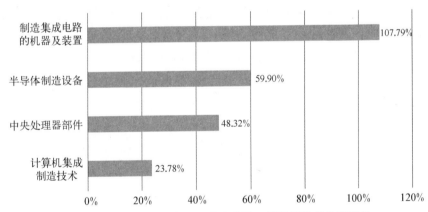

图6　上海市 2020 年电子信息产业进口增速最快产品及服务

从整个进出口结构分析,上海市在电子信息产业链的优势主要在于 3C 产品的生产制造,而相对需要进口各种产业相关的制造设备及相应的技术,在中美贸易冲突持续的大背景下,相应设备技术存在被"卡脖子"的风险,作为科创中心和电子信息产业发展水平较高的上海市,在未来应在相应领域加大研发投入,争取尽快实现关键技术设备的国产替代。

3. 上海电子信息制造业产业链优势

上海市电子信息制造业的发展重点在集成电路、新型显示、新一代信息技术产业及汽车电子等领域,同时聚焦物联网、车联网、智能产品、智能传感器等新兴领域的发展。在电子信息产业布局上,上海依托于张江国家自主创新示范区,以浦东新区、漕河泾为核心区,形成一体两翼的格局,并以松江、青浦、嘉定、金山等和国家大学科技园作为拓展,打造若干电子信息制造业特色专业集聚区,并加强与长三角地区相关产业在产业链上的协同和合作,发挥上海电子信息制造业优势,起到良好的带动作用。

具体到细分领域的布局,在集成电路方面主要以"一带(由张江、金桥、外高桥所组成的浦东电子信息产业带)两区(漕河泾新兴技术开发区和松江出口加工区)"来布局,并向临港、嘉定拓展创建产业集聚带;在显示面板方面,上海形成了以金山区发展 AMOLED 生产制造,闵行区发展 TFT‐LCD 生产制造,松江、普陀、嘉定、临港四区发展 LED 封装技术,浦东新区作为显示面板产业的综合核心区的"1+X"产业布局;在新一代信息技术的产业布局方面,将以浦东的金桥、张江作为研发中心和制造基地、漕河泾建立相应的创新园区;在汽车电子方面,上海以嘉定国际汽车城、浦东金桥、张江为核心区,并将松江、青浦、徐汇、杨浦、闵行、奉贤等区作为产业集聚的拓展区。

上海在整个电子信息制造业的产业链上下游都集聚了一批具有一定国际竞争力的企业,其中,芯片设计的重点企业数量有 37 家,芯片制造有 9 家,封装测试有 11 家,半导体设备材料有 33 家,大部分分布在浦东的张江、外高桥及中心城区的漕河泾。中芯国际实现了 14 纳米先进工艺芯片的规模量产,中微半导体设备(上海)有限公司实现 5 纳米刻蚀机的突破、上海新昇半导体实现 12 英寸大硅片的量产,兆芯自研的国产 CPU 芯片打破了海外企业在 x86 架构平台的垄断。

电子信息制造业属于知识密集型产业,不论是产业链上下游,都需要高强度的研发活动来提高自身竞争力,上海市集成电路产业拥有丰富的创新研发资源,以中科院上海高等研究院、上海集成电路研发中心等高等院校和科研院所的科创平台,汇聚整合了国内外优质创新资源,形成如国家集成电路创新中心等诸多创新功能平台,有力地推动了电子信息制造业的转型升级和提质增效,并促进了不同产业间的跨界融合以及业态和服务的创新。

(二)上海电子信息产业国际竞争力指数测算及分析

1. 上海处于全国第一梯队

电子信息产业国际竞争力指标体系根据波特产业竞争力理论进行简化和发展,从"产业国际表现""行业增长驱动""价值链提升"三个方面来诠释,形成反映国际竞争力的三个二级指标,运用定量数据形成 14 个三级指标。

在二级指标中,产业国际表现则是代表着现阶段电子信息产业的产品在国际市场上的竞争力,其主要包括电子信息产业产品的产业部门贸易优势、行业贸易优势、供应链强度和核心环节贸易优势四个指标。

行业驱动增长所衡量的是现阶段我国供给侧改革背景下发展电子信息产

业的能力,其中主要包括电子信息制造业的区域市场效率、产业投资效率、产业营利能力和产业集聚能力四个指标。

价值链提升则是代表着现阶段电子信息产业对研发的投入和产出以及核心产品的生产能力,衡量着该产业沿着价值链提升其产业高度和发展的速度,其主要包括地区电子信息产业的创新生产能力、核心产品出口竞争力和政策引导这几个方面的指标。

报告按照电子信息制造业国内产值大小,选择全国 13 个重点省(市)作为测算对象,其结果如图 7 所示。

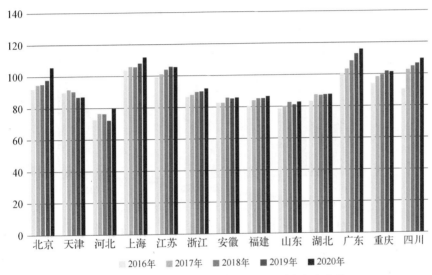

图 7　中国主要省市电子信息产业国际竞争力变化

2. 2020 年获得最快增速

将上海电子信息产业国际竞争力指数及其增速绘制成图,如下图所示:

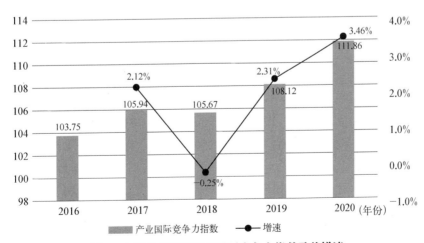

图 8　上海电子信息产业国际竞争力指数及其增速

　　总体而言,上海电子信息产品制造业国际竞争力变化表现出波动中上升的趋势。在 2016 年至 2020 年间上海电子信息制造业产业国际竞争力指数由 103.75 上升至 111.86,除 2018 年有所下降之外,其余年份都保持了正增长。2020 年虽然发生了新冠疫情事件,但由于我国优秀的管控能力和预防能力,我国率先从疫情中走出,给电子信息产业的发展创造了有利的环境,上海电子信息制造业产业国际竞争力获得了五年来最高的增速,竞争力提升显著。

　　进一步分析上海电子信息制造业产业国际竞争力的由来,将产业国际竞争力二级指数结果绘制成图如下:

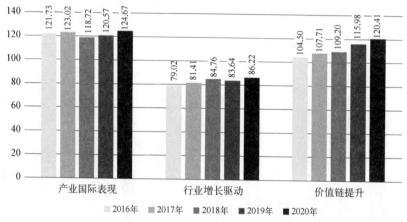

图 9　上海电子信息产业国际竞争力二级指数变化

3. 产业国际表现面临较大压力

　　电子信息制造业是上海六大重点制造业之一,在上海的进出口贸易中占据了重要的地位,也是上海代表中国参与全球竞争力的重要领域。总体上,上海电子信息制造业产业国际表现处于国内较高水平,但随着是近两年美国持续打压,上海电子信息制造业在日益激烈的全球的竞争格局中,面临较大的增长压力。

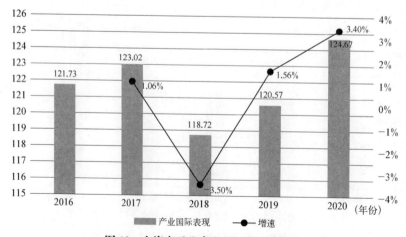

图 10　上海电子信息产业国际表现指数

在 2016 至 2020 年间,上海电子信息制造业产业国际表现指数分别为 121.73、123.02、118.72、120.57 和 124.67。产业国际表现指数在总体变化上表现出了高位波动增长的特性,在经历了 2018 年中美贸易摩擦冲击下较大的下滑之后,2019 年逐步恢复,并且在 2020 年创出了产业国际表现指数的新高。这一方面有着上海电子信息产品不断升级、产品能级不断提升的原因,还有新冠疫情下全球产业格局、产业链、供应链中断的原因。全球终将走出疫情阴霾,上海电子信息制造业在疫情中的受益因素将逐渐消失,届时要保持良好的产业国际表现更加需要上海在电子信息制造业中拥有过硬的产品与技术。

表 10　上海电子信息产业产业国际表现指数指标

年份	产业部门贸易优势	行业贸易优势	供应链强度	核心环节贸易优势
2016	0.406 2	0.132 0	0.192 0	0.417 9
2017	0.411 8	0.104 9	0.212 9	0.404 8
2018	0.350 9	0.115 7	0.195 5	0.406 3
2019	0.346 8	0.092 7	0.201 2	0.454 8
2020	0.368 2	0.053 0	0.229 6	0.478 9

从上海电子信息制造业产业国际表现的具体指标来看,产业部门贸易优势和行业贸易优势指标持续下降,而供应链强度和核心环节贸易优势则有所好转。产业部门贸易优势衡量的是上海电子信息产业相对的出口表现。由于近年来上海在智能手机、智能电视、电子计算机等电子信息产品产量上的减少,上海电子信息制造业的相对出口增长也在减少,导致了产业部门贸易优势和行业贸易优势的下降。受益于本土研发能力的提升和供应链的配套,上海对国外部分产品逐渐实行国产替代,使得核心环节贸易优势指标不断好转。核心环节贸易优势指标主要考察了上海电子信息产业核心环节发展情况,这一指标上海处于国内领先地位,表现出上海在电子信息制造业核心领域中的领先地位。

4. 产品规模和扩散效应下降

2016 至 2020 年,上海电子信息产业的行业增长驱动指数由 79.02 上升至 86.22。与产业国际表现和价值链提升指数相比,行业增长驱动是上海产业国际竞争力中的弱项指标,产业的集聚和辐射效应亟待进一步加强。

上海电子信息制造业的增长驱动指数较弱的原因主要和上海的资源禀赋有关。在电子信息制造业中,有很大一部分为计算机制造、智能手机制造、智能电视制造等劳动密集和资本密集型的产业。由于上海经济转型和劳动力成本等原因,这一部分产品的占比在下降。上海电子信息制造业部分产品产量如图 12 所示。

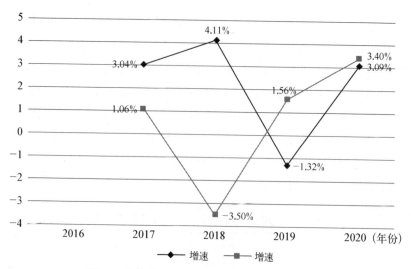

图 11　上海电子信息制造业行业增长驱动指数

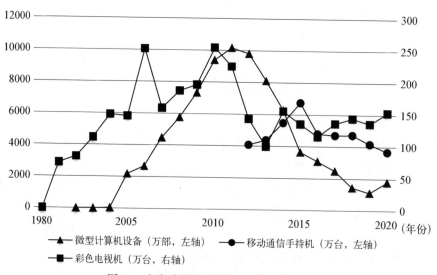

图 12　上海计算机、手机和电视机历年产量

　　自 2010 年起,长久以来支撑上海电子信息制造业行业增长的产品产量开始出现连年下跌。其中,程控交换机、移动通信基站、微型计算机设备、移动通信手持机(手机)和电视机产量下降显著。其中,移动通信基站设备由 2013 年的 89.73 万通信道下降至 2017 年的 5 万通信道;微信计算机设备虽在 2020 年产量有所反弹,但 2020 年产量仅仅为 2011 年产量最高点的 1/5 不到;电视产量虽在 2014 年起保持了约 150 万台的产量,但其产量也仅为 2010 年的 3/5;移动通信手持设备,即手机的产量在 2015 年见顶之后已经出现了五年的下滑,并且伴随着产量下滑的还有出口总量的下滑。

　　与此同时,中国电子信息产业依然保持了快速增长,计算机、手机、电视等产量不断突破新高,成为全球最重要的电子信息产品制造国。所以,上海大量的电子信息制造业产品生产的下降背后一方面是原有产能的转移,另一方面是电子信息制造业中新投资的收缩。对于上海而言,传统电子信息制造业总装环节受限于上海劳动力价格的不断上升而逐渐失去竞争力,而新阶段以集成电路为主体的产业体量还较小,不能支撑起电子信息制造业产业整体的增长。所以上海电子信息制造业的行业驱动增长进入发展的中空期,指数水平较低,增长也较慢。

5. 价值链升级速度最为显著

上海电子信息产业价值链提升指数衡量了上海电子信息制造业中的核心产品的国际竞争力水平、科技创新能力和政策影响的效果。

在过去五年间,上海电子信息产业价值链提升指数稳定上升,2016—2020年的指数分别为104.5、107.71、109.2、115.98和120.41,是三大二级指数中得分最高、持续增长并且增长幅度最为显著的指数。价值链提升指数上升的背后是上海电子信息制造业常年投入的大量研发资源、新产品的大量产出以及上海相关政策对产业发展起到了较好的支撑作用。

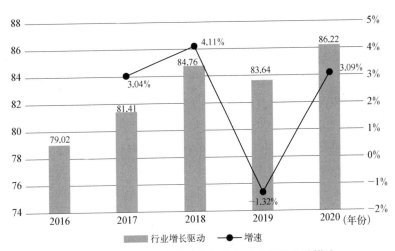

图 13　上海电子信息制造业价值链提升指数及其增速

表 11　上海电子信息制造业研发支出　　　　　　　(单位:亿元)

研发相关项目 \ 年份	2015	2016	2017	2018	2019
R&D 内部支出	87.91	92.79	103.73	77.30	95.59
技术改造经费支出	3.65	1.77	4.76	2.63	11.48
技术引进经费支出	1.80	2.31	2.35	3.76	1.33
购买国内技术支出	1.40	0.54	0.39	0.48	0.71
新产品销售收入	951.55	1 034.53	1 074.97	1 145.46	1 356.49
新产品出口	432.80	483.28	570.89	558.96	544.12

上海电子信息制造业研发投入内部支出波动中上升,由 2015 年的 87.91 亿元上升至 2019 年的 95.59 亿元。在这一过程中 2017 年达到了近 5 年的最大值 103.73 亿元,但是随着 2018 年美国对中国高科技产业的打压,上海电子信息制造业的内部研发支出出现了较大回落。这一情况也出现在技术改造经费支出和新产品出口的变化上。值得注意的是,新产品销售收入自 2015 年起逐年增长,并且增长显著,而在新产品的出口总量上却在 2017 年达到了顶峰后于 2018 年出现了回落。这表明上海电子信息制造业新产品的增长中主要为国内需求的增长,国外需求反而有所下降,这背后反映出上海电子信息制造业产品在出口能级上的不足,当前发展主要依托国内市场的情况。

总体看来,上海电子信息产业已经进入了产业转型期,其典型的特征就是以传统终端产品,如手机、电视、计算机等产品的产量和产值的下降和以集成电路、传感器、集成电路圆片等高技术产品产能和产值的扩张为主。传统产品的生产转移使得上海电子信息制造业在总产值、产业利润等方面处于不利的地位。与此同时,集成电路等新的电子信息制造业的支柱还处于产业导入期,在产值、盈利能力上都还无法支撑起上海电子信息制造业的发展,并且还需要长期持续稳定的研发投入作为上海电子信息制造业产业高端化的前途,这势必进一步降低上海电子信息制造业的盈利能力和总体产业增速。

在电子信息服务业领域中,为推动人工智能全面赋能,上海提出了将建设国家人工智能发展"高地",并发布了一系列支持鼓励发展人工智能的政策措施。并且围绕人才队伍、数据资源、技术创新等重点,推出 22 条细则,为相关人才配置具有国际竞争力的事业发展平台。

在具体措施上,上海市积极创新,在医疗、金融、交通等重点领域逐步建立风险评估和法治监管体系,制定行业规则和标准,形成人工智能治理的"上海模式",其可以用"1+3+8+8"概括,即 1 个基金、3 个研究院、8 个 AI 创新平台和 8 个 AI 创新中心。其中,1 个基金为"G60 科创走廊人工智能产业基金"。基金首期目标规模人民币 100 亿元,坚持市场化、专业化、国际化运作体制,带动社会资本投入,最终形成 1 000 亿级基金群。3 个研究院包括市经信委和亚马逊联合揭牌"亚马逊 AWS 上海人工智能研究院",徐汇区政府、微软公司和仪电集团合作签署"微软上海研究院暨微软-仪电人工智能创新院",长宁区政府和科大讯飞联合揭牌"科大讯飞(上海)人工智能及脑科学研究院"。

8 个 AI 创新平台包括上海市经济信息化委和京东集团合作签署"京东智能城市平台",徐汇区政府和腾讯公司合作签署"腾讯人工智能创新平台",青浦区政府和华为公司合作签署"华为人工智能云平台",松江区政府和中科院神经所合作签署"G60 脑智科创基地"等。8 个 AI 创新中心则包括上海市经济信息化委和安谋科技合作签署"安谋科技人工智能总部",浦东新区政府和阿里巴巴集团合作签署"阿里巴巴(上海)研发中心",徐汇区政府和商汤科技合作签署"商汤上海人工智能超算中心原型机研发项目",静安区政府和小鹏汽车合作签署"小鹏汽车自动驾驶智能研究中心",杨浦区政府和百度公司合作签署"百度(上海)创新中心"等。

三、上海电子信息产业的发展方向

(一) 总体产业发展方向

上海市电子信息制造业的未来,应充分发挥张江实验室、国家集成电路创新中心等"1+4"创新体系的作用,对前瞻性、颠覆性技术进行提前研发和布局,联合长三角区域的相关企业开展深度的合作;并加快建设上海集成电路设计产业园、东方芯港等创新园区。上海市需要重点发展集成电路、新一代通信设备、OLED及Mini LED技术、物联网及AIoT设备、智能终端设备的研发与制造;大力发展工业互联网平台建设,加快产业的数字化转型,实现产业的高质量发展。此外,应加强核心设备器件的设计制造技术攻关,解决"卡脖子"问题的同时推进电子信息制造冲击高端,鼓励头部电子信息制造企业提升其技术水平和产品附加值,保障供应链的安全和产业链的稳定。对于电子信息终端产品,应当保持自身优势的基础上,探索适应市场需求的新一代智能消费终端,着力将上海市电子信息制造业打造为技术先进、安全可靠、自主可控的产业聚集区。

而在电子信息服务领域中,通过深化电子信息服务深挖金融科技领域潜力,打造上海国际金融科技高地。金融服务的移动化、网络化已经十分明显,无人银行网点、智能投顾等金融创新应用不断涌现,上海作为国际金融中心,更应该跟紧这一趋势,大力发展金融科技。首先,探索机器学习、分布式账本、生物识别等技术的创新应用,提升金融服务的安全保障。

此外,电子信息服务业的发展也需要发挥对制造业发展的支撑作用。加大对工业软件研发投入,提升工厂智能化水平。工厂智能化和信息化水平的提升,一方面有利于缩短产品研发的时间;另一方面,也有利于为客户提供专业定制服务。加速信息服务推动商务应用向人性化转变,不断改善用户体验。将软件和信息服务业与生活工作深入融合,赋予人们更美好的感受。如今,高德地图、百度地图已成为出行必备工具,通过大数据分析,为用户提供智能导航和多种路径选择。

(二) 电子元器件、智能终端和装备材料等重点领域的发展目标

在电子元器件领域,上海市应加大投入,提高芯片设计、制造封测水平。在芯片设计方面,在推动进行SOC芯片的设计之外,也应注重目前专用芯片的广大市场,推动头部企业获取3 nm的先进芯片设计能力,设计性能先进、安

全可靠的 EDA 软件,对 RISC‐V 及 MIPS 等开源指令集进行研发,争取创造有市场竞争力的 IP 核。在芯片制造方面,要加快先进工艺研发,支持 12 英寸晶圆生产线产能提升,争取实现产能在"十四五"时期结束时实现翻倍;在芯片封装方面,要发展晶圆级封装、2.5D/3D 封装、系统封装等先进封装技术。

在智能终端领域,应当以提升价值、体现产品差异化和提升用户黏性为重点,聚焦智能手机、平板电脑、计算等终端产品的生产制造,推动相关企业提升研发设计能力,加强对产品形态、功能的变革研究,推动商业模式创新;支持有条件的制造企业通过联合、并购等方式实现一定程度的纵向一体化,创造具有市场竞争力的品牌,进一步提高智能终端产品的市场份额。并争取构建完整的智能终端产业链供应链,将上海市打造为全国智能终端产业的研发和制造高地。

在制造设备及材料领域,应当投入大量资金支持,争取实现先进光刻设备、刻蚀设备、薄膜设备、离子注入设备、湿法设备、检测设备等集成电路前道制造设备的国产化替代,解决相应设备的"卡脖子"问题;而在半导体材料方面,需要提高大硅片、高端掩膜板、光刻胶等材料的产能和技术水平,保障显示面板、芯片制造等方面的需求。

在下一代通信设备领域,要研发 5G 基带及射频芯片,推进产业化和国产化的发展;促进 5G 及 Wi‐Fi6 技术的发展;完成向 SA 组网的转变,对毫米波基站的布局进行前瞻性研究,支持 5G 通信设备企业积极参与相应国际标准制定和技术研发工作。

在显示面板方面,要提高供给数量和质量,扩大大尺寸显示屏的产能,提升面板制造技术,推动折叠屏、柔性屏、Mini LED 屏幕的研发和商用,在车载显示屏、笔记本显示屏、智能硬件等领域普及 AMOLED 显示技术,大力发展 4K/8K 显示屏的研发制造。

(三)上海电子信息产业"双循环"发展模式

2020 年全国"两会"期间,习近平总书记提出要充分发挥中国超大规模市场优势和内需潜力,形成以国内大循环为主体、国内国际双循环相互促进的新发展格局。这是习近平总书记立足国际国内形势变化,着眼中华民族伟大复兴战略全局做出的重大部署,具有重大战略意义。对于上海市电子信息制造业来说,目前急需思考如何在当前的大背景之下,转变以往的发展思路,形成自身的"双循环"发展模式。

"双循环"发展新格局的重点之一是降低对海外市场的依赖,重视国内市场潜力,建立国内大循环,并提高在国际市场的产品供给质量。因此,扩大内需是建立"双循环"发展新格局的重中之重;为此,上海市电子信息制造业应努力推进产品升级,增强产业链和供应链的自主可控能力,并提高产品的辨识度和差异化程度;推动电子信息产业结构调整,重点发展集成电路、新型显示、新一代通信设备等行业的先进产业集群,加强产业链与创新链的融合提升,通过纵向一体化等措施,提高产业链协同水平,增强自主创新能力,做好关键核心技术及产品的攻关,解决产业发展被卡脖子的问题;企业要不断提升产品的性价比,提高服务质量,在多方面提高产品的竞争力,增加用户黏性。

同时,构建"双循环"新发展格局,就要发挥好国内循环和国际循环的相互作用,利用好国内和国际两个市场,因此需要进一步扩大对外开放,深化国际合作。因此上海电子信息制造业要进一步深化开放,提升开放质量,优化营商环境,引进先进生产线,全面提升对外开放水平,推动电子信息产业的健康发展。

上海市在构建电子信息产业"双循环"发展新局面之时,应结合电子信息产业作为资本和技术密集型产业的特点,强化基础研究和加大研发投入,加大人才引进力度,鼓励企业建立创新团队,并在产业链上下游实现协同研发以降低风险,加速科研成果的商用速度。此外,企业还应抓住 5G 时代到来的新发展机遇,加大对工业互联网、人工智能、区块链等新技术、新平台的研发投入,加快实现电子信息制造业的数字化转型。政府部门可以对电子信息制造业提供相应的产业支持政策与财税减免政策,鼓励银行加大对相应企业的融资支持,对相应企业的授信额度可视情况提升,在贷款利率上做出适当优惠,从而鼓励企业研发创新活动。

(四)后疫情时代上海电子信息产业的机遇

后疫情时代,随着芯片设计制造、新一代通信设备普及、新型显示技术逐渐成熟、新一代半导体材料应用领域的发掘,全球电子信息制造业将迎来新一轮的机遇期;与此同时,国内启动了双循环发展战略,在国内国际的多方因素作用下,上海市电子信息制造业将迎来重大机遇期。

不论是国际贸易摩擦的存在还是国内双循环战略的要求,中国电子信息制造业的国产替代之路要加快进行,避免关键产品被卡脖子的问题,而上海作为国家战略中科创中心的定位及良好的电子信息产业发展基础,在国产替代道路上有得天独厚的优势,为此,上海应当抓住国产替代的机遇,进行电子信息制造业的产业升级,对第四代、第五代光刻机等一批半导体设备进行技术攻关,在自主研发芯片方面继续发力,做大做强新型显示领域,补全电子信息制造业产业链的不足,并将重心向附加价值更高的环节。

目前国家对电子信息产业尤其是集成电路行业进行了极大力度的政策和资金支持,2020 年 7 月,国务院发布《新时期促进集成电路产业和软件产业高质量发展的若干政策》,对国内集成电路企业提供财税政策、投融资政策、研发政策、进出口政策、人才政策、知识产权政策等方面的大力支持;2020 年 4 月国家集成电路产业投资基金二期正式开启对相关企业的投资支持;上海市相应企业应充分抓住政策和资金的支持这一重大机遇,依托张江科学城、漕河泾开发区等科创中心,研发电子信息制造业的先进技术,培育和壮大产业的研发力量,提升产品质量,建立产品优势地位。

5G将开启万物互联新时代,催生和推动各行各业的数字化发展,在交通、能源、制造、教育、医疗、消费、休闲娱乐等行业带来新的参与者,促进传统商业模式演进,甚至是颠覆性的重塑,实现巨大的经济价值。当前5G技术蓬勃发展,万物互联的时代即将到来,上海市电子信息产业应抓住新时代新技术的特点,深入推进电子信息产业数字化转型,推动工业互联网平台的建设和应用,进而显著提升研发、制造、运维、管理等各环节的效率,驱动产业的转型升级,将上海建设成为全球电子信息产业的研发制造高地。

对于运营商而言,5G技术的出现将会重构当前的移动网络,运营商需要考虑空口和网络的适配,要提供差异性的服务,进一步开放网络能力。这将进一步推动移动通信领域的用软件和硬件投入,带动电子信息产业中通信设备的新一波增长浪潮。此外,5G网络的高传输速度和超低的时延比将带来网络的云化,需要采用云集中处理,雾计算、霾计算分级处理的方式。5G云化需要有接入的云还有控制的云,从而实现网络资源的集约化管理,能够更好调动网络资源。

四、上海电子信息产业发展的困境与政策建议

(一)上海当前产业发展存在的问题

上海市在电子信息产业方面取得了显著成就,但从产业国际竞争力的角度看,上海电子信息产还存在产业链核心技术控制能力较弱、产业链联动不足等问题。后疫情时代,上海市应把握国家对上海科创中心的定位,以增强自主创新能力为主线,以提升电子信息产业的产业基础能力和产业链现代化水平,以人才引领战略为支撑,发挥张江科学城等科创中心的创新优势,主动融入全球创新网络,汇聚创新要素资源,优化空间布局结构,完善产业创新生态,完成产业数字化转型,补足产业链技术短板,积极参与产业链的国产替代,形成国内国际双循环的发展格局,打造世界级电子信息产业集群。

1. 产业原始创新动力不足

目前上海市电子信息制造业的产业研发依然存在普遍存在原始创新动力不足、科研成果质量不高的问题,绝大部分企业主要采取自主研发模式,合作研发或委托研发的比例较低,而在这一点上,国际头部企业则大量采取合作研发模式,例如阿斯麦的大量研发活动都会与其供应链伙伴进行合作研发,从而提升研发效率;在经济全球化和ICT技术不断发展的时代背景下,有必要针对

产业核心共性技术,进一步激励与引导企业开展多种形式的合作研发,加强国际科技合作,通过开放式的协同创新机制推动企业实现研发过程的资源共享、风险共担和利益均沾,从而提高研发及创新效率。

2. 关键核心技术领域中缺乏话语权

尽管近年来电子信息制造业在技术突破上取得了不错的成就,但在关键核心技术产品方面依然与国际先进水平有巨大差距。以集成电路领域为例,在EDA/IP领域这一半导体行业的明珠,是芯片设计必不可少的工具,而中国仅占有全球1%的EDA/IP市场,上海在该领域更是几乎空白,2020年第23届中国集成电路制造年会所公布的中国十大EDA公司中没有上海企业;在芯片设计领域,国内也落后较多,尤其是x86芯片设计方面,以兆芯发布的KX-6640MA处理器为例,在性能上仅相当于英特尔同代Atom微架构的赛扬系列;在半导体设备方面,先进的光刻机、刻蚀机、CMP、PVD设备均由美国、日本、荷兰等国的企业所垄断,目前国内乃至上海的相关企业距离国际先进水平依然有相当大的差距;而在部分元器件方面,国内依然无法做到国产替代,如华为受美国禁令影响,无法从国外供应商获取5G射频器件,而国产无相应替代品,使其P系列新机不得不全部制造为4G手机。

除了在集成电路制造业领域的缺失之外,我国在集成电路设计的前端工业软件领域也严重落后。2020年5月23日,受中美贸易摩擦影响,哈工大进入美国制裁实体清单。随之而来的是,美国MathWorks公司宣布禁止哈工大所有师生使用其公司产品MATLAB。这一事件引发了国内对于工业软件国产化缺失的讨论。从当前各国的工业软件发展来看,拥有完备工业软件体系的只有美国、德国和法国,这三个国家也是工业化的先行国家,在对工业制造的理解上领先于全球,从而发展出了全套的工业软件体系。而我国作为后发工业化国家,在制造领域已经有了一定的建树,但是在工业软件领域存在严重缺失的情况。未来上海电子信息制造业的发展少不了相关工业软件的协同发展。特别是工业软件的发展还关系着我国电子信息产业全产业链的产业安全,其国产化需求紧迫。

3. 数字化转型困境

在数字化转型这一重大战略下,上海取得了不俗的成绩,但是仍然存在诸多问题。目前上海电子信息制造业仍然面临信息共享困难、数据管理能力不足、标准不统一等问题;由于电子信息制造业在经济、民生等领域的高度关联性,使得其在数据开放和标准统一等方面,面临着比其他产业数字化转型更严峻的挑战。尤其是集成电路、先进显示、新一代信息技术等细分领域均属于国家战略支柱性产业,信息较为封闭,难以满足数字化转型对数据开放的要求。

4. 产业发展人才匮乏

全国电子信息产业长期面临着人才不足的问题,按照工信部《制造业人才发展规划指南》中对制造业十大重点领域人才需求的预测,2020 年,新一代信息技术产业的人才需求缺口将达到 750 万人,而电子信息制造业属于新一代信息技术产业,和整个产业一样面临着人才缺口大的问题。根据中国电子信息产业发展研究院发布的《中国集成电路产业人才白皮书(2019—2020 年版)》的数据,截至 2019 年年底,我国直接从事集成电路产业的人员规模在 51.19 万人左右,比 2018 年增加了 5.09 万人,增长了 11.04%。根据美国半导体行业协会的测算,平均每个集成电路岗位都会创造 4.89 个间接就业机会,由此测算,我国集成电路产业也间接创造了近 250 万个就业机会。从产业链环节来看,设计业、制造业和封装测试业的从业人员规模分别为 18.12 万人、17.19 万人和 15.88 万人,比上年同期分别增长了 13.22%、19.39% 和 1.34%。到 2022 年,我国芯片专业人才仍将有 25 万左右缺口。从当前产业发展态势来看,集成电路人才在供给总量上仍显不足,且存在结构性失衡问题。除去人才短板,上海也应特别注意相关产业离职率的问题,根据中芯国际发布的社会责任报告显示,2018 年 SIMC 公司员工流失率为 22%,中芯国际上海地区员工流失率为52.2%。2019 年虽有所下降,但仍有 17.5% 的流失率。

(二) 上海提升电子信息制造业国际竞争力的政策建议

在 2020 年面对新冠疫情的情形下,中央提出了发展投资新型基础设施建设(简称"新基建")的重大战略方针,其主要包括 5G 基站建设、特高压、城际高速铁路和城市轨道交通、新能源汽车充电桩、大数据中心、人工智能、工业互联网七大领域。

在新基建的投资领域中,都需要电子信息制造业作为基础的支撑。特别是 5G 基站建设、大数据中心、人工智能、工业互联网等新兴技术领域需要大量的芯片、传感器、终端等产品。新基建的建设不仅仅是拉动内需,保证经济平稳运行的需求,更是上海电子信息产业发展的一次新机遇。凭借新基建所产生的市场需求,凭借上海在全国电子信息制造业中的产业优势,扩大市场份额,积攒前沿技术突发所需要的研发资金,持续推动上海电子信息产业向高技术、高附加值的产业领域和环节延伸和扩张。

1. 明晰企业定位,精准施政

上海市应加大力度攻关电子信息产业技术薄弱环节,提高产业综合竞争力,聚焦产业技术产品的不足之处,补足产业薄弱环节,实现大规模的国产替代,解决关键领域技术产品"卡脖子"的风险,加大对相关技术的攻关和人才引进,力争填补国内产业空白。政府应鼓励企业加强与重点高校、研究院所等的合作,依托张江科学城等科创中心的资源,开展对于先进光刻机等半导体制造设备、光刻胶等半导体材料等的研发与商业化应用推进;推进 EDA 工具的研发,加强对工业互联网平台的建设及利用,从而整合产业技术创新能力,提高研发效率;对 RISC-V、MIPS 等不同于 ARM 和 x86 的开源指令集进行研发设计,在这些潜在赛道上力争实现技术突破;加快发展第三代半导体材料(砷化镓、碳化硅等)的研发力度,力争在材料领域实现较强的竞争优势。

2. 推动行业内资源整合和产业协同发展,实现重点突破

同时,应提高产业链协同的能力。需借鉴国际产业的发展经验,进行资源整合,优化产业发展模式,提升产业链联动能力,鼓励企业提高纵向一体化程度,尤其是产业链的后向一体化程度,进而增强企业的议价能力,从而降低生产成本;此外,可以学习阿斯麦、三星、台积电等企业的模式,通过企业交叉持股等方式,促进产业链企业合作研发,提高产业投入产出效率,降低研发风险;此外,还应当进行价值链的延伸与整合,不断探索产品发展的新方向,做好产业供给侧的转型升级。

如果说工业设备是现代化制造的基础,工业软件则是能够发挥工业设备效率最大化的抓手。长久以来,我国的工业软件一直落后于工业生产,这一方面是由于国外设备生产厂家对软硬件的打包销售策略,另一方面是长久以来使用国外软件使得用户已经形成了使用习惯。对于市场化运营的行业来说,这一专业化发展有利于产业总体的发展和市场效率的提高。但是,近年来贸易摩擦使得我国深刻意识到,由于意识形态和国家竞争位置的不同,我国制造业中的产业薄弱点非常容易成为竞争国家制裁和攻击的对象。所以,发展工业软件不仅仅是市场产业发展的需求,更加是产业安全的客观需要。

同样,对于上海电子信息制造业的前沿技术突破,也不仅仅要依靠单独一家公司进行大量的研发从而突破,更需要推动现有上海本地上下游企业的联合发展和联合研发。如集成电路设备企业上海微电子和集成电路代工企业上海华虹的交叉持股和联合研发,集成电路设计公司和 EDA 软件公司的联动发展等。通过交叉持股、联合研发等手段,实现产业的联动发展。

3. 打造国际最优应用市场,发挥终端优势

上海市电子信息产业还应抓住机遇,深入推进电子信息产业的数字化转型。全力推进电子信息产业物联网节点建设,加快工业互联网平台的建设,将其打造为电子信息制造业的基础设施;推进上海本地企业深度参与产业内数字化转型的标准指定工作,驱动产业链龙头的数字化转型建设,推进政府、企业、科研机构等各方主体创建数据共享平台,提高战略互信,推动政府由主导监管、多方深度参与的电子信息产业数字互信体系。

进一步提升营商环境,为企业打造公平的市场竞争环境。政府不单要重视那些能够缩短企业注销办理流程、优化合同执行、加强投资者保护等行为相关的法律法规制定和完善,更应当重视在国民经济中扮演越来越重要角色的民营企业,在政府采购等活动中给予中小民营软件企业公平竞标的机会,激发起企业活力。最后是提升企业间的沟通便利性。政府可以通过加强软件和信

息服务业相关产业园区的营商环境培育,吸引更多软件及相关产业企业入驻,发挥集聚效应,还可以充分发挥软件行业协会作用和推动软件联盟建设,为行业内企业沟通谋划出新平台。

4. 探索区域产业协同发展模式

电子信息产业作为典型的长产业链和复杂产业链的产业,其单个地区的发展离不开其他地区的支撑。所以说上海电子信息制造业的发展不仅是上海单个地区的发展,更是区域产业的合作发展。在电子信息制造业产业国际竞争力上,江苏是除广东之外全国第二强的地区,而浙江虽弱于上海,但同样处于全国前列。作为中国经济最发达的地区之二,江苏与浙江在资本、土地和研发资源的体量上都位列全国一流,这些都支撑这江浙地区电子信息制造业的发展。

自2019年开始,长三角一体化正式成为国家战略,这是上海产业发展的大契机。特别是在长三角一体化发展的重点领域中,电子信息制造业成为重点发展产业之一。就在长三角一体化背景下,上海虽然已经明确未来发展的三大产业,即人工智能、集成电路和生物医药,其中人工智能和集成电路是电子信息制造业发展相关度极高的产业,仅仅依靠上海本土自身资源的发展势必面临产业发展缓慢、资源投入不足等困境。所以上海在产业发展上要立足于产业链,向价值链的两端延伸,布局长三角,利用长三角的资源发展自身。为此,政府应该依靠中央推动长三角一体化的政策大背景下,努力与江浙地区政府和监管机构互动,化解行政层面上的市场割裂和限制进入与合作的情况,如对于非本地区企业的非明文的歧视等。依靠上海本地企业去江浙地区设立分公司或者培养供应商,充分利用当地资源优势,在工业中间产品的流动上获得收益,从产业层面实现长三角地区区域产业的一体化。

5. 进一步加强软件和信息服务业的国际合作

通过进一步加强软件和信息服务业的国际合作进行深化发展。一是要继续深挖美国、欧洲各国和日本等发达国家市场的潜力。首先,鼓励软件企业在美日欧发达国家设立软件研发机构,在提升本土软件开发能力的同时提高学习创新能力;其次,支持发达国家的软件企业到上海投资;再次,推动软件功能标准设定与国际测评标准接轨,提升上海企业的接包能力,特别对于自主创新能力较弱的中小软件企业而言,应当积极接包,主动加强与先进企业的合作,获取国际先进技术。二是借"一带一路"倡议让上海软件品牌走向世界。一方面,"一带一路"沿线国家基础设施建设水平较低,为我国软件出口和树立自主品牌提供了机遇,上海应当抓住这一时机,推动上海软件品牌走出去,比如在高铁建设中,上海可以推荐自己的信号控制系统、工业控制系统等,也可以主动参与到信息基础设施的建设中。另一方面,推动"一带一路"相关国家和区域的软件产业联盟和大数据平台建设,建立共商共建共享机制,加强共同研发和贸易合作,强化风险预警机制。

6. 持续打造全球专业人才发展高地

人才是产业发展的基础,对于未来上海电子信息产业的发展需要大量的高端人才。而人才的投入也是一项长期而持续的工作,要政府、社会和高校三方共同努力才有可能实现。在当前产业发展的阶段,引进海外相关人才是最便捷,也是最可行的方式。继续坚持落户绿色通道、完善医疗保险等优质社会保障以吸引人才,政府还应当结合企业发展方向,有针对性地搜寻人才、分配人才,既最大化实现人才自身价值,又最大化发挥企业自身优势。对于引进人才的政策,要打破唯职称、唯学历的评价体系,从而使得上海集聚大量人才,实现产业突破与创新。

执笔:
蒋程虹　上海社会科学院应用经济研究所博士研究生

2020—2021年上海纺织产业
国际竞争力报告

上海是中国纺织服装工业的发源地,也是推动纺织服装产业探索转型升级进程的主战场。"十三五"期间,上海纺织行业依托长三角制造集群的专业分工与协作优势,在包括服装纺织原料供应、服装设计、生产加工和流通商贸与展示等多环节产业链的空间布局和创新发展上取得了显著的成果。上海的纺织业从生产加工为核心的传统制造业升级全国纺织服装技术研发、市场营销、流通与会展服务和跨国展示服务的新型制造业业态,是长三角纺织业区域集群"软实力"环节的重要节点。

"十三五"期间上海本地纺织企业的生产基地总体上向长三角区域二线城市园区转移,以降低生产与运营成本,提升以研发和贸易服务为核心的产业创新链实力,推进产业提质增效。在东方国际、新纺联等头部企业引领下,上海纺织业借助长三角的供应链腹地和本土市场集聚与贸易平台的优势,有望在"十四五"重点产业竞争力培育中发挥不可替代的作用。

根据上海"十四五"产业规划"3+6"新型产业体系构成中的时尚消费品产业,时尚消费品首次成为支撑未来上海发展的六大重点产业之一。以时尚消费替代传统的轻工业,符合产业发展和新兴消费趋势,内涵也更为丰富。纺织服装产品是上海本地市场消费品的重点门类。服装产业链上的时尚服饰、创意设计、时尚体验等服务领域实体无疑依托纺织服装品企业,同时也离不开上海"五个中心"建设所形成的现代制造与高效率综合配的综合竞争力,通过供应链、产业链的优势,在新技术研发、贸易流通、跨国展示和电子商品平台等多个环节对纺织服装赋能,提升纺织服务业全链条的综合影响力。

根据中国工程院发布的《面向2035推进制造强国建设战略研究》报告显示,纺织工业已成为我国在全世界居于先进位置的五大产业之一。中国纺织科技创新在"十三五"期间与发达国家的差距逐步缩小,已从"跟跑"进入"跟跑、并跑、领跑"并存的新阶段。从规模上看,目前我国纤维加工总量约占全世界的50%,化纤产量约占70%,出口总额约占1/3;从综合能力来看,我国纺织产业链从门类品种、产出品质,到生产效率、自主工艺技术装备等方面,普遍达到国际先进或领先水平。

一、疫情背景下外贸逆势向上

2020年对于纺织产业市场而言有喜有忧。一方面,海外防疫需求猛增,大量防疫物资的订单需求为中国纺织出口带来前所未有的繁荣;另一方面,大部分服装时尚类产业都遭受了订单交付不畅的困境,市场需求进一步萎缩已经成为趋势。

(一) 海外防疫物资需求引致纺织品出口增长

2020年大疫对纺织产业出口带来了"过山车"式的剧烈波动,经历了从疫情封城的贸易停顿到防疫需求的出口暴增。2020年第一季度纺织企业根据抗疫要求全面停工停产,到第二季度以口罩出口为代表的防疫物资出口对纺织品出口而言带来巨大利好。中国纺织品贸易依托中国率先进入复苏轨道而领先全球。2020年疫情暴发是防疫类纺织品出口的重大刺激因素,极大地带动了纺织品出口,在疫情防控引发的市场需求推动下,2020年纺织服装出口商品结构发生了重大改变,口罩出口的巨量增长带动纺织品全年出口实现28.9%的高速增长,产业用纺织品在纺织服装整体出口中所占比重迅速扩大至52.3%,首次超过服装47.7%的增长幅度。

2020年,我国纺织品服装出口总额为2 912.2亿美元,同比增长9.6%,增速高于上年11.1个百分点。其中,纺织品出口金额为1 538.4亿美元,同比大幅增长29.2%;2020年纺织品出口增长大部分贡献来自口罩和相关的产业用纺织原料和半成品,因此构成了2020年纺织外贸的反常规波动。2020全年,中国纺织品产业的增长与出口经历了一个先萎缩再暴增的变化,这是由疫情暴发、控制和防疫工作的阶段性变化所导致的。在经历了第一季度的人员限流和停工停产后,疫情防疫所需的口罩和相关设备的纺织原料中间品需求暴增,得益于我国率先控制住疫情并成为第一个恢复生产的国家,与此同时,完善的纺织品生产、材料与物流配套也极大地支撑了口罩等医用纺织品的高效率生产和流通,对于纺织出口带来了巨大贡献。长三角外贸型企业的整体利润实现逆势增长,纺织行业出口规模也创下2015年以来新高。

除了口罩等医疗性纺织品之外,疫情后人们生活方式的转型,东南亚地区印度、越南疫情失控、生产难以重启,两国的欧美贸易伙伴国将订单转移到中国长三角企业,当地纺织产业体系的完善性和供应链的运转稳定性优势显现,服装等家用纺织品的出口经历了 2020 年第一季度的萎缩后,逐步好转,到年底出口额同比降幅已收窄至 6.4%,全年出口额均实现正增长。

(二)中长期产业外贸的结构性差异

从近五年的中长期发展进程看,我国纺织业的企业运行与效益总体上处于下行通道,纺织服装出口商品结构也在不断调整。2020 年纺织品服装出口如下:2020 年 1—12 月,纺织服装累计出口 2 912.1 亿美元,增长 9.5%,其中纺织品出口 1 538.3 亿美元,增长 29.2%,服装出口 1 373.8 亿美元,下降 6.4%。12 月,纺织服装出口 262 亿美元,增长 7.2%,其中纺织品出口 122.9 亿美元,增长 12.7%,服装出口 139.1 亿美元,增长 2.7%。折合为人民币测度,2020 年 1—12 月,纺织服装累计出口 20 215.8 亿元,全年增长 10.2%,其中纺织品出口 10 695.5 亿元,增长 30.4%,服装出口 9 520.3 亿元,下降 6%。12 月,纺织服装出口 1 726.7 亿元,下降 1.5%,其中纺织品出口 810.4 亿元,增长 4.7%,服装出口 916.3 亿元,下降 6.4%。从大类商品看,纱线、面料作为最主要的纺织产品,2020 年出口合计占比与 2019 年相比下降了 6.8 个百分点,而针梭织服装作为最主要的服装产品,出口合计占比较 2019 年下降更多,相差 7.6 个百分点。[①]

在疫情导致生产受阻、需求下降,以及中美贸易摩擦等因素影响下,2020 年中国纺织品服装进口未能恢复增长,全年累计进口 236.7 亿美元,下降 4.1%。下降主要集中在上半年,上半年仅 2、3 月份由于国内疫情严重,来自海外的捐赠物资猛增带动进口连续增长外,其余月份全部出现两位数下降,上半年累计进口下降 9.4%。下半年,国内生产逐步恢复、订单增加,对中间品的需求回升,且人民币汇率从贬值转为持续升值,利于进口,使 8—12 月连续 4 个月进口实现增长,下半年累计进口增长 4.4%。从产品结构看,全年进口下降主要受纺织品拖累,纺织品全年累计进口 141.7 亿美元,下降 9.8%,服装进口 94.95 亿美元,增长 6.2%。按大宗商品的用途划分,中间品纱线、面料的进口出现量、价齐跌的情况,纱线进口量、价分别下降 4.2% 和 11.3%,面料分别下降 28.3% 和 0.4%。最终消费品针梭织服装依靠单价上涨实现进口额增长 0.9%,但进口量下跌 12.2%。家用纺织品进口额下降 18.4%。

2021 年防疫类纺织品出口增长基本回到 2019 年疫情前的水平,上半年全国各地纺织品贸易格局基本吻合近年来全国纺织产业的总体态势与不同地区的动态差距,总体上珠三角和长三角仍占据纺织外贸重点地区的地位,但是河北、新疆等中西部的增长势头较猛,上海在纺织外贸第一梯队的地位受到较大

---

① 资料来源:上海纺织协会数据中心、上海市纺织科学研究院有限公司信息中心。

挑战。根据 2021 年上半年全国纺织品的外贸数据,2021 年上半年,广东超越浙江跃居出口省市第一位,服装出口总额达 150.5 亿美元,同比增长 73.2%,为全国贡献了 30% 的出口增长;浙江、江苏分别出口 132.6 亿美元和 104 亿美元,分别增长 25.1% 和 22.9%,低于全国平均增速;山东、福建分别出口 78.8 亿美元和 75.3 亿美元,分别增长 52.6% 和 54.9%,超过全国平均增速;河北、新疆、江西等中西部地区出口增幅均超过 80%。在纺织行业重点地区,浙江、江苏、山东、上海和广东分列全国家纺出口排名前五名位,从 2020 年末至 2021 年 7 月之间的出口总体上增长幅度在 32% 至 42% 之间。与 2019 年同期相比,广东、山东、福建服装出口分别增长 17.4%、41.2% 和 22.6%。浙江基本持平。上海在全国重点纺织省市中的排名较为稳定,从趋势看,山东、福建和河北等中西部的出口增幅不断创新高,已经体现出追赶上海纺织出口地位的势头。

(三)行业规模与效益不容乐观

尽管出口受益有显著增长,但行业整体的规模走低也是不争的事实。根据国家统计局数据,2020 年全国规模以上纺织企业实现营业收入 45 190.6 亿元,同比减少 8.8%,降幅较前三季度和 1—2 月分别收窄 3.3 和 20.7 个百分点;实现利润总额 2 064.7 亿元,同比减少 6.4%,降幅较前三季度和 1—2 月分别收窄 5.7 和 46.9 个百分点。规模以上纺织企业营业收入利润率为 4.6%,较年初 2.2% 的水平大幅改善,并超过 2019 年 0.2 个百分点。其中,产业用和家用纺织品行业盈利能力表现突出,利润总额同比分别增长 203.2% 和 14.7%,营业收入利润率分别为 11.4% 和 5.6%,居于产业链各环节前列。

2020 年,全国 34 196 户规模以上纺织企业工业增加值同比减少 2.6%,增速低于上年 5 个百分点,较 2020 年前三季度和 1—2 月分别收窄 2 和 23 个百分点。产业链各主要环节中,产业用纺织品行业在防疫物资拉动下,生产实现较好增长,2020 年工业增加值同比增长 54.1%;化纤行业和家用纺织品行业工业增加值同比分别增长 2.2% 和 1.1%,实现由负转正。纺织业和化纤业产能利用率分别为 73.1% 和 80.5%,较前三季度分别回升 0.7 和 1.4 个百分点,但较上年分别下降 5.3 和 2.7 个百分点。

二、来自国际市场的"隐形壁垒"

中国一直是纺织服装产品的出口大国,作为全球最大的纺织生产国和消费国。中国每年对外出口的纺织品服装已超过 2 700 亿美元,其中美国是中国纺织品服装的重要出口目的国。

(一)受中美贸易战的影响不可忽视

2016年,中美贸易战升级,对中国服装纺织行业发展带来一定的负面影响。相比集成电路等战略性高技术产业,纺织品对美出口未受到严重的贸易壁垒和针对企业合作的政府禁令,但是纺织出口竞争力与亚洲其他纺织重点经济体相比,出口市场的稳定性和可持续性受到较大挑战。其中,纺织品上游的织物原料贸易和中间品受到的冲击相对较大。2019年6月,美国正式对价值约2 000亿美元的中国出口美国商品加征25%的关税,其中涉及棉花、针织钩织物、皮制品等,这将直接导致部分业内企业对美出口下降。同年6月,中国政府开始对原产于美国价值600亿美元的部分进口商品提高加征税率,[①]其中包括产自美国的棉花,这将导致服装纺织企业对美棉花进口减少,中美贸易战给行业发展带来过多的不确定性,影响服装纺织企业健康成长。

未来较长一段时间内,受国际市场景气恢复的放缓和疫情反复的预期不稳定等因素,中国纺织面对的国际市场更加复杂。由于中国纺织产业链从上游织物原料供应、特定工序加工,纺织机械出口、消费终端服装贸易服务等多个环节上都有多种形式的一般贸易、加工贸易和离岸外包形式的合约生产,其国际化经营形式包含贸易、跨国外包合作与海外投资等各类渠道。在东南亚地区,上海和长三角地区纺织业企业在当地"深耕"市场多年,构成了一个高度国际化的产业链。当地合作伙伴在疫情与防控以及恢复生产上的现状与预期都有巨大差异,导致了中国纺织企业在当地出口流程推进、中长期投资项目经营持续性以及海外员工健康保障上的巨大风险。

根据国际组织的预判,全球经济景气复苏滞后于一年前的预测,现阶段主要大国的疫情控制情况不如人意,2021年以来全球新冠疫情出现反复,亚洲地区新兴经济体为代表的主要纺织大国市场复苏节奏差异巨大,中国在当地的跨国供应链面临复苏情况远远落后于中国本土市场。亚洲国家相对落后和松散的防疫制度安排与中国本土形成巨大反差,导致在当地投资的中国企业的潜在损失无法估量。一方面,面向消费者的服装产品在该地区市场的出口萎缩,订单预期不稳定,对中国服装出口企业的经营带来损失。另一方面,越南、印度和缅甸等国高度依赖进口中国企业的织物半成品和纺织机械等行业内上游与中游产品,当地棉纺的产业链高度依赖中国企业通过贸易和当地投资企业的供应链,疫情以来对人员流动与物流的受限,已经对当地投资中国企业构成营收损失和未来投资预期回报的不确定性,是目前长三角纺织业国际化经营活动的主要外部风险来源。以印度、越南为代表的亚洲纺织品生产大国的疫情防控形势的好坏,对我国出口有着非常直接的影响。在相关经济体复工复产到位的情况下,对我国企业出口纱线与面料半成品等中间产品而言,无疑

---

① 资料来源:头豹研究院,《2019年中国服装纺织行业概览》,报告编号[19RI0547]。

一个利好因素,如果这些经济体的疫情控制不到位,生产企业开工率不足,虽然会诱发服装产品订单向我国企业转移,但是对我国的纱线面料等中间产品的需求,也会可能出现大幅的减弱。

上海和长三角地区纺织业是东南亚境外投资工业园的海外企业的主体,也是"一带一路"的政府间经贸项目的主力。疫情以来的国际市场波动,是外向型企业将长期面对的外部环境。

(二) 突破海外对华"制度性壁垒"的出路

2021 年第一季度,中国对美国出口棉质服装的产品虽然同比有所增长,但是如果与 2019 年同期相比还是下降了 9.4%,其中棉制品的恢复明显低于非棉质产品,这与"新疆棉"事件发酵有密切关系,中国向美国出口棉纺产品或许在较长时间将呈现规模收缩和新客户减少的局势。今后很长一段时期内棉纺产品国际市场中的"规则干扰"可能延续,其他形式的进口实施禁令执行将影响贸易商的合作心态。不仅国际服装的品牌商、采购商下单日趋谨慎,国内出口型的企业和代加工的企业也采取多种措施防范降低风险,导致拒单和弃单时有发生。另外,运费涨价、运力紧张、人民币汇率波动加剧、原材料价格高企也都是外贸企业当前面临的紧迫问题。

疫情暴发后,全球市场经贸关系政治化进程进一步凸显:一方面,中国企业在欧美市场上面临的政治性干预使得中国企业在海外经营的政治风险骤增;另一方面,疫情后美国等大国的制造业的跨国供应链布局转型加速推进,出于对供应链安全和物流成本的考虑,如美国、日本等不断出台跨国公司在母国加大生产性投资项目的激励政策,旨在吸引制造活动的回流,促进本地供应或趋向"邻近采购",产业链区域化将成为后疫情时代的主要风潮。虽然庞大复杂的纺织服装产业链不可能在一朝一夕间就顺利回流至本地,但会促进美日等国从减少对中国依赖的角度出发,加速将采购向东南亚或周边地区布局。即使在东亚地区,中国服装为代表的劳动密集型产品在日本市场中的市场份额逐渐缩小,中国面临的外部环境将更加复杂严峻。

纺织品相比其他工业类产品,产品的升级换代和品牌影响力对竞争优势至关重要。上海本土纺织的龙头企业一方面努力加大研发投入,提升纺织品技术创新竞争力优势,另一方面,利用现阶段影响力较大的主流区域经贸一体化安排,与东盟等国加深在产业链建设、中间品贸易方面的合作,谋求稳定的合作伙伴关系。

2020 年,我国在区域自由贸易安排取得了巨大成果。2020 年 11 月,区域全面经济伙伴关系协定(RCEP)正式签署,成员包括中国、东盟 10 国、日本、韩国、澳大利亚和新西兰在内的 15 个国家,覆盖全球 30% 的国内生产总值、人口和出口额,是目前全球最大自由贸易区。2020 年,中国对 RCEP 国家出口纺织服装共计 780.6 亿美元,占总出口额的 26.4%。对于中国纺织服装业来说,首次与第二大单一出口市场日本建立自由贸易协定及协定中区域内原产地累积规则最为"实惠"。协定的生效将对我国纺织服装业扩大贸易规模及深化产业链合作产生积极深远的影响。

除此之外,依托国家"一带一路"倡议下的经贸合作的"政府背书"扩大对发展中国家的出口,在欧美市场之外积极构建一个较为稳固的贸易目标市场,对于稳定纺织外贸网络具有重要意义。经过 7 年多的推进,中国与"一带一路"沿线国家总体上保持友好合作关系,双边贸易往来不断加强,贸易结构中纺织服装贸易占比持续保持稳定。2020 年,诸多国家和地区在疫情中得到中国在抗疫物资和医疗上的援助,与中国的外交与民间合作关系呈现进一步稳固和提升,经贸合作紧密而且可持续性强,双边贸易随着疫情控制有望逐步恢复并进一步扩大。

三、上海纺织产业增长与效益稳中有降

上海纺织长期以来是纺织品外贸的重点地区,对上海出口业绩贡献占了半壁江山,但近年来的下行趋势也是不容忽视的。2016 年以来,纺织品出口有所放缓,和上海的成本水平变化和"十三五"产业政策导向密切相关。2016—2019 年,上海纺织业态整体的外贸处于稳中有所下行的态势。2020 年,394 户规模以上企业(以年主营业务收入 2 000 万元计)实现现价工业产值 436.11 亿元,可比价产值 444.59 亿元,较上年同比下跌 7.36%,跌幅收窄 1.17 个百分点;工业销售产值 438.08 亿元,同比减少 8.68%;产销率达 98.54%。2020 年,上海市纺织全行业规上企业共 394 户,较上年增加 7 户,新增防疫用品生产企业的可能性较大;其中,亏损企业 135 户,较上年的 107 户增加 28 户,导致亏损面由上年的 27.65% 扩大至 34.26%,为 10 年来最高水平。毛利率提高 3.24 个百分点至 18%,利润率 2.86%,基本持平,远低于全行业平均水平,这说明上海纺织产业的资本运作效率总体不高。

(一)行业整体规模稳中有降

上海与长三角纺织企业外贸业绩与中国纺织外贸的起落高度类似,因"疫情"而获得非常规的增长。2020 年上海纺织业增长呈现"防疫"类产品与其他产品之间的巨大反差。以口罩为代表的产业用纺织品细分领域因防疫物资需求的暴涨而出现逆势增长,但是纺织业的整体形势仍处于下行通道。上海纺织领域除了口罩等产品之外的大部分细分行业均有不同程度的下跌。其中,家纺行业在疫情影响下的产量跌幅较大,达到 21.96% 同比下降水平,销量同步下跌 18.69%。机织服装依然是上海纺织的主要板块,工业产值达149.84 亿

元,占全行业工业总产值33.70%,该细分领域2020年同比下跌20.31%,销量同步下跌,产销率依然保持在103%。毛纺行业继续大幅下跌,跌幅达36.05%,销量同步下跌37.87%,产销衔接良好。棉纺行业与上年持平甚至略有增长,但销量跌去15.19%,导致产销率降至96.9%。合成纤维产值下跌10.55%,销量下降23.38%,是所有纺织品类中下降程度最大的类型,该细分行业的产销率仅为84.14%。而麻纺行业细分领域与近年发展动态保持一致,一直保持低位运行,对整个纺织行业贡献几乎可以忽略不计。2020年,上海市纺织全行业主营业务收入继续减少7.95%,至517.19亿元;利润总额翻番至29.56亿元;导致利润率增加3.15个百分点,至5.72%。①

(二)国际市场的挑战仍然复杂

从中美贸易战以来,上海、江苏、浙江构成的长三角纺织集群,通过加大产品创新投入、跨地区政策协同和国际化经营调整等多个方面,推进产业链与创新链的调整。依托长三角在区域市场一体化、交通基础设施的便利等条件,在大企业的资本运作推动下,跨地区、跨城市整合纺织企业。由于近年行业龙头企业在美国市场上受到比较明显的冲击。在长三角地区近五年纺织外贸企业面临效益下降和外销网络变数大等外部条件,加上环保要求的约束,中小企业退出市场和产业内兼并重组进程加快,企业积极探索外贸模式的转型,企业主动推进结构性产业政策,抓住市场调整期探索产业转型升级。2020年,由于上海企业几年通过在东南亚投资而在海外布局离岸生产加工基地,后者承担的生产加工外包成为上海纺织出口纱线、织物半成品和纺织机械的主要目的地。东南亚地区受疫情影响的停工停产导致上海在当地投资企业的效益受到大幅冲击,以棉纱线为代表的纺织产业中间品出口受挫,产量与销量均出现大幅下挫。纱产量10 196.58吨,同比大幅减少42.63%,销量相应减少37.04%,产销率达到112.06%,去库存情况较好。布产量总体下降9.20%,为9 510.76万米;其中色织布(含牛仔布)产量下跌62.6%,棉混纺布产量下跌57.26%;棉布产量逆势上涨30.82%,缓解了布产量的下跌趋势;化纤依然严重滞销,产销率仅为56.43%。

上海为首位城市的长三角制造业集群是纺织业在长三角形成高度专业化分工的产业集群的基础。经过龙头企业多年跨省、跨市的供应合作商以及分公司设立等投资纽带,长三角形成了从棉花到成衣,纺织产业链涉及纱线纺织、面料染整加工、成衣制造等多个环节。这个链条内最早一批的具有链主地位的企业大多是上海企业,但是近年来,随着上海企业的外迁和市场动态,江苏为代表的几大纺织集团在长三角地区成功布局了分工合理与配套完善的价

---

① 资料来源:上海纺织协会信息中心、上海市纺织科学研究院有限公司信息情报中心。

值链。以江苏阳光集团为代表的龙头企业跨区布局供应链和加工生产的区域集群,是提升综合竞争力的重要策略。面临国际市场的挑战,更加重视强链与补链的区域内多节点多基地的供应、加工和销售空间的多点布局,各地根据在做精做强自身竞争力的同时,特定环节的基础上积极应对国际市场的不确定性:一方面,向上下游逐步延伸;另一方面,融合各方面资源,主动融入长三角一体化的国家发展战略中。上海东方国际与江苏阳光等一批优质企业,结合疫情期间消费者模式的转变而积极调整产品品类和销售方式,密切跟踪国际市场不同目的国的市场恢复动向重构产业链,主动根据市场新趋势和新需求对产业链组织方式和产品品类和工艺作改进与调整。

四、纺织服装产业国际竞争力指数及分析

根据课题组的测算,上海纺织业国际竞争力从2016—2020年保持稳定,在全国排名也仅有上下一位的微小变化,表明上海纺织产业的国际竞争力总体稳定,但相比浙江、山东等其他重点省市的增长幅度,上海的产业国际竞争力呈现稳中趋弱的地位,这个态势背后的成因包含近年上海纺织生产环节外迁、中西部地区纺织产业加大投入等多方面因素。

(一)竞争力一级指数总体稳定

上海纺织服装国际竞争力在全国排名稳定在全国前五内的水平(见表1),从2016年至2020年,上海纺织业国际竞争力指数在全国排名有小幅度下降,这与前文描述的上海在全国的纺织产业相对效益水平的下降态势是吻合的。

表1 上海与全国主要纺织业大省国际竞争力指数水平与排名(2016—2020年)

2016 年			2017 年			2018 年			2019 年			2020 年		
省份	指数	排名	省份	指数	排名	省份	指数	排名	省份	指数	排名	省份	指数	排名
浙江	104.80	1	浙江	107.58	1	浙江	120.18	1	浙江	120.95	1	浙江	125.94	1
江苏	94.87	2	江苏	96.64	2	江苏	101.30	2	江苏	97.58	2	江苏	100.38	2
广东	94.63	3	**上海**	**95.82**	**3**	**上海**	**100.56**	**3**	广东	94.75	3	广东	95.02	3
上海	**93.49**	**4**	广东	93.47	4	广东	97.41	4	福建	94.43	4	**上海**	**94.85**	**4**
福建	93.33	5	福建	92.85	5	安徽	94.62	5	**上海**	**93.42**	**5**	福建	94.67	5
安徽	92.33	6	安徽	92.22	6	福建	94.23	6	安徽	90.38	6	山东	92.74	6
山东	88.18	7	山东	88.36	7	山东	91.11	7	山东	89.87	7	安徽	91.13	7

数据来源:课题组自行测算。

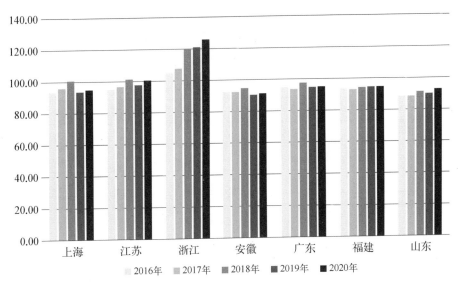

图 1 上海与全国纺织业重点省份国际竞争力指数(一级指数)年度变化对比

数据来源:课题组自行测算。

比较全国纺织业较为发达的省市,上海五年来竞争力水平基本处于全国第一梯队,与江苏和浙江构成代表中国纺织竞争力的区域高地。其中浙江省是过去五年来竞争力水平提高幅度最大的省市。从 2016 年至 2020 年的变化看,虽然上海的竞争力指数五年来总体稳定,但 2020 年明显低于 2018 年的水平,这与近两年国际市场贸易保护主义构成的隐形壁垒提高有密切关系。

对比指数构成中的三项二级指数,可以发现,上海在产业国际表现指数上表现总体上稳定,产业增长驱动竞争力相对较弱,而价值链提升指数相对而言,处于最高水平,但也呈现一定幅度的降低。

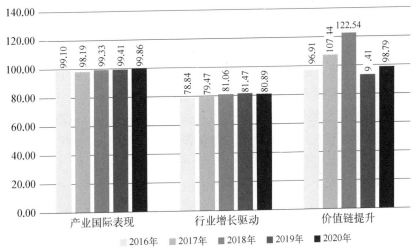

图 2 上海纺织产业国际竞争力指数三项二级指数水平

数据来源:课题组自行测算。

表 2　上海纺织产业国际竞争力指数三项二级指数水平

年份	"产业国际表现"二级指数	"行业增长驱动"二级指数	"价值链提升"二级指数
2016	99.10	78.84	96.91
2017	98.19	79.47	107.44
2018	99.33	81.06	122.54
2019	99.41	81.47	93.41
2020	99.86	80.89	98.79

数据来源:课题组自行测算。

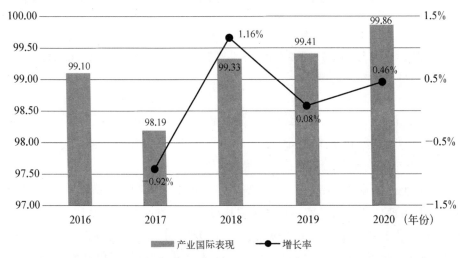

图 3　上海纺织产业国际竞争力指数下二级指数"产业国际表现"指数的年度变化
数据来源:课题组自行测算。

(二)二级指数之间呈现差异

产业国际表现指数的底层数据来自各地纺织品"贸易表现"指数,该竞争力指数的测算结果是由描述贸易规模的指标和描述贸易收益的指标相合成。根据底层数据在全国不同地区水平的对比,我们发现,浙江省与江苏省一直占据我国纺织贸易规模的支柱地位,2020 年浙江省纺织品出口规模达到全国第一,超过了 4 000 亿人民币,成为长三角的领头羊,上海已经与浙江贸易规模与效益水平拉开较大的差距。相比之下,在"价值链提升"指数上,上海的竞争力与江苏与浙江总体看齐,反映了长三角区域在纺织产业研发环节上的整体竞争力,这个优势离不开上海大型纺织集团长期与江浙地区之间的紧密的技术合作和创新链上的积极协作关系。

根据课题组对产业竞争力指数的测算与分解,上海纺织产业国际竞争力构成中的"价值链提升"二级指数水平在过去五年的平均水平高于贸易竞争力指数和产业增长竞争力指数。在 2020 年经历疫情的背景下,"价值链提升"竞争力指数在全国排名第三,竞争力指数从 93.41 提高到 98.79(见图 4),体现了上海集聚研发投入、研发人才和国际化商贸中心的特有优势。上海"十三五"期间五个中心建设的成果强有力地支撑纺织产业链内的研发、品牌管理服务、物流平台服务的"软实力"。上海集聚了一批纺织行业研发型企业、高校与产业界的技术转移平台,以及上海国际化商贸中心所形成的贸易流通服务优势,形成了产业创新链能级提升所需的"软实力",引领长三角产业集群创新竞争力的提升。依托这一基础上,上海下一阶段在中国时尚消费中心建设战略上的推进将更加有利于行业内有利于一批头部企业布局江浙沪三地,提高自主创新,成为具有综合国际竞争优势的领先企业。

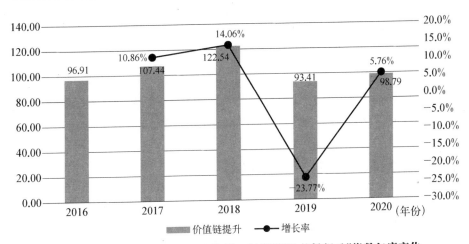

图 4　上海纺织产业国际竞争力指数二级指数"价值链提升"指数年度变化

数据来源:课题组自行测算。

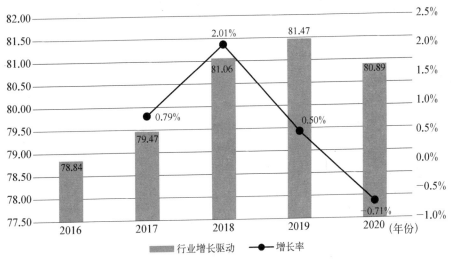

图 5　上海纺织产业国际竞争力指数二级指数"行业增长驱动"指数年度变化

数据来源:课题组自行测算。

竞争力指数下的另一个二级指数"行业增长驱动"反映了该产业的投资与效益水平。根据测算结果,该指数过去五年呈现相对下降的态势。这与近年上海纺织业企业效益不佳、活力不足的总体情况基本吻合。近年来国际市场环境的持续恶化与企业运行成本的不断提高,导致上海本土纺织企业的质效下滑严重,上海纺织企业的亏损面近五年来平均超过 20%,2020 年更是进一步扩大至 34%,为 10 年来最高水平,行业毛利率维持在 2% 到 3% 之间,也明显低于制造业领域的平均水平。上海纺织要在全球新一轮竞争中获得优势,在产业升级和技术进步的同时加强规则建设尤其重要。

五、RCEP 协议落地为契机的国际市场机遇

2020 年我国签署的 RCEP 协定内的大部分成员国是上海纺织品重要的出口目的地。2020 年,上海在纺织服装产品领域与 RCEP 成员国的净出口为20.93 亿美元,是上海"六大"重点产业内净出口规模最大的行业领域,对于上海与 RCEP 成员国总贸易规模作了较大贡献。RCEP 协定有利于区域市场一体化和区内稳定的跨国投资,因此对于中国在地区的纺织品贸易是一个稳定剂。

(一) 有利于产业链跨地域布局

加入 RCEP 协定对于长三角地区纺织服装企业而言,是一个重要的贸易和跨国投资新机遇,主要体现为如下两个方面:一方面,相较于 RCEP 其他国家,我国是全球最大的纺织品出口国,基数大。另一方面,巩固(强化)中国与现有 RCEP 国家的经贸关系。2021 年,中日首次达成双边关税减让安排,RCEP 协定下货物贸易零关税产品数整体上超过 90%,总体开放水平显著高于原有"10+1"自贸协定,RCEP 此次最大的突破是首次实现了中日两国自贸区零关税协议安排。根据 RCEP 协定承诺,中国将对 86% 的日本产品关税最终降为零,25% 的日本产品关税将在协定生效时立即降为零,其中包括纺织服装;日本将对 88% 的中国产品关税最终降为零,其中过渡期降为零的产品包括部分纺织品及原料。

加入 RCEP 有助于中国规避成员国差别化的关税安排引发的贸易壁垒。最典型的例子就是中国产品出口日本的关税壁垒。如果未加入 RCEP,中国必须面对日本差别化的关税待遇,中国产品开始无法适用日本普惠制特惠税率(从 2019 年开始),而越南企业等主要竞争对手却在 CPTPP 等协定下享受日本给予最低为零关税的优惠税率。由于东南亚同行企业出口日本的关税成本比中国低很多,对中国产品定价产生了不小的压力。RCEP 生效后,中国出口服装产品在日本可以适用优惠的协定税率。根据协定,中日零关税协议不仅能够增强产品的价格优势,提升竞争力,而且利润空间和出口规模也会得到

进一步拓展。

RCEP 协议中的原产地"累计规则"对东南亚国家当地"跨国供应"为特点的外贸商品出口促进影响可能更大些。其原因在于东南亚国家受本土产业结构和制造配套能力约束,较难支撑纺织服装行业的完整形态产业链,因此,较难真正享受原产地优惠。现在通过累计规则,厂商只要在 RCEP 区域内采购比例超过 40% 的标准,即可享受原产地优惠,这对东南亚产业链完善有重要意义。RCEP 协定对于成员国"原产地规则累计"的制度安排,非常有利于产业上游与下游企业之间的原料与中间品跨境贸易的低成本流动,无疑将大大提高大型跨国集团在东亚不同国家之间布局原料、加工、中间品和配套加工等工序专业化的跨国经营战略。这一成本效应将大大降低现有企业的跨境物流成本,引导国际型企业推进跨国专业化分工深度,布局一个覆盖多国的区域性产业链,总体上助推大型纺织集团在东亚地区的"抱团取暖"的竞争优势。

根据我国纺织产业的区域价值链空间格局,我国纺织服装业上游原材料、半成品主要出口地区为越南、柬埔寨等,经加工制造后,服装类企业再转运到日韩等发达国家,纺织制衣上市企业已经实现全球品牌供应链的上中下游全覆盖。中国在纺织行业中上游占据明显的规模化优势,而这种优势大概率会随着经济开放和成本降低而继续增强。中国纺织工业联合会、中商产业研究院整理数据显示,2021 年 1—3 月,规模以上纺织企业工业增加值同比增长 20.3%。规模以上企业化纤、纱、布、服装产量同比分别增长 27.1%、32.1%、12.5% 和 24.1%。

RCEP 成员国的东南亚国家利用原产地累计规则逐渐建立起较为完整的纺织服装产业链,从短期来看,对我国纺织服装业发展是个挑战,但从长远来看,东南亚国家纺织服装产业链完善将会提升 RCEP 国家的整体国际竞争力。

以越南为例,据越南《工贸报》报道,作为我国重要的贸易伙伴,越南的各类纺织品高度依赖我国,目前超过 54.9% 的纺织品原材料需要从我国进口。整体来看,越南已经成为中国纺织服装产业转移的主要目的地国家;品类细分来看,越南是纱线及成衣的重要出口国,但面料依赖进口。

(二)引导企业转型升级

RCEP 生效后,中国的面料出口到越南加工,随着关税降低,面料价格会有所下降,原材料价格的下降最终会体现在成衣价格里,区内之间的各种优惠,有了让成衣整体成本下降的可能,"抱团取暖"为区内纺织服装业竞争国际市场创造了条件。从纺织制造产业在国内的产业转移情况看,主要企业在生产基地布局上从长三角向湖南、山东等地区转移的态势凸显,后者的特点是人力成本低、优惠政策好,我国纺织服装企业在中高端产品方面的优势是产业转移背景下的独特竞争力。

RCEP 对我国企业转型升级将带来"倒逼"效应。RCEP 协定的签署与落地预计将对上海纺织服装在当地的出口规模扩大与品类增加带来积极的影响,促进纺织服装企业在设备、技术水平等全面改造升级,加快在亚洲中高端消费市场扩大占有率与影响力。其影响体现在两个方面:第一,率先带动疫情后的经济复苏。中国纺织服装产业在 RCEP 纺织服装贸易市场中的占有率达到 45%,为占比最大的进口来源国家,而上海作为国内纺织服装贸易的中心,占据了举足轻重的地位。鉴于此,随着新冠疫情的抗疫措施常态化、各国经济逐渐复苏以及 RCEP 的签署和落地,成员国对包括纺织服装在内的消费品的消费需求有望回升,上海纺织服装产品的出口预计也将得到提振。第二,RCEP 落地有利于上海纺织服装企业在区域内加快布局,进一步拓宽市场。2020 年上海对 RCEP 成员国的纺织服装贸易额有所下滑,一方面原因可能来自越南等东南亚国家企业的低成本替代,另一方面则与上海纺织服装企业逐步向东南亚地区转移产能有关。考虑到 RCEP 的签订有望进一步便利企业在区域内的产业链布局,上海纺织服装产业将在区域内优化资源配置,强化专业化分工以提升自身竞争力。

根据 2020 年上海纺织外贸的目的地构成,上海在纺织服装领域的主要进口来源地是越南和马来西亚等东盟国家(如表 3 和表 4),主要进口产品包括细度在 232.56 到 714.29 分特的棉纱线、用橡胶或塑料或皮革制外底的鞋靴、硫化橡胶制的衣着用品及附件等产品。同年,上海对 RCEP 区域出口前五产品的目的地均是日本,主要出口包括织物制成品、化学纤维制的服装、合成纤维制袜类和无外缝鞋底的鞋类等服饰鞋袜制成品。从进口关税减让来看,中国对东盟国家相关产品的关税减让力度较大,例如对从马来西亚进口的硫化橡胶制的衣着用品及附件的关税从 18% 立刻降为 0%,同时对越南原产的皮革鞋面的鞋靴的关税也从 10% 立刻降为 0%。从出口产品来看,日本对中国的相关产品关税减让力度较小且过渡期较长,多数产品的关税将在 11 至 21 年内从 5%—11% 逐渐降为 0%。

表 3　上海在纺织服装领域从 RCEP 成员国进口主要产品的税率和出口额

(单位:百万美元)

产品名称	中国对东盟关税承诺表			来自越南的进口		
	基准税率	降税模式	最终税率	2018 年	2019 年	2020 年
细度在 714.29 分特以下,但不细于 232.56 分特的棉纱线	5%	第 10 年降为零	0%	435.11	504.83	402.32
其他用橡胶、塑料、皮革制外底,用纺织材料制鞋面的鞋靴	24%	第 20 年降为零	0%	275.59	287.32	332.27

续表

产品名称	中国对东盟关税承诺表			来自越南的进口		
	基准税率	降税模式	最终税率	2018年	2019年	2020年
其他用橡胶、塑料、皮革制外底,用皮革制鞋面的鞋靴	10%	立刻降为零	0%	167.43	145.54	135.16
其他用橡胶或塑料制外底及鞋面的鞋靴	24%	第20年降为零	0%	63.03	114.79	130.47
	中国对东盟关税承诺表			来自马来西亚的进口		
	基准税率	降税模式	最终税率	2018年	2019年	2020年
其他硫化橡胶(硬质橡胶除外)制的衣着用品及附件	18%	立刻降为零	0%	51.69	57.48	125.23

资料来源:作者根据GTT数据库、RCEP关税承诺表整理。

表4 上海在纺织服装领域向RCEP成员国出口主要产品的税率和出口额

(单位:百万美元)

产品名称	日本关税承诺表			向日本的出口		
	基准税率	降税模式	最终税率	2018年	2019年	2020年
其他织物制成品,包括服装裁剪样	4.7%—6.5%	第16年降为零	0%	123.53	140.49	622.54
化学纤维制套头衫、开襟衫、背心及类似品	9.1%—10.9%	第16年降为零	0%	209.34	188.75	145.49
合成纤维制袜类和无外缝鞋底的鞋类	6.6%	第16年降为零	0%	161.61	153.98	127.28
用税号56.02或56.03的织物制成的服装	9.1%—10%	最低第11年降至零	0%	4.96	6.36	117.45
其他用橡胶或塑料制外底及鞋面的鞋靴	6.7%—8%	第21年降为零	0%	115.32	121.84	89.22

资料来源:根据GTT数据库、RCEP关税承诺表整理。

(三)依托"一带一路"倡议谋求主动

中国纺织品对外投资积极呼应"一带一路"倡议,投资稳步增长,收益预期总体超过平均水平。中国企业通过海外设立分公司子公司,将"一带一路"目的国的市场作为本土产业在市场和供应链局部布局,无疑有效强化了中国在亚洲乃至全球纺织服装供应链中的核心地位。随着"一带一路"倡议的稳步推进,有效促进纺织服装业与"一带一路"沿线国家的投资和贸易合作。根据商务部统计,2003—2017年中国纺织服装产业对外直接投资累计88.3亿美元,年均增速近20%,占制造业对外直接投资累计总额的7.61%,2017年服装行业对外投资出现明显下降,全年境外投资金额11.8亿美元,同比下降了55.5%。

随着中国与周边国家产能合作的深化,亚洲地区以中国为中心形成了完整的产业链,既促进了亚洲国家对发达国家和中国庞大消费市场的服装出口,也促进了亚洲国家内部的纱线和面料贸易。中国的第三大纺织服装出口市场,目前按照当国国别的统计,越南和孟加拉国是中国第一和第二大的纱线和面料的出口目的国,在中国出口减少的同时,我们也要看到周边国家的出口增长有相当一部分是中国"走出去"的企业创造的,供应链和订单仍然掌握在中国企业的手中。

2021年7月9日,国务院办公厅印发《关于加快发展外贸新业态新模式的意见》,支持运用新技术新工具赋能外贸发展,完善跨境电商发展支持政策,培育一批优秀海外仓企业。支持传统企业运用先进技术,利用数字化手段提升传统品牌价值。

当前国家大力推动出口转内销政策,外贸企业开始打造专业的团队和品牌,开拓国内的内贸市场,并分摊外贸的经营风险。从行业的发展来说,还是要加强产品的研发,通过研发优势满足国际市场需求的变化,当前国际市场的流通和消费领域正在发生非常深刻的变化,很重要的发展趋势就是快时尚和电商平台的销售如火如荼。为了更好满足国际市场的需求,企业必须加大研发设计的投入,以研发推动行业创新的发展,这是行业发展中应该坚持的方向。

六、应对复杂外部市场,推进多举措落实

当前全球的纺织服装供应链还面临重构趋势。国内纺织服装行业虽然有很多的困难和问题,但是有巨大行业韧性和内生动力这个最大的优势,这个优势今后会发挥越来越重要的作用。另外我们有长期以来比较完整的产业链和供应链作为基础,以及国内强大的消费市场需求,在全球纺织服装供应链中心和供应链枢纽方面发挥越来越重要的作用。当前在中国政府的主导下,通过企业的不断努力,很多企业的潜能可以充分得到激发和释放。

(一)经济复苏缺乏预期制约市场需求

2021年以来,全球疫情进入新的发展阶段。口罩等防疫物资出口对纺织品出口增长带动作用将逐步减小,虽然疫情高峰时已经过去,但新增需求仍将

保持一定规模,但全球市场恢复力度的不足引发的全球经济增速放缓、人员流动性减弱、失业率增加等后果将从根本上抑制全球对服装、家纺等消费品的需求,服装作为日用消费领域的"可选消费品",无疑对收入下降的敏感度特别高;其次,亚洲地区越南、柬埔寨、孟加拉国等国家,2020 年近 1/3 的纺织加工企业倒闭,至今企业开工率水平未恢复到 2019 年的水平,对我国纱线、面料等产品的需求和依存度也大幅减弱;美国等国的"去中国化"和"制造业回流"策略将不可避免地在中长期内对中国的出口布局产生深远影响。据麦肯锡预测,2021 年全球时装市场预计下降 27%—30%,波士顿咨询也预测 2021 年全球时装及奢侈品市场将下降 25%—35%。下半年国际服装采购形势仍很严峻,49% 的采购商预计采购量将减少 20%—50%。

2021 年前 7 个月,美国、欧盟和日本服装零售累计同比分别下降 34.4%、30.3% 和 24.6%,复苏势头放缓。中国在美国市场份额加速下滑,但在欧盟和日本份额下滑放缓。上半年,中国服装在美国进口市场份额为 25.9%,同比减少 3.4 个百分点,而越南的份额增加了 2.9 个百分点。中美经贸摩擦的影响继续显现。中国服装在日本市场份额为 53.9%,同比减少 1.7 个百分点,而越南的份额增加了 1.8 个百分点。2021 年 1 至 5 月,中国服装在欧盟市场份额为 28.1%,同比增长 2.8 个百分点。

从国际市场需求的空间格局看,近年全球时装市场的重心持续从西方市场向东方市场转移。近年来,亚洲 GDP 增长一直远远高于欧洲和美国,当地消费者的时尚支出也在增加。亚太地区新兴经济体当地市场已经在产业界被确立为全球时装业务最重要的地区之一。据麦肯锡时尚研究中心估算,到 2020 年,亚洲仅服装的线上市场规模就有望达到 1.4 万亿美元。在这个背景下,积极开拓蓬勃发展的新兴市场和"一带一路"市场,寻求和培育新的市场空间,逐步降低对传统市场的依赖,是中国纺织服装外贸行业面临的重要课题。不仅如此,全球纺织品贸易模式也经历着结构性转型,传统加工贸易方式的出口在疫情下受冲击最大,而以跨境电商等新型贸易方式的出口则增长较快。2021 年前 7 个月,中国纺织服装一般贸易出口增长 9%,加工贸易出口下降 31%,跨境电商等贸易方式增长 12%。加工贸易出口大幅下降,主要原因是疫情导致国外供应链中断和进口原材料受阻。疫情进一步推动了线上交易的蓬勃发展,带动包括跨境电商在内的新兴贸易方式出口逆势增长。

当前,疫情仍在全球蔓延,世界经济陷入深度衰退,国际贸易需求大幅萎缩,全球产业链供应链受阻,经济全球化遭遇逆流,保护主义和单边主义上升,不确定、不稳定性明显增多。根据双循环战略要求,上海纺织需要更加重视以国内大循环为主,推进国内市场和国际市场的联动,面对低成本国家的竞争和崛起,我国纺织服装外贸行业积极践行"一带一路"倡议,加快国际产能合作步伐,布局全球产业链,合理配置国际资源,规避贸易风险。中国订单全球生产,在中国实现上下游产业链的整合和快速反应,将有效强化中国在亚洲乃至全球纺织服装供应链中的核心地位。

(二)多领域政策推动并举

1. 呼应"时尚消费中心"战略,提高总部经济竞争力

上海的劳动力成本水平决定了无法培育上海纺织服的全产业链综合优势,而是需要在织服装核心技术、人才培养、服饰推广、名牌推广、外贸服务等知识密集型环节强化优势,这些对于上海建设全国的服装服饰总部乃至亚太地区的服装时尚中心都是关键性投入。从中长期看,东南亚地区以越南、印度为代表的纺织大国是服装加工的最大竞争者是,长三角的劳动力、物流、原材料等生产要素成本上涨态势已经预示,生产加工环节的外迁还将继续,传统纺织服装单纯依靠资源禀赋获取的比较价格竞争优势已经整体丧失。上海的优势在与于培养纺织服装核心技术人才,以及打造一个面向全球的服饰消费展示与消费之都。上海一方面要发挥东华大学等培养高素质、高技能的纺织服装产业工人队伍,重点培育创业型领军人才和具有国际战略思维管理型人才,促进学科建设、技能培训和纺织服装产业转型优化升级协调发展,不断提高我国纺织服装海外核心竞争力。

未来纺织业市场需要高度重视在内外两市场之间的兼顾和相互促进。上海纺织具有历史基础,人才队伍较好,因此竞争优势相比其他省份,集中体现依托技术投入与流通服务的"软实力",这呼应于现代纺织产业链的推广初期、展示与贸易服务环节所作的贡献。根据上海市政府最新发布的《上海市建设国际消费中心城市实施方案》,围绕着进一步提升供给质量,打造消费地标,强化枢纽功能,优化消费环境,加快推动消费提质扩容,做大消费流量规模,吸引高端消费回流,全面提升上海的国际知名度、消费繁荣度、商业活跃度、到达便利度和政策引领度,以打造全球新品首发地、全球消费目的地,并全面打响"上海购物"品牌,力争到"十四五"末率先基本建成具有全球影响力、竞争力、美誉度的国际消费中心城市。这对于提升上海承担的纺织品发布、办展和全球受益水平是高度相关的。《方案》提出7方面28项具体任务,包括:构建融合全球消费资源的聚集地打造全球消费品集散中心;放大中国国际进口博览会溢出效应,推动展品变商品;开展虹桥和外高桥国家级进口贸易创新示范区建设,打造集消费品进口、分拨配送、零售推广等于一体的服务链;建设浦东国际消费中心;加快推进浦东"全球消费品牌集聚计划",吸引更多国际国内知名商业主体和消费品牌集聚浦东,打造面向全球市场的新品首发地、引领消费潮流的风向标。

2. 加快行业标准和绿色制造体系建设,突破绿色纺织贸易技术壁垒

我国纺织服装频遭国外市场的贸易保护主义及贸易壁垒的侵害,纺织服

装贸易出口遭受较大损失,纺织服装品牌声誉也多受影响。为突破海外市场对我国纺织服装绿色技术贸易壁垒,我国应加快完善纺织服装行业标准和绿色制造体系建设。在完善纺织服装行业标准化体系建设方面,应发挥标准化对纺织服装产业发展的基础支撑作用;尤其是加强纺织智能制造、高纤维新品种、产业用纺织品、功能性纺织品、智能型纺织品以及两化融合等领域的标准制度修订,推动优化国家、行业和企业标准制度建设,加强国际标准合作、转化及互认,积极参与和主导国际标准制修订,推动我国纺织优势产业技术标准成为国际通行标准。在构建绿色制造体系方面,应以生态文明战略建设为契机,全面提升纺织服装行业环境保护意识,按照"厂房集约化、能源低碳化、原料无害化、生产清洁化"的原则,构建绿色纺织服装生产链,推行纺织服装绿色供应链管理,构建从原料供应、生产运输、消费、售后服务到废弃物回收再循环利用的纺织服装产业体系,不断提高纺织服装行业生态文明建设水平,突破绿色纺织贸易技术壁垒。

3. 紧抓"一带一路"倡议机遇,充分挖掘沿线国家市场潜力

在国家"一带一路"倡议推动下,沿线国家的纺织服装出口贸易出现逆袭增长并成为新的增长极。"一带一路"沿线国家横跨亚欧大陆 50 多个国家,覆盖达全球总人口的 63％,经济总量占据全球的 1/3,拥有全球最庞大的纺织服装潜在消费市场。纺织服装产业相比其他行业,作为解决大众生活和吸收就业效果显著的民生支柱性产业,在沿线国家生产投资受到当地劳动力抵触情绪总体较小,有利于降低"一带一路"东道国合作的风险和生产成本,并能充分挖掘当地市场贸易潜力。

伴随着"一带一路"倡议的纵深推进,沿线经济体积极参与"一带一路"框架下各类经贸合作项目,在双边或多边签署投资保护协定以及避免双重关税协议的约束下,合作的便利度和合作成效得到保障,为我国纺织服装产业稳步推进"走出去"营造了有利的市场环境和政治环境。随着"一带一路"沿线国家基础设施的逐步完善和互联互通的升级,区域内在能源、纺织原材料等生产投入品的海运物流、现代化仓储等物流基础设施不断完善,在当地投资纺织服装企业的跨国供应链得到充分保障,我国纺织服装企业跨国进行全产业链布局和上下游资源配置能力将大大增强,有利于我国与"一带一路"沿线经济体形成纺织服装出口的稳定经贸合作伙伴。

4. 加强行业关键技术突破

在全球纺织服装产业格局经历调整的背景下,我国在纺织高端设备、智能纺织服装、高性能纤维等领域制造能力不断增强,上海在纺织服装技术研发、美学创意资源利用和品牌渠道等领域也都接近世界领先水平。但另一方面,我国纺织服装在全球优质原料资源掌握、服装美学原创设计、服装时尚引领能力、国际品牌塑造和大规模渠道建设等高端领域仍处于薄弱环节。

　　为突破我国纺织服装产业链上游原料资源供给和下游时尚和品牌传播"两头"薄弱环节的制约,本土企业需要瞄准全球纺织服装产业发展潮流和趋势,跟踪世界纺织服装前沿、高端技术,提升纺织服装技术创新研发能力。在研发项目上,将重点放在高性能纤维、生物基原材和纤维绿色加工技术,立体织造、新型非织造、多种材料多层复合技术等关键纺织服装技术领域,并加强高速低成本数码印花技术、功能性面料整理技术、无水少水印染技术等绿色制造水平研发和推广力度,以及纺织智能装备及产品的应用推广,提高科技进步对纺织服装产业发展的贡献率。

　　5. 推动建立长三角地区产业集群协同联盟

　　考虑到上海与长三角在纺织业全产业链中的相互依存关系,上海企业需要进一步加强与长三角企业在贸易竞争力培育上的资源共享与互补。考虑到现阶段国际市场风险加大,原材料成本持续上涨的形势,在外贸促进服务和跨国展会等营销活动上,上海企业与长三角企业的"抱团"合作尤其重要。建议在长三角一体化战略框架与相应的跨地区信息技术等资源的共享平台,在贸易服务上采取区域内各地政策的协调,主要方向包括:为海外客户提供长三角跨区域跨市的一站式采购服务;推动建立与省内外纺织产业集群长效合作机制,加强政府引导、建立行业性组织和专业机构以及专家团队的跨区域互访机制;大力做好优势产业链整合、努力打造区域性产业链集群,在长三角地区打造以上海为龙头带动其他城市的多环节"集群品牌",即构建"研发设计总部+核心工厂+周边外协工厂+重点集群优势资源+全球销售渠道"的区域集群纺织优质品牌综合管理和传播体系。

执笔:

　　黄烨菁　上海社会科学院世界经济研究所研究员

　　李锦明　上海社会科学院世界经济研究所博士研究生

　　张智博　上海社会科学院世界经济研究所硕士研究生

致　谢

　　本书是受上海市商务委员会委托、与我中心联合开展的产业国际竞争力分析研究项目的成果。在本项目的研究过程中,得到了上海市商务委员会申卫华副主任、曹茵处长、颜海燕副处长和瞿大光同志的大力支持和帮助指导,在此表示感谢。希望本书起到服务企业提升、服务上海发展、服务国家战略的作用。

上海社会科学院新经济与产业国际竞争力研究中心

2021 年 11 月

图书在版编目(CIP)数据

上海重点产业国际竞争力发展蓝皮书. 2020—2021 /
汤蕴懿等著 .— 上海 ：上海社会科学院出版社，2022
ISBN 978 - 7 - 5520 - 3846 - 0

Ⅰ.①上… Ⅱ.①汤… Ⅲ.①产业发展—国际竞争力
—研究报告—上海— 2020—2021 Ⅳ.①F269.275.1

中国版本图书馆 CIP 数据核字(2022)第 121486 号

上海重点产业国际竞争力发展蓝皮书(2020—2021)

著　　者：汤蕴懿等
责任编辑：袁钰超
封面设计：夏艺堂
出版发行：上海社会科学院出版社
　　　　　上海顺昌路 622 号　邮编 200025
　　　　　电话总机 021 - 63315947　销售热线 021 - 53063735
　　　　　http://www.sassp.cn　E-mail：sassp@sassp.cn
排　　版：南京展望文化发展有限公司
印　　刷：镇江文苑制版印刷有限责任公司
开　　本：787 毫米×1092 毫米　1/16
印　　张：19.75
插　　页：1
字　　数：386 千
版　　次：2022 年 8 月第 1 版　　2022 年 8 月第 1 次印刷

ISBN 978 - 7 - 5520 - 3846 - 0/F·702　　　定价：98.00 元